国际贸易谈判的理论与实务

徐 昕 朱绍明 著

International Trade Negotiations
Theory and Practice

知识产权出版社
全国百佳图书出版单位
—北京—

图书在版编目（CIP）数据

国际贸易谈判的理论与实务/徐昕，朱绍明著．—北京：知识产权出版社，2023.9
ISBN 978–7–5130–8900–5

Ⅰ.①国… Ⅱ.①徐…②朱… Ⅲ.①国际贸易—贸易谈判 Ⅳ.①F740.41

中国国家版本馆 CIP 数据核字（2023）第 172255 号

策划编辑：庞从容	责任校对：谷　洋
责任编辑：庞从容　赵利肖	责任印制：刘译文

国际贸易谈判的理论与实务

徐　昕　朱绍明　著

出版发行：知识产权出版社 有限责任公司	网　　址：http://www.ipph.cn
社　　址：北京市海淀区气象路 50 号院	邮　　编：100081
责编电话：010–82000860 转 8725	责编邮箱：2395134928@qq.com
发行电话：010–82000860 转 8101/8102	发行传真：010–82000893/82005070/82000270
印　　刷：三河市国英印务有限公司	经　　销：新华书店、各大网上书店及相关专业书店
开　　本：710mm×1000mm　1/16	印　　张：15
版　　次：2023 年 9 月第 1 版	印　　次：2023 年 9 月第 1 次印刷
字　　数：231 千字	定　　价：88.00 元
ISBN 978–7–5130–8900–5	

出版权专有　侵权必究

如有印装质量问题，本社负责调换。

序

国际贸易谈判隶属于谈判学。谈判学本身是一门典型的综合性边缘学科，涉及历史学、法学、经济学、社会学、心理学、语义学等不同学科，研究角度极为广泛。除了理论研究，谈判学也非常重视实践经验的总结和提炼，避免纸上谈兵。相较而言，西方国家对谈判学，包括国际贸易谈判的研究起步较早，也已取得较为丰硕的研究成果。国内的相关研究则起步较晚。很重要的一点是，国内已有针对国际贸易谈判的研究侧重于私主体之间的国际商事谈判。这些理论研究和实务指导对改革开放后中国企业参与国际商事活动起到了极大的促进作用。然而，随着中国日渐深入地参与全球经贸治理，国际贸易谈判的内涵得到了扩大，也即涉及如何在国际舞台上代表国家谈判国际经贸规则。

在国际经贸领域，中国在加入世界贸易组织（World Trade Organization，WTO）20 余年后，已经逐步从国际规则的被动适应者成长为国际规则的主动制定者。中国已经成为 WTO 多边贸易谈判的中坚力量，并积极推动、参与新型区域贸易协定的谈判。如何进一步提高中国在全球经贸治理中的制度性话语权，引领新一代国际贸易与投资规则的发展从而维护我国的发展利益，是当下中国的重大发展战略和人才需求所在。

上海对外经贸大学建于 1960 年，自建校以来，始终与国家对外开放尤其是对外经贸事业发展同频共振。作为中国首家WTO讲席院校，以及中国（不含港澳台）唯一WTO亚太培训中心，学校长期以来关注国际组织人才培养，致力于培养新时代高水平全球经贸治理人才。2018年，学校申请的国际经贸规则专业成为教育部新增审批本科专业，在全国范围内发挥了引领示范效应。为进一步夯实人才培养规划，服务国家战略，学校积极探索有关国际贸易谈判类的课程开发、理论研究和实践实训。本书即是在这样的背景下撰写的。

考虑到中文的习惯表述，本书仍将采用国际贸易谈判一词，但将在一个更广义的基础上展开研究，也即，既包括私主体间的国际商事谈判，也包括公主体间的国际经贸规则谈判。此外，考虑到现代谈判学的多学科视角，本书结合国际贸易谈判的特点，分别选择了经济学、法学、心理学和文化四个维度展开研讨，意在增强国际贸易谈判研究的理论部分。

在本书撰写过程中，朱绍明女士及其学术团队给予了大量协助和学术支持，戴苗强、Mark Poustie、Asen Velinov和Salma Yusuf等对本书部分章节的研究内容作出了学术贡献，在此一并表示感谢。当前，国内各高校正在不断开展涉外法治人才和国际经济组织人才的培养，本书可作为相关专业的本科生及研究生教材，也可作为政府机关、企事业单位等进行高级谈判人才培训的参考用书。

本书系上海对外经贸大学承担的"世界贸易组织讲席计划"下开发的系列教材之一，并获得该项目的出版资助。本书同时是上海对外经贸大学本科教学项目"贸易谈判特色专业人才教育教学改革研究及实践"的研究成果。全书偏颇、疏漏或错误之处，恳请同行批评指正，以待日后修改、完善。

2023年2月于上海

CONTENTS
目 录

第一编 国际贸易谈判的基本概念

第一章 谈判概论 —— 003

第一节 谈判的概念 —— 003

第二节 谈判的特征 —— 005

 一、行为性 —— 005

 二、过程性 —— 006

 三、妥协性 —— 006

 四、沟通性 —— 007

第三节 谈判的分类 —— 009

 一、双边谈判与多边谈判 —— 009

 二、单议题谈判与多议题谈判 —— 010

 三、国内谈判与国际谈判 —— 010

 四、私主体间谈判、公主体间谈判与公私主体间谈判 —— 011

第四节 谈判的原则 —— 012

 一、互惠合作原则 —— 012

 二、扩大总体利益原则 —— 013

 三、利益优于立场原则 —— 014

 四、科学性与艺术性相结合原则 —— 015

第二章　国际贸易谈判概述 —— 016

第一节　国际贸易谈判的概念 —— 016
第二节　国际贸易谈判的特征 —— 018
　　一、政策性 —— 018
　　二、复杂性 —— 019
　　三、正式性 —— 020
第三节　国际贸易谈判的发展史 —— 022
　　一、近代的国际贸易谈判史 —— 023
　　二、GATT 时期的国际贸易谈判史 —— 024
　　三、WTO 框架下的国际贸易谈判史 —— 026
　　四、新区域主义时代下的国际贸易谈判史 —— 028
　　五、结　论 —— 033

第二编　国际贸易谈判的重要理论

第三章　国际贸易谈判中的经济学视角 —— 039

第一节　基本概念 —— 039
第二节　议价理论 —— 042
　　一、静态议价：纳什议价解决方案 —— 042
　　二、动态议价：鲁宾斯坦讨价还价模型 —— 045
第三节　议价理论的启示 —— 047
　　一、谈判底线 —— 047
　　二、谈判变量 —— 048
　　三、结　论 —— 052

第四章　国际贸易谈判中的法学视角 —— 055

第一节　国际贸易谈判过程的程序性考量 —— 055
　　一、谈判授权问题 —— 055
　　二、谈判决策机制 —— 056

第二节　国际贸易谈判内容的实体法合规 —— 061
　　一、实体法渊源 —— 061
　　二、法律冲突的协调 —— 063
第三节　作为谈判结果的法律应用 —— 067
　　一、国际贸易谈判结果的类型 —— 067
　　二、国际贸易谈判结果的执行 —— 069
　　三、结　论 —— 071

第五章　国际贸易谈判中的心理学应用 —— 076

第一节　心理学在国际贸易谈判中的作用 —— 076
　　一、谈判心理学研究概述 —— 076
　　二、心理学在国际贸易谈判中的作用 —— 077
第二节　认知心理学视角 —— 078
　　一、贸易谈判中的四种认知心理影响 —— 078
　　二、认知偏差来源与信息校正 —— 083
　　三、认知心理影响的道德考量 —— 084
第三节　积极心理学视角 —— 086
　　一、盖洛普优势 —— 086
　　二、高潜力特质指标 —— 087
　　三、结　论 —— 089

第六章　国际贸易谈判中的文化视角 —— 090

第一节　国际贸易谈判中文化视角的重要性 —— 090
第二节　文化的不同类型 —— 092
　　一、霍尔：两种语境 —— 092
　　二、霍夫斯泰德：六种文化基本维度 —— 093
　　三、萨拉科斯：影响谈判风格的十种文化要素 —— 095
　　四、刘易斯：三种文化属性与映射 —— 096
　　五、英格尔哈特和韦尔策尔：世界文化地图 —— 098

第三节　如何在谈判中应用文化要素 —— 101
　　一、谈判主体的人格表现 —— 101
　　二、谈判结构 —— 101
　　三、谈判策略 —— 102
　　四、谈判过程 —— 103
　　五、谈判结果 —— 104
第四节　文化视角对于开展国际贸易谈判的启示与建议 —— 105
　　一、不要假设 —— 105
　　二、赢得对方信任 —— 105
　　三、建立关系、弥合差距 —— 106
　　四、结　论 —— 106

第三编　国际贸易谈判的核心技巧

第七章　包容性国际贸易谈判 —— 109

第一节　包容性国际贸易谈判利益相关者 —— 109
　　一、国家政府 —— 110
　　二、国际组织 —— 111
　　三、跨国公司 —— 113
　　四、非政府组织 —— 115
第二节　包容性国际贸易谈判相关的利益 —— 117
　　一、劳工权 —— 118
　　二、健康权 —— 121
　　三、妇女权益 —— 124
　　四、环境保护 —— 127
第三节　包容性国际贸易谈判原则和方法 —— 129
　　一、议题设置体现包容性 —— 130
　　二、谈判过程体现包容性 —— 131
　　三、谈判结果体现包容性 —— 133
　　四、结　论 —— 134

第八章　贸易谈判中信息获取的技巧 —— 139

第一节　如何获得有效信息 —— 139
一、镜像法 —— 139
二、标签化 —— 141
三、控制权"交付" —— 142

第二节　如何回应 —— 145
一、如何回应虚假信息 —— 145
二、如何回应谈判截止日期 —— 146

第三节　如何获得对方的同意 —— 147
一、引导对方通过否定的语句给予承诺 —— 147
二、盘点负面因素或情形 —— 148
三、让对方感受到公平 —— 150

第四节　如何讨价还价 —— 151
一、阿克曼议价法 —— 151
二、专注于非价格性价值条款 —— 153
三、提供价格范围 —— 154
四、结　论 —— 155

第九章　国际贸易谈判的沟通与表达 —— 156

第一节　国际沟通与表达概述 —— 156
一、沟通不畅的"代价" —— 156
二、不可忽视的传统 —— 157
三、现实与挑战 —— 158

第二节　国际沟通与表达的基本原则 —— 159
一、不犯基本错误 —— 159
二、相互尊重 —— 160
三、诚信为本 —— 161
四、态度至上 —— 161

第三节　各种形态的沟通与表达 —— 162

　　一、口头表达 —— 162

　　二、肢体语言 —— 164

　　三、时间管理 —— 166

　　四、其他需要考虑的因素 —— 169

　　五、结　论 —— 170

第十章　国际贸易谈判的文书写作 —— 173

第一节　国际贸易谈判文书写作的基本要求 —— 173

第二节　国际贸易谈判文书中的语言表达 —— 175

　　一、常见问题 —— 175

　　二、提高文书写作能力的指导意见和实用方法 —— 176

第三节　私主体间谈判文书的主要类型及写作体例 —— 182

　　一、谈判意向书 —— 183

　　二、谈判方案 —— 185

　　三、谈判意见书 —— 187

　　四、谈判会议纪要 —— 190

　　五、合同或协议 —— 192

第四节　公主体间谈判文书的主要类型及写作体例 —— 204

　　一、谈判沟通函 —— 205

　　二、谈判声明 —— 211

　　三、谈判提案 —— 214

　　四、谈判会议纪要 —— 215

　　五、谈判工作文件 —— 218

参考文献 —— 227

第一编

国际贸易谈判的基本概念

第一章 谈判概论

在学习国际贸易谈判之前,首先我们需要了解什么是谈判。谈判作为人类有意识的社会活动,几乎是伴随着人类的出现而产生的。谈判是处理人际关系和解决人类利益冲突的手段,是参与者智慧和各种能力综合运用的较量。任何成功的谈判都需要理论的指导,遵循谈判的特点和规律。本章即从基础理论出发,探讨谈判的概念、特征、分类和原则。

第一节 谈判的概念

人们每天都在谈判。有时谈判几乎是不知不觉的,例如与家人商量第二天的早餐吃什么,或者与孩子确定暑假生活的时间安排。有时谈判是谨慎而严肃的,例如两家公司商谈一笔买卖,两个国家就相邻领土的划分而进行和谈。谈判这一基本而复杂的活动在社会生活中广泛存在,沟通、协议、交流和权衡塑造了个人、社会和商业生活,同时也塑造了整个国际体系。在不同的场合下,谈判的方法、过程和概念都经历着不断的演变。也正因如此,对这个人人都明白的词汇,似乎却很难下一个准确的定义。

《韦氏词典》对谈判的定义是:谈判或被谈判的行动或过程,常用复数形式。谈判一词在这个意义上的首次使用是在15世纪。谈判一词的中古英语为 negociacion(与人打交道),借自拉丁语 negōtiātiōn-、negōtiātiō(做生意、贸易),源自"negōtiārī(做生意、贸易、交易)+ -tiōn-、-tiō(动作名词后缀)"。[1] 这个定义很好地概括了谈判的要

---

[1] 参见 https://www.merriam-webster.com/dictionary/negotiation。

素——与人打交道，同时也与商业和贸易有关。

利·L. 汤普森（Leigh L. Thompson）在她的《谈判者心智》一书中，把谈判定义为"人与人之间的两者或两者以上协商分配有限资源的决策过程"[1]。这一定义类似于马克斯·巴泽曼（Max Bazerman）在《管理决策中的判断》一书中的观点："当两方或多方有不同的偏好，却要达成一致时，他们就要进行谈判。"[2]

美国谈判学会会长杰勒德·尼伦伯格（Gerard I. Nierenberg）和亨利·卡莱罗（Henry H. Calero）在《谈判的艺术》中写道："谈判的定义最为简单，而涉及的范围却最为广泛，每一个要求满足的愿望和每一项寻求满足的需要，至少都是诱发人们展开谈判过程的潜因。只要人们为了改变相互关系而交换观点，只要人们是为了取得一致而磋商协议，他们就是在进行谈判。"[3]

弗雷德·查尔斯·艾克尔（Fred Charles Iklé）在 How Nations Negotiate 中是这样界定谈判一词的："谈判是一个各方提出明确提议的过程，各方通过交换意见，在保留冲突利益的同时就如何实现共同利益达成协定。"[4]

国内学者对谈判理论的研究始于 20 世纪 80 年代末期，比较有代表性的界定包括复旦大学刘园在《谈判学概论》中所述："谈判是一个过程，在这个过程中，利益各方就共同关心或感兴趣的问题进行磋商、协调和调整各自的经济、政治或其他利益，谋求妥协，从而使各方都感到是在有利的条件下达成协议，促成均衡。"[5]

上述有关谈判的定义尽管表述各有侧重，但概括而言，都包含了三项核心要素：第一，谈判是人与人之间的行为，而且通常是理性的

---

[1] [美]利·L. 汤普森：《谈判者心智》（第2版），燕清联合、于君等译，中国人民大学出版社 2005 年版，第 3—4 页。

[2] [美]马克斯·巴泽曼：《管理决策中的判断》（第6版），杜伟宇、李同吉译，人民邮电出版社 2007 年版，第 151 页。

[3] [美]杰勒德·尼伦伯格、亨利·卡莱罗：《谈判的艺术》，陈琛、许皓皓译，新世界出版社 2012 年版，第 4 页。

[4] Fred Charles Iklé, How Nations Negotiate, FREDERICK A. PRAEGER, 1967, p. 3-4.

[5] 刘园主编：《谈判学概论》（第3版），首都经济贸易大学出版社 2018 年版，第 4 页。

行为。第二，谈判是一项动态的过程，极易受到各种主客观因素的影响，因此结果具有不确定性。第三，谈判是解决问题的方式，以各方相互妥协为本质，以各方均感到获利为目标，是冲突与合作的矛盾统一体。

第二节　谈判的特征

要全面认识谈判的概念，尚需进一步探讨谈判的特征，因为谈判的特征是对谈判概念的揭示和展开，是谈判定义的进一步深化。

一、行为性

谈判是人与人之间的活动，是由人组成的各种各样的"团体"之间开展的活动。这类团体小到个人、公司，大到政府、国家。而公司、政府或国家之间的谈判，最终还是要由获得授权的个人来进行，这是谈判非常具有特殊性的地方。每个人都是独一无二的，拥有自身的性格、爱好、情感、思想，同时也深受各自文化背景、价值观念的影响，因此同样的谈判项目，即便都是由理性的人来进行理性的谈判，但不同的人参与，其结果往往存在差异。

当前，越来越多的人工智能正在代替诸多传统工作。2023年年初，由Open AI开发的人工智能聊天机器人ChatGPT一度引爆全球，因为它甚至能够帮助撰写高难度的大学学科论文。然而，即便ChatGPT接近于高智商的人，但其仍然无法完全取代人类去完成谈判这样的工作。因为谈判中所有的沟通都没有所谓的标准版本，而人在其间展现的情感、姿态和信念，所有的言不由衷和心领神会，也永远无法被机器予以准确传达。正因如此，截至目前科技人员也没有开发出模拟谈判的软件，学术界所有的模拟谈判仍然需要人和人之间面对面地展开。

可以说，谈判不是套用公式的科学，而更像科学与艺术的有机结合。这种依附于"人"的行为性是谈判最重要的特点。

二、过程性

谈判是一项动态的活动,在这个过程中,谈判极易受到多种主客观因素的影响,例如谈判人员的更迭、原材料价格的浮动、市场需求的转变、国家政策以及相关法律法规的调整,乃至两国之间的关系、国际局势的变化等,这些都会对谈判进程和谈判结果产生或大或小的影响。举例来说,甲乙两国公司谈判一份葡萄酒进口合同时,位于甲国的进口商了解到,出于贸易战略的调整,本国和丙国将加速完成双边自由贸易协定谈判,届时丙国出口至甲国的葡萄酒将享受零关税。在这种情况下,甲国就可积极利用这一有利因素,作为谈判中"压迫"对方的一个筹码。再如,甲国进口商原本打算从太平洋彼岸的乙国出口商处购买价廉物美的木材,双方协商采用由买方承担运费的贸易术语结算。但谈判过程中,船舶短缺、油价上涨导致集装箱运费突然暴涨。作为进口商,此时应就上涨的运费与出口商开展新的谈判,同时迅速估算成本,查找通过陆路即可运送的邻国供应商,并进行综合比较。

在国际贸易中,上述例子举不胜举,因此,一个成熟的、智慧的谈判者既要学会灵活根据变化了的形势调整谈判策略,同时也要对谈判可能出现的各种结果做好后续的预案。

三、妥协性

谈判之所以发起,是因为双方有合作的愿望,而谈判之所以需要,是因为彼此之间存在冲突性。因此,谈判不是"合作"与"冲突"的单一选择,而是两者的矛盾统一。一项有效的、高质量的谈判应防止两种倾向:一种是片面追求合作,避免与对方发生冲突。事实上,在有些谈判中,通过一味退让勉强达成的合作,其所花费的代价甚至超过了谈判所取得的收益,这种谈判显然是低效甚至不明智的。另一种则是偏重冲突性,将谈判看作零和博弈(zero-sum game),一味进攻,不知妥协。这种谈判方式表面看起来占尽优势,但很有可能削弱甚至瓦解双方的友好关系。精明的谈判者不应过分计较一时一地的得失,而更应该从长远的角度看待问题。尼伦伯格对谈判的妥协性有很生动的比喻，她认为谈判不是一场比赛，不要求决出胜负，谈判也不是一场战争，不需要把对方消灭或置于死地，谈判恰恰是一场互惠互利的合作事业。[1] 鉴于此，谈判人员应该随时注意相互制约的利害关系，并将其引向达成共同愿望的轨道。

四、沟通性

谈判作为一项沟通活动，其本身不是目的，而是谈判各方达成目的和满足各自需求的手段。从本质上来说，谈判是一种和平解决问题的路径，也是处理谈判各方人际关系的方式。因此，评估谈判成功与否的标准，并不能唯结果论。谈判是否有效地加强了各方之间的相互理解，是否完成了彼此之间的充分沟通，是否促进了谈判方之间的友好合作关系，这些评价标准与谈判结果本身同样重要，并且是一种更为长远的战略考量。

在国际贸易谈判中，谈判沟通性的特点表现得尤为显著。因为国际贸易谈判涉及的要素众多，同时受到不同国家和地区文化背景和法律制度等因素的影响。因此，谈判成功与否有时并不完全取决于当事人的主观意愿，还常常受外部客观环境的制约。例如，甲国进口商对乙国出口商提供的某纺织品十分满意，但价格一直谈不拢。经过沟通后，得知近段时间乙国出口商生产该类纺织品缺乏本国原材料，需要进口，这才导致价格上涨。甲国进口商了解这一情况后，表示愿意积极协助乙国出口商寻找更便宜的原材料供应商。乙国出口商也表示一旦找到更便宜的原材料，则纺织品价格可以下调。因此，做好充分有效的沟通，可以使谈判各方明确达成合作的障碍到底是什么。在上述情况下，即便甲国进口商最终未能帮助乙国出口商找到合适的原材料供应商，但在此过程中，双方加强了信任，增进了好感，这就给未来的合作打下了良好的基础。

---

[1] [美] 杰勒德·尼伦伯格、亨利·卡莱罗：《谈判的艺术》，陈琛、许皓皓译，新世界出版社 2012 年版，第 12—13 页。

◎【拓展阅读】

一些与谈判有关的经典陈述

谈判通常被描述为让对方按你的方式做事的艺术。你必须给对方一个机会，让对方主动把问题摆到桌面上。

任何谈判的首要原则都是不要把自己当人质。人们这样做是因为他们总是对"是"不顾一切，或者害怕"不"，所以他们不会问他们真正想要什么。相反，他们会要求他们实际能得到的东西。我曾经听很多人说过，"好吧，那是不可能的，所以我们甚至不会理会它"。

——克里斯托弗·沃斯（Christopher Voss）

在谈判过程中，明智的做法是不要把任何事情个人化。如果你抛开个性，你就能更客观地看待机遇。

——布莱恩·科斯洛（Brian Koslow）

在任何谈判中，最困难的事情几乎是，确保你没有感情用事地处理问题。这是一个相当大的挑战，这样做也是可以理解的。

——霍华德·贝克（Howard Baker）

你必须明白，每一次谈判并不是要获得所有的东西，这是陈词滥调，但你必须努力确保对方感觉良好，以及你自己感觉良好。因为在我这一行，当我做一笔交易，只意味着我们完成了一次谈判，我们还得一起去工作。

——马弗里克·卡特（Maverick Carter）

简单的逻辑表明，如果你甚至不能设想离开一次谈判可能的话，那么最好永远不要进入谈判。

——雅尼斯·瓦鲁法克斯（Yanis Varoufakis）

愤怒是一种有效的谈判工具，但只能作为一种经过深思熟虑的行为，而不能作为一种反应。

——马克·麦考马克（Mark McCormack）

谈判是脆弱的，除非它们受到由规则和公约组成的程序框架的保护，比如联合国等组织在外交会议中采用的那些框架。

——保罗·米尔斯（Paul Meerts）

第三节　谈判的分类

谈判是人类行为的一个组成部分，人类的谈判史与人类的文明史同样长久。谈判的种类五花八门，遍及人类活动的方方面面，盖难穷尽。以下我们按照不同的标准，划分一些基本的谈判类型，而实践中，这些不同标准下的谈判类型往往是组合在一起的。谈判就像一面多棱镜，包含不同的具象。

一、双边谈判与多边谈判

按照参与谈判的主体数量，我们可以把谈判分为双边谈判和多边谈判。双边谈判指只有两方当事人参与的谈判，而多边谈判则包含了三方及以上的谈判主体。双边谈判相对简单和直接，例如买卖双方就一辆自行车讨价还价，可能几分钟就完成了。但双边谈判也可能是最具争议性和政治性的谈判类型。在这种情况下，谈判可能会邀请恰当的第三方来主持，有时甚至需要第三方进行斡旋或调停，作为此类谈判有益的补充。在此，请注意谈判主体和谈判参与方的概念区别。

多边谈判相对复杂，以三方主体为例，其谈判提案及利益交换组合包含以下层次：三组单方利益提案、三组双方利益交换方案以及一组三方利益交换方案。可以想象，谈判方越多，其利益交换组合的可能性就越多，达成一致意见的难度就越大。有时谈判方之间会通过结盟来降低谈判的难度，因为这样可以有效减少谈判的分歧。总之，鉴于多边谈判的复杂性，其往往带有引导这一进程的程序框架，不同的多边谈判会有不同的程序设计，但其核心要素往往包括：（1）确定谈判的组织者；（2）选择恰当的谈判场所；（3）制定详细的谈判议程；（4）建构关联性谈判或分解谈判；（5）营造公众舆论；（6）吸引外部谈判推动力。

二、单议题谈判与多议题谈判

单议题谈判是指谈判方之间就单一议题展开谈判，典型的例子包括货物买卖谈判、人员招聘谈判、房屋租赁谈判、建设项目谈判、知识产权转让谈判等。在每一个单议题的谈判中，需谈判的具体问题往往不止一个。例如在一笔货物买卖谈判中，其涉及货物数量、货物质量、货物价格、交货时间、货物所有权转移方式、双方权利义务、争端解决等诸多问题。当然这个过程中通常会有许多默认或者补充条款成为协议的一部分，这些不一定在每次的谈判中都具体讨论到，谈判方往往只会围绕核心的利益点展开沟通。

多议题谈判顾名思义，是指谈判方之间就多个议题开展综合谈判，典型的例子包括贸易协定谈判。例如在《关税与贸易总协定》（General Agreement on Tariffs and Trade，GATT）时期的乌拉圭回合谈判中，其涉及的谈判议题除了传统的货物贸易，还包括服务贸易、与贸易有关的知识产权等。到了WTO的多哈回合谈判，议题进一步扩大，包括了农业、非农产品市场准入、服务贸易、规则谈判、争端解决、知识产权、贸易与发展以及贸易与环境等八个主要议题。多议题谈判固然存在难度大的挑战，但是一旦成功，收益也是巨大的。此外，多议题谈判也存在议题交换的空间，有时反而能使各个无法单独突破的议题最终通过不同议题下的利益交换实现共赢。当然，现实世界中多议题谈判也往往极易发生调整议题、重新谈判、更换协定等情形。

三、国内谈判与国际谈判

国内谈判与国际谈判这组分类看似简单，实则并不容易界定。一般来说，当谈判主体、谈判标的、谈判场所等各项要素都来自相同国家或地区时，这类谈判自然属于国内谈判。然而，当前述要素分属不同国家或地区时，划分国内谈判与国际谈判就会有点复杂。当谈判各方来自不同国家或地区时，这类谈判毋庸置疑属于国际谈判。但在另一些情形下，回答并不那么肯定。例如，两个中国企业在美国进行的谈判是国内谈判还是国际谈判呢？再如，两家中国公司在中国境内商谈如何由一方收购另一方设在国外的子公司，又属于哪一种谈判？

在谈判涉及的多重要素中，区分国内谈判与国际谈判的核心要素应该是谈判主体。因为一旦谈判主体来自不同的国家或地区，那么谈判各方在语言表达、沟通方式、时空概念、决策结构、法律制度、文化背景等方面会存在较大差异，这导致其具有明显不同于国内谈判的特征。此时，谈判方若仍按照准备国内谈判的方式来参与这类谈判，往往会犯下严重的错误。因此，国际谈判是指谈判主体涉及两个或两个以上的国家或地区的这类谈判。

然而，正如上文所举的这两个例子所展现的，一项谈判除了主体要素，还会有诸如谈判地点、谈判标的等其他要素具有跨国性。对于这类谈判，可以将其进一步归为国内谈判中的涉外谈判。

必须承认，在日常的语言表述中，涉外谈判和国际谈判这两个词普遍存在混用的情形，无从严格区分。之所以提出如上详细的区分，目的在于强调"人"的要素对于谈判的重要影响。

四、私主体间谈判、公主体间谈判与公私主体间谈判

这一组分类是按谈判主体的性质来界分的。所谓私主体间谈判，是指两个民法意义上的私主体，包括个人、法人或其他组织之间开展的谈判，最典型的就是公司间的商务谈判。公主体间谈判则指两个公法意义上的主体，包括国家和各级政府之间开展的谈判，例如两个国家就促进贸易自由化展开的谈判。公私主体间谈判指的是谈判各方既包含私主体，也包含公主体，例如政府采购谈判等。

这组分类的核心意义在于区分私主体谈判和公主体谈判。因为两者在谈判内容以及由此产生的影响力方面存在巨大差别。首先，私主体谈判应遵守当下的法律、法规和相关要求，而公主体谈判很有可能创设、制定新的法律、法规和相关要求。以贸易为例，当两家公司开展货物买卖的商务谈判时，其交易的各个环节都要遵守相关法律的规

定。此时，若其买卖的标的为卖方所在国法律禁止出口的，则其谈判是无效的。而当两个政府开展自由贸易协定的谈判时，其可以放宽出口限制，削减出口禁令清单上的货物。从这个意义衍生开来可进一步认知，私主体间的谈判仅在谈判方之间产生效力和影响，而公主体间谈判则会在其行政管辖范围内产生普遍影响力。

公私主体间的谈判则相对更类似于私主体间的谈判。一方面，这类谈判也须遵守相关的法律法规，并且谈判的结果也只在谈判方之间有拘束力。但另一方面，公主体谈判方因其地位使然，在选取谈判对方、确定谈判范围、主导谈判进程等方面往往具有决定权或优势。

以上分类并未穷尽，还有其他一些分类，包括按照谈判风格分为软式谈判、硬式谈判和原则性谈判，按照谈判方式分为口头谈判、书面谈判和网络谈判，以及按照谈判地点分为主场谈判、客场谈判和中立地谈判等。任何一项谈判，都可以同时在上述所有谈判分组中择一归类，形成一个综合的描述。

第四节　谈判的原则

一、互惠合作原则

谈判的起因就在于双方有合作的愿望，因此谈判的首要原则就是争取合作。那么如何实现合作呢？一方面，谈判各方作为独立的主体，在相互关系中处于平等的地位，因此谈判应该在相互平等、互相尊重的前提下展开。另一方面，谈判方之间的合作必须建立在互惠的基础之上，确保双方均从谈判中获益。如果说平等强调的是形式要求，互惠则强调的是实质要求。

那么如何理解谈判中的"互惠"呢？关于互惠，有多种不同的哲学解读。[1] 在谈判的语境下，互惠更偏向于一种经济学上的释义，其

---

[1] 陈常燊：《互惠的美德：博弈、演化与实践理性》，上海人民出版社2017年版，第22—24页。

信奉"文明就是市场",认为如果没有得益于市场交换而培育出来的互惠性观念,人类文明将难以产生。这种互惠在本质上是利己主义和利他主义的结合体。鉴于此,谈判者既是"利己"的,同时任何一方要实现自己的利益,就必须给予对方利益,每一方利益的获取都以对方取得相应利益为前提,因此,谈判者又是"利他"的。

总之,谈判应在平等的基础上进行,但是这并不代表各方从谈判中获取的利益是等量的,互惠合作要求双方都应考虑对方的利益从而作出一定的让步,但让步的幅度在不同的谈判方之间是可以不相等的。成功的谈判方,应该充分利用各方之间合作的愿望,在平等互利的基础上努力为己方争取最大的利益。

二、扩大总体利益原则

成功的谈判者应把谈判当作一个利益最大化的机会,而这种利益最大化,并不是"从蛋糕中得到更大的一块,而是一起做一个更大的蛋糕,这样每个人的蛋糕都更大"。

在我们很小的时候,相信大家就听说过类似的故事:当两个人商量如何分享一只小鸡时,最好的办法是两个人共同将这只小鸡养大,让其下蛋并孵出更多的小鸡,然后再按照双方的劳动比例分配新的小鸡。事实上,这样的智慧可以说渗透于我们中国人的血液中。在当下,诸如此类的例子更是举不胜举。例如,当工会与公司谈判时,如果工会坚持原来的立场,要求大幅加薪及增加其他福利等,很可能迫使公司大面积停工,甚至破产,但是如果工会在员工福利方面作出一些让步,公司也给出更为长期的用工保障,这样既能使公司顺利经营下去并提高利润,也能使员工从中获得更为长远的利益,这就是一个双方合作一份更大蛋糕、实现双赢的典型案例。

概言之,传统的观点认为谈判是一种零和博弈,但在现代世界体系中,谈判各方通常以共赢为目标。所谓共赢,其前提就是要各方共同努力,一起扩大总体利益。为达到这一目的,有时需要挑战惯有思维和传统做法。对此,谈判者应周到而全面地衡量整个谈判的背景和相关条件,对各种相关因素作出系统评估后给出最佳方案。

三、利益优于立场原则

谈判的本质在于解决分歧，而解决分歧的本质在于完成利益分配。因此，在绝大多数的谈判中，各方应避免僵硬地坚持某种立场，灵活地考量立场背后的利益。[1]

不妨还是举些例子。当两个人要分享一个橙子时，从立场的角度来看，应坚持平分，否则任何一方都可能觉得有失公平，丢了面子。然而，从利益分配的角度来看，平分有时未必是最佳方案。假设这两个人中，其中一个获得橙子的目的是在调配鸡尾酒中加入一点儿橙汁，那么对他来说，只要几瓣也就够了。因此，他完全可以放弃坚持平分的强硬立场，选择按照自己的实际利益需求作出让步。而这也会给他带来一些隐性的好处，例如与对方保持良好关系、促使对方在之后的分配中换位思考等。再如，在多边贸易领域，有时会涉及中国是不是发展中国家的争议，此时中国需要进一步思考的是，西方国家为什么要坚持否认中国的发展中国家地位。因为在多边贸易领域，发展中国家可以享受到多种多样的特殊和差别待遇。但对于中国而言，一方面，由于入世时被额外要价，多边贸易领域中的多项特殊和差别待遇我们实际并不享有；另一方面，由于自身的努力和发展，我们理论上可以享有的特殊和差别待遇当下也已没有太多的实际意义。在这种情况下，中国应坚持多边贸易谈判并非确定一国是否归属发展中国家的恰当场合，以避免陷入僵局，进而使谈判聚焦在逐步削减特殊和差别待遇的利益之争上。这样，看似完全冲突、对立的谈判，最终有可能取得较好的结果。

总之，把注意力集中于谈判方之间的利益，而不是抽象的立场，这对各方来说都是十分有益的。要做到这一点，谈判者应分析、确定自己的真实利益需求，在明确最终目标的基础上，善于妥协、灵活机变，解决问题。

---

[1] [美]罗杰·费希尔、威廉·尤里、布鲁斯·巴顿：《谈判力》（第2版），王燕、罗昕译，中信出版社2012年版，第3—7页。

四、科学性与艺术性相结合原则

谈判既是一门科学，也是一门艺术，是两者的有机结合。[1] 一方面，谈判是人们协调彼此利益关系、满足各自需要的行为过程，人们必须从理性的角度对所涉问题进行系统的分析研究，根据一定的规律来制订谈判的方案、策略和进程。谈判者通常都有着特定的目标，而且谈判行为的发生、发展又依存于某些特定的环境和条件，并受这些环境和条件的影响和制约。因此，如果离开了科学的分析和决策，不对谈判活动作出科学规划，就不可能有效地引导谈判行为的发展变化，获得良好的谈判结果。例如在两国间的关税减让谈判中，谈判双方就需对此做大量的前期统计和分析，包括统计主要进出口货物的贸易额度、收集相关行业反馈的需求变化、比较国内外相关市场的征税额度等，在此基础上各方制定本方具有出口进攻利益的产品清单，对此提出相应的减税需求。与此同时，对于对方提出的主要进口产品的减税要求，应计算不同降税幅度对本国国内市场上生产同类产品的行业的影响，并综合考虑消费者福利等因素，准确评估本国对减税的实际承受力。由此可见，谈判绝对是一件需要科学指引的"理性行为"。

另一方面，谈判是由具体的人直接发生交流的活动。在这一活动中，谈判人员的文化背景、知识结构、成长经验、个性情绪、心理特征、沟通技巧等都会在很大程度上影响谈判的过程和结果。属于谈判者个人特性的那些因素，对谈判的影响往往是难以预测的，调动和运用这些因素就具有很大的艺术性。在艺术性原则的指引下，一个好的谈判者往往具有极强的个人魅力，而这种个人魅力有时甚至能够左右谈判的最终结果。

总之，在谈判的过程中，只有秉持科学性，利用理性的思维去对待谈判，才能从本质上获得对谈判的掌控。而坚持艺术化的处理方法，能够促使谈判者找到更好的途径来实现预期的目标。

---

[1] 张祥：《国际商务谈判：原则、方法、艺术》（修订版），社会科学文献出版社2014年版，第8页。

第二章 国际贸易谈判概述

在了解谈判的基本理论之后,本章我们将聚焦国际贸易谈判展开进一步的学习。在中文语境和过往的学术研究中,国际贸易谈判常常和国际商务谈判混淆使用,不加严格区分。然而,国际贸易一词较之国际商务拥有更丰富的内涵,国际贸易谈判也因此具有更宏大的历史发展轨迹,与不同的个体、社会、民族和国家拥有更广阔而紧密的联系。

第一节 国际贸易谈判的概念

国际贸易谈判作为谈判的一种类型,具有谈判的本质属性。在此基础上,要想准确地界定这一术语,关键在于如何理解"国际贸易"这一限定词。

国际贸易也称"通商",是指跨越国境的货物和服务交易,一般由进口贸易和出口贸易组成,因此也可以称为"进出口贸易"。国际贸易是各国(地区)在国际分工的基础上相互联系的主要形式,反映了世界各国(地区)在经济上的相互依赖关系。由此可见,国际贸易本身是一个高度抽象、概括的词汇,其包含的具体活动是十分丰富的。这就导致在不同的语境下,国际贸易会有不同的实际含义。

例如,在"国际贸易法"这一术语下,其主要包括调整国际货物销售合同、国际货物运输、国际支付、国际商事仲裁和调解等大量的国际条约、协定以及习惯法,而这些法律显然调整的是私主体之间开展跨国商贸往来的行为,因此属于典型意义上的"私"法。当然,很多时候这种买卖行为也会发生在一国政府等公主体与另一国的企业之间,但一般来说,政府在此种活动中应像私主体一样行事,确保双方交易地位平等。在这个意义上使用国际贸易的情形数不胜数，例如"国际贸易实务""国际贸易术语""国际贸易流程""中国国际贸易单一窗口"等，在这些语境下，国际贸易指向的是具体的商贸往来活动。

而在另一些情形下，国际贸易则指向国家或政府等公主体之间调整跨国贸易的活动。例如，"国际贸易协定"这一术语就是指相关国家就彼此之间开展贸易活动而达成的有拘束力的法律文件，其具体内容包括非歧视待遇、市场准入、原产地规则、贸易救济、海关管理与贸易便利化、动植物卫生检疫、技术性贸易壁垒、电子商务、政府采购、竞争政策、知识产权、环境保护等。协定下的规则约束缔约方政府的行为，而不是市场上参与具体贸易活动的个人、公司和企业。在这个意义上使用国际贸易的情形也不胜枚举，例如"国际贸易政策""国际贸易管制""国际贸易摩擦""商务部国际贸易谈判代表"等。在这些语境下，国际贸易指向的是公主体间的行为。

概言之，由于国际贸易一词本身是高度抽象的，因此其实际使用中按照参与主体和活动性质的不同，包括两个层面的含义：一是指各类跨国公、私主体之间就贸易往来开展的"具象"活动；二是指各国（地区）之间为调整相互间的贸易而开展的"抽象"活动。鉴于此，国际贸易谈判也包括两个层面的含义：一是跨国民商法意义上的主体之间为开展具体贸易往来而进行的实务类谈判；二是各国（地区）为调整相互间的贸易而进行规则制定的立法类谈判。请注意，在中文的语境下，前一个含义中的国际贸易谈判类似于国际商务谈判（international business negotiation），实践中常常出现两者混用的情形。后一个含义中的国际贸易谈判一般指向为达成双边贸易协定、区域贸易协定或多边贸易协定，乃至构建相应的国际贸易体制的行为，常常和国际话语权输出、国际经贸规则制定权等术语联系在一起。

在本书的范围内，除特定章节另有明确说明外，我们所指的国际贸易谈判包括以上两个层面的含义。

第二节 国际贸易谈判的特征

作为谈判的一种，国际贸易谈判当然具有谈判的基本特征，即行为性、过程性、沟通性和妥协性。在此基础上，国际贸易谈判还有一些额外的自身特点，以下我们简要对此展开描述。

一、政策性

通常而言，任何一个国家在不同时期总会秉持特定的贸易政策，而这正是该国政府及其管辖范围内的商事主体在这段时期开展对外贸易谈判的指导原则和目标。因此，国际贸易谈判表现出很强的政策性。

所谓贸易政策是指一国政府在其社会经济发展战略的总目标下，运用经济、法律和行政手段，就对外贸易活动进行有组织的管理和调节的行动准则。正如本杰明·J. 科恩（Benjamin J. Cohen）所说："贸易政策是一种混合体，是一个国家试图影响外部经济环境的行动的总称"，"是一个国家整体外交政策的组成部分，服务于共同的政策目标"。[1] 因此，一国的对外贸易政策从来不只是经济方面的，而是与本国基本制度、地缘政治、社会发展、价值观等其他问题有机地联系在一起的。

很显然，各国的贸易政策并非一成不变。以美国为例，有学者将美国建国以来的贸易政策划分为以下几个不同阶段：在超级大国的形成阶段，美国主要执行贸易保护主义政策。在这一时期，美国执行高关税以及全面禁运制度。在这样的情况下，国际贸易往来以及相关的国际贸易谈判甚少开展。在经济霸权的扩张阶段，美国执行贸易自由主义政策。在这一时期，美国对外通过谈判大量推行双边互惠贸易协定，并倡导以非歧视和市场准入为基石的多边自由贸

---

[1] Benjamin J. Cohen, ed., *American Foreign Economic Policy: Essays and Comments*, Harper and Row, 1968, p. 1–10.

易体制。到了20世纪70—80年代，伴随着新兴经济体的崛起和壮大，美国收缩了原先极具扩张性的自由贸易政策，调整为公平贸易政策，目标是打击"不对等"和"不公平"的贸易。这在国际贸易谈判中表现为，美国着手引导国际社会谈判包括反倾销、反补贴在内的贸易救济规则。金融危机之后，随着自身绝对和相对经济实力的双重下降，美国执行新贸易保护主义政策，奉行单边主义、保护主义和霸权主义。这些正是引发当下中美经贸摩擦的政策缘起。可见，一国奉行不同的贸易政策，将极大地影响该国相应时期的对外贸易谈判。

可以说，国际贸易谈判从来不只是"贸易"谈判，它镶嵌在各方的经济关系之中，而经济关系又与相关国家之间的政治关系、外交关系等紧密相连，因此我们把政策性列为国际贸易谈判的第一个特征。

二、复杂性

国际贸易谈判的复杂性表现在实体内容和谈判背景两个方面。实体内容方面，作为具象的国际贸易谈判，其涉及货物和服务的跨国交易，因此需要处理国际结算、国际保险、国际运输、国际金融、国际投资、国际税收等一系列问题，谈判人员要熟悉各种国际惯例、对方国家的法律条款以及国际经济组织的相关规则，这些要求都是比较高的。政府间的国际贸易谈判则复杂性更甚，因为不仅要掌握扎实、详细的贸易统计数据作为谈判基础，还要综合考虑国家间的政治、外交关系，了解对方国家特定的国别政策，最终确定本方的谈判立场，制定谈判策略，这些都是国内谈判没有涉及的部分。

在谈判背景方面，谈判各方的社会文化、价值观念、语言表达、沟通方式、法律制度等都有着极大的差异，这些都不同程度地增加了谈判难度。就文化背景而言，各方之间的差异首先会表现在对贸易对象的接受度上。可能在一方市场上受欢迎的产品，到了另一方市场会因为文化原因而被抵制或不那么畅销。其次，社会文化的差异还会导致谈判方之间对同一制度的不同评判。例如，中国人的传统文化追求"以和为贵"，不喜诉讼，这导致其在对外贸易谈判时往往优先选择协商作为争议处理方式，这和西方人习惯通过诉讼来解决争议就有着很大的差别，额外需要谈判来加以处理。

就价值观念而言，由于不同的社会、经济发展程度，在一方看来属于现阶段必需或正常的生产和交易方式，在另一方看来则可能违背了基本的价值目标。例如，用工标准问题、性别歧视问题、环境保护问题、动物福利问题等，都是这方面的核心争议。

就语言表达和沟通方式而言，来自亚洲地区的谈判者往往较为内敛，表达上习惯性谦逊、低调，而来自美洲、非洲地区的谈判者则较为热情洋溢，表达上更为自信、高调。因此，同样的语言，可能背后的真实含义并不相同，这就很可能会引起谈判方之间的误解。

就法律制度而言，各国规范国际贸易的法律法规不尽相同，一些在本国法律制度下是合法的交易，可能为对方国家所禁止。而为双方国家法律都许可的交易，在具体应符合的要求上也可能存在差异。选择何种法律适用往往也成为国际贸易谈判相持不下的争议点之一。

总之，国际贸易谈判的复杂性表现在诸多方面，其对谈判人员的要求是非常高的。

三、正式性

国际贸易谈判的第三个特点是正式性。正式性的第一个表现是严格的谈判程序。首先，国际贸易谈判通常要求谈判参与方应获得相应的授权，在谈判初始，往往需要互向对方出具授权证明。若涉及谈判人员的更换，也应履行类似的程序。其次，谈判往往制定有正式而详尽的议程，包括谈判人员、场所、时间、内容等都应作出具体安排，谈判应严格按照议程来推进。最后，谈判的结果通常采用书面形式予以确定。很多时候，谈判结果还需完成相应的审批程序才能生效。

正式性的第二个表现是充分的礼仪要求。礼仪性首先要求谈判方应事先做好充分调研，在谈判场所的布置、谈判程序的设计以及谈判宴请的安排等方面都表现出恰当的尊重和礼节。例如，在谈判场所摆放对方国家的国旗、公司标识等，在谈判程序上避免因国家、种族、公司强弱等表现出歧视或偏见，以及提前了解对方的饮食禁忌等。其次，礼仪性还要求谈判方在谈判过程中开展恰如其分的沟通，避免谈论对方在政治、文化、生活等方面的禁忌性话题。再次，谈判礼仪还要求谈判人员应注意恰当的语言表达和肢体动作，避免文化差异引发不必要的误解。最后，国际贸易谈判中，各方均应正式着装，展现出对对方以及谈判事宜的充分重视。

总之，国际贸易谈判涉及利益较大、影响广泛，因此，不论在谈判程序还是谈判礼仪方面，均表现出很强的正式性。

◎【拓展阅读】

中国现阶段如何确定指导对外贸易谈判的宏观贸易政策

在开展对外贸易谈判时，一国必须先明确本国当下阶段的贸易政策，以此指导对外贸易谈判的开展。一个基本的事实是，一国的贸易政策并不是固定不变的，而是与不同阶段的国内外环境及本国发展状况紧密相连。按照历史发展的经验以及中国当下的基本国情，我们认为中国现阶段应秉持的宏观贸易政策应考虑以下要素：

首先，如之前所述，全球价值链的发展决定了比较优势理论下的自由贸易政策仍然应该是主流贸易政策。与此同时，中国具有自身特色的市场经济体制仍在改革过程中。我们还需进一步摸清不同行业的发展状况，确定需要分阶段自由和开放的行业领域，并为此在新一轮的规则制定中争取能够最大化维护本国产业利益的国际经贸规则。

其次，中国当下正经历百年未有之大变局，全球经贸治理格局正在发生深刻变化。一方面，虽然中国的经济实力获得了长足的发展，但是中国在国际社会的软实力依然较弱，包括在国际组织的话语权、对国际事务的参与权和决定权等。因此，中国需要通过经济实力来增强、巩固自己的国际政治地位。贸易政策需要服务于外交政策，必要时可牺牲本国一定的经济利益。另一方面，虽然中国的经济实力大大增强，但中国特有的发展模式、经济体制未能被现有的规则体系所接受。以美国为首的部分发达国家认为，中国是现有规则体系的破坏者，希望制定新的国际经贸规则制约中国的发展。在这种情况下，中国的对外贸易政策必须讲好中国故事，明确坚守的底线，在此基础上进一步探索改革与开放。

最后，一国的贸易政策应该在经济利益和社会综合治理方面的其他价值观之间实现恰当的平衡。中国自改革开放以来，一直或主动或被迫"吸收"美国主导的国际经贸规则和社会发展价值观。伴随着综合实力的上升，我们需要在国际社会扩大影响力，获得更多的认同感。因此，中国在对外贸易政策中需要有机结合自身可以做到，同时能为更多数国家认可的广泛发展目标，以此打动并团结更多数国际社会成员。这些广泛发展目标包括：跨越中等收入陷阱；化解发展瓶颈；维护社会、环境、劳工、安全与健康等公共利益；实现可持续发展；确保发展中成员的特殊和差别待遇；等等。中国应该更好地在对外贸易政策领域结合人类命运共同体、和谐治理等中国智慧和中国表达，温和地实现价值观的输出。

——选自徐昕《要素解构路径下中国参与国际经贸规则制定研究》一文

第三节　国际贸易谈判的发展史

人类交换物品已有数千年的历史。有证据显示，遥远的古代就已有一些市场，来自不同地方的买家和卖家在这些市场上讨价还价。不同地区的市场受到不同法则的规范。在有些地区，物价由供需决定，买卖双方可以据此自由开展谈判。而在另一些地区，物品如何交易则需受到政府约束。例如，在公元前2世纪，汉武帝通过朝堂辩论，最终确定盐、铁之类的重要物资实行国家专卖。因此，国际贸易的谈判史，就是一部鲜活的国际贸易发展史，其与地理发现、产业革命、各国的贸易政策以及人类追求财富的勃勃雄心都息息相关，荣辱与共。

现代意义上的国际贸易肇始于资本主义生产方式产生之后。在亚当·斯密的自由贸易理论为当时的西方各国普遍接受后，国际贸易得到了进一步的迅速发展。到了19世纪末期，形成了统一的、无所不包的世界市场和世界经济体系。此后，第一次世界大战的冲击和 1929—1933 年的世界经济危机使资本主义世界经济遭到很大破坏，国际贸易几乎停滞不前。二战之后，在美国的领导下，各方通过谈判达成了包括 GATT 在内的布雷顿森林体系，确立了影响至今的内嵌式多边自由贸易体制。当前，伴随着各方实力对比的变化以及新兴技术的革命式发展，国际贸易进入了深度的规则重构时期，国际贸易谈判史也将迎来新的发展和挑战。在历史发展的长河中，那些具象的、千姿百态的国际贸易谈判活动内含于国家间立法层面的国际贸易谈判中，它们相辅相成、血脉交融，共同绘就了一幅国际贸易谈判恢宏的历史画卷。

一、近代的国际贸易谈判史

从第一次工业革命开始到二战前，世界市场逐渐形成与发展，这些都为国际贸易谈判带来了空前的机遇。18 世纪 60 年代到 19 世纪 70 年代发生的产业革命，首先促使大机器工业的拥有者——产业资本家们跳出本国狭小的市场范围，到境外寻找新的商品销售市场，开辟新的原料供应基地，建立新的输出输入渠道，从而使国际贸易谈判的数量急剧增多。其次，随着人口的流动，世界劳务市场扩大，形成了许多大工业中心和商业中心，铁路、海运、通信事业应运发展，这些促使国际贸易谈判的场所相对集中，空间距离大大缩短。最后，出现了充当国际商品交换一般等价物的世界货币，形成了以金本位制为基础的国际货币制度，这使得商品世界价格的形成变得可操作，因而也为国际贸易谈判提供了许多方便条件。在此基础上，大量的双边国际贸易条约出现了。这些条约大体分为两类：一类是野心勃勃的西方国家之间签署的，约定彼此之间在公平的基础上获得开拓海外市场的机会。另一类则是典型的不平等条约，由西方国家与其海外拓展市场之间签订。

从 19 世纪 80 年代开始到 20 世纪初结束的第二次科技革命，推动国际分工进一步扩大和深化，构建起多边贸易和多边支付体系。工商资本，尤其是金融资本的国际活动范围和规模得到迅速扩展；大型固定的商品交易所、国际拍卖市场等逐渐形成；世界性的航运、保险、银行和各种专业机构开始出现和发展；在国际航运方面，开辟了比较固定的航线、港口和码头。在此基础上，国际贸易谈判的频率和效率大幅增加，大规模、高层次、新形式的国际谈判开始出现。

例如，在国际贸易得到空前发展，争夺殖民地的战争极为频繁的情况下，各国政府都注意到，国际货物运输和通信经常受到威胁，要保障进出口货物交接迅速、准确、安全，彼此之间必须商定出某种办法、安排、措施、原则以减少各自的损失。为此，各方在1874年谈判签署了第一个国际性的邮政公约，即《伯尔尼条约》（1878年更名为《万国邮政公约》）；1910年谈判签订了《统一海难援助和救助某些法律规定的公约》；等等。这些都是为了解决上述问题和风险。

一战之后，周期性的"生产过剩"和经济危机促使有关国家之间为了避免两败俱伤，针对某些"商战"激烈的专项商品，谈判达成多边性的国际协定，这些协定就某种专项商品生产限额、销售价格、出口配额、进口限制、关税比例等方面的问题，实行国际性的妥协、统制和约束，这就是国际卡特尔专项商品协定。例如：1902年、1931年以及1937年先后签订的《国际砂糖协定》；1931年的《国际锡协定》；1933年的《国际小麦协定》；1934年的《国际橡胶协定》；等等。

由于经济危机愈演愈烈，到了20世纪30年代前后，各国之间的自由贸易几乎停止了，近代的国际贸易谈判史也就此按下了暂停键。

二、GATT时期的国际贸易谈判史

二战之后，为尽快结束以邻为壑的贸易关系，迅速使各国从战后废墟中获得经济复苏，美国主导建立战后稳定的金融秩序和贸易自由体制，《关税与贸易总协定》应运而生。《关税与贸易总协定》起初只是一项国际贸易协定，于1947年由23个国家签署，从1948年1月1日开始实施。为了管理这份协定的适用以及进一步推动多边贸易自由化，缔约方通过各种务实的做法，在实践中逐渐以"关贸总协定"的名义形成了诸多详细的工作程序，推动"关贸总协定"转变为一个事实上的国际组织。在GATT存续期间，缔约方共开展了八轮贸易谈判，并最终催生了世界贸易组织。1995年1月1日，关贸总协定正式被世界贸易组织取代。

GATT 最初专注于货物贸易，目标是排除各国对跨国贸易的干预，促进贸易自由化。为了实现这一目的，GATT 推行了非歧视待遇和市场准入两项基本机制。非歧视待遇主要通过国民待遇原则和最惠国待遇原则来实现，市场准入则通过回合谈判不断削减关税和非关税壁垒来达成。

在 GATT 成立之后的前五轮回合谈判中，各方主要开展关税减让谈判。在 1947 年 4—10 月举行的第一轮谈判中，主要成果是 23 个缔约方就 123 项双边关税减让达成协议，平均降低关税 35%。1949 年 4—10 月，第二轮回合谈判吸纳欧洲经济合作组织的成员国加入了 GATT，这样缔约方就从原来的 23 个增加为 33 个，33 个缔约方共同就 147 项双边关税减让达成协议，平均降低关税 35%。在 1950 年 9 月—1951 年 4 月进行的第三轮回合谈判中，奥地利等国通过谈判加入 GATT，最终共达成 150 项关税减让协议，平均降低关税 26%。第四轮回合谈判于 1956 年 1—5 月进行，本轮谈判使缔约方之间的关税水平均降 15%。到了 1960 年 9 月—1961 年 7 月的第五轮回合谈判，各方最终使关税水平平均下降 20%。

1964 年 5 月开始的第六轮回合谈判继续推动关税减让，到了 1967 年 6 月谈判结束时，美国工业品关税平均降低 37%，而欧共体的关税平均降低 35%。此外，本轮谈判首次涉及非关税壁垒，规定了倾销的定义、征收反倾销税的条件和幅度，同时新增了"贸易与发展"条款，规定了对发展中缔约方的特殊优惠待遇。第七轮回合谈判于 1973 年 9 月—1979 年 4 月举行，参加方共有 73 个缔约方和 29 个非缔约方。第七轮回合谈判不仅继续削减关税，而且在限制非关税壁垒方面取得成效。此轮谈判在海关估价、补贴与反补贴、政府采购、技术贸易壁垒和进口许可证程序等问题上达成了协定。

GATT 时期的最后一轮谈判是著名的乌拉圭回合谈判。启动该轮谈判的背景是，进入 20 世纪 80 年代，以政府补贴、双边数量限制、市场瓜分等非关税措施为特征的贸易保护主义重新抬头，世界贸易额出现了下降。为避免全面的贸易战，力争建立一个更加开放、持久的多边贸易体制，以美国为首的一些发达国家共同倡导发起了这轮多边贸易谈判。相比之前的回合谈判，乌拉圭回合的谈判议题大大增加，不仅继续推动货物贸易领域的关税减让和规则制定，同时还涉及服务贸易领域以及与贸易有关的知识产权领域。各方历经 8 年时间，不仅就上述三个领域达成了一套体系庞大的规则体系，更为重要的是，进一步完善和加强了多边贸易体制，达成了《马拉喀什建立世界贸易组织协定》（以下简称《建立世界贸易组织协定》），WTO 由此诞生。相比之前的 GATT，WTO 澄清了多项纪律，特别是加强了争端解决机制的拘束力，这就使多边贸易体制从 GATT 时期的实力导向型体制转为规则导向型体制，千千万万个贸易商得以在一个更为稳定且具有可预见性的环境下开展国际贸易谈判，从事进出口实务。

三、WTO 框架下的国际贸易谈判史

1995 年成立的 WTO 是 GATT 的继承者和发展者，由于成立之时已经有了乌拉圭回合达成的一揽子协定，因此 WTO 首先是一个按照现有规则运行、管理全球贸易体系的组织，确保国际贸易尽可能顺畅、可预见和自由。然而，WTO 同时更是一个贸易谈判的论坛。

首先，在 WTO 之后，有很多国家希望加入这个组织。而要加入 WTO，成员方政府必须使其经济和贸易政策符合 WTO 的规则，并与 WTO 现有成员方协商其加入的具体条款和条件。改变贸易规则需要现有成员方的同意，它们必须通过谈判作出决定。

其次，WTO 在成立之后并没有停下推动贸易进一步自由化的步伐。1997 年，69 个成员方政府就电信服务达成了一项协议，同意采取范围广泛的自由化措施，这些措施超出了乌拉圭回合谈判中达成的协议。同年，40 个成员方政府成功完成信息技术产品零关税贸易谈判，70 个成员方达成金融服务协议，覆盖 95% 以上的银行、保险、证券和金融信息贸易。

2000 年，WTO 在农业和服务业领域展开了新的谈判。2001 年 11 月在卡塔尔多哈举行的 WTO 第四届部长级会议将这些谈判内容纳入了更广泛的工作计划——多哈发展议程。这就是 WTO 成立后的首轮多边贸易谈判——多哈回合谈判。

乌拉圭回合大获全胜使成员方信心倍增，因此，成员方为多哈回合谈判设置了极具雄心的议题，大家期待再来一场伟大的谈判并

获得成功。概括而言，多哈回合的谈判议题包括立即谈判事项、未来谈判事项以及其他事项三大类。第一类议题包括农产品、服务贸易、非农产品市场准入、与贸易有关的知识产权、贸易规则、争端解决机制、贸易与环境、贸易与发展等。上述议题的谈判要求在2005年1月1日前结束，谈判结果将纳入多哈回合一揽子协定，由所有成员方接受。第二类谈判议题包括自1996年新加坡部长级会议以来WTO一直在研究的贸易与投资、贸易与竞争政策、政府采购透明度和贸易便利化等新议题。如果WTO各成员方能在第五届部长级会议上就谈判模式达成共识，就可随即发起相关谈判，谈判也应于2005年1月1日前结束。第三类议题包括一些需要进一步研究的议题，如债务与融资、贸易与技术转让、电子商务、小经济体、技术合作和能力建设、发展中国家（地区）的特殊和差别待遇、最不发达国家（地区）以及谈判规划的组织与管理。多哈部长级会议设立了"贸易谈判委员会"，负责推动上述谈判的进行。

然而，在2003年9月墨西哥坎昆举行的第五届部长级会议上，各成员方因为在农业等问题上没有达成一致，多哈回合谈判陷入僵局。在此之后，由于多种因素的共同作用，多哈回合再也未能挽回。不过多哈回合的"失败"并不代表WTO在国际贸易谈判方面完全无所作为。

2011年，WTO第八届部长级会议通过了修改后的《政府采购协定》，比原协定的覆盖范围每年增加了约1000亿美元。

在2013年巴厘岛举行的第九届部长级会议上，WTO成员方达成了《贸易便利化协定》，旨在通过削减繁文缛节来减少边境延误。这是WTO成立后达成的首个多边货物贸易协定，全面实施后，贸易成本降低14%以上，全球出口每年增加多达1万亿美元。

2015年，在内罗毕举行的第十届部长级会议就扩大《信息技术协定》产品范围达成全面协定，每年免除了价值超过1.3万亿美元的200种信息技术产品的关税。会议的另一项成果是决定取消农业出口补贴，实现了联合国"零饥饿"可持续发展目标的关键目标之一。

2017年，WTO《与贸易有关的知识产权协定》（Agreement on Trade-Related Aspects of Intellectual Property Rights，TRIPS）的修正案

正式生效，减轻了贫穷经济体获得负担得起的药物的难度。在该年度举行的第十一届部长级会议上，诸多成员方针对电子商务、中小企业、投资便利化和国内规制等议题发布一系列部长级联合声明。

2022年，两度延期的第十二届部长级会议在会前普遍不被看好的情况下，最终达成了一项总体共识文件和九项具体成果，在渔业补贴、电子商务、知识产权以及粮食安全等四大问题上达成关键性共识。

自1947年GATT成立至今的70余年见证了世界贸易的非凡增长。商品出口以年均6%的速度增长。这种贸易增长一直是整体经济扩张的强大引擎，平均每年的贸易增速是全球经济增速的1.5倍。2019年的出口总额是1948年水平的250倍。GATT和WTO帮助建立了一个强大和繁荣的贸易体系，促成了世界贸易空前的增长。

四、新区域主义时代下的国际贸易谈判史

二战之后，尽管国际贸易主要是在GATT/WTO体系下进行的，但双边或区域间的自由贸易协定谈判也从未停滞，不过总体发展进程不快。伴随着WTO多哈谈判的举步维艰，越来越多的国家转向推动区域一体化谈判。按照WTO以1948—2020年为期所作的一份统计，截至2020年，通知给WTO的区域贸易协定共计490项，生效的区域贸易协定共计303项。在这303项生效的区域贸易协定中，267项依据GATT 1994第24条发出通知，162项依据《服务贸易总协定》（General Agreement on Trade in Services，GATS）第5条发出通知[1]，还有61项依据《对发展中国家差别和更优惠待遇、互惠和更全面参与的决定》发出通知[2]。区域贸易一体化的典型例子有欧盟、北美自由贸易区、东盟自由贸易区、东南非共同市场、南方共同市场、加勒比共同体和共同市场等。几乎所有WTO成员方都是一个甚至多个区域一体化协议的参与方，世界货物贸易的很大一部分已经是在区域一体化协议下发生和进行的了。

区域一体化的蓬勃发展，首先是出于各国经济利益的驱动。建

---

[1] 请注意，有很多通知是同时依据GATT 1994第24条和GATS第5条发出的。
[2] 参见http://rtais.wto.org/UI/PublicMaintainRTAHome.aspx。

立区域贸易集团最大的优势就是关税和非关税壁垒的降低乃至取消，这给区域内各成员方带来了宽松的市场准入条件、充裕的外来投资以及便捷的货物和资源的流通，促进区域内贸易明显成长。其次，除却经济原因，成员方也会出于政治方面的考虑而进一步追求区域贸易的进展。这方面，最好的例证是欧盟。此前，由美国主导的《跨太平洋伙伴关系协定》（TPP）也被普遍认为是政治考量多于经济考量的一个区域贸易协定。而东盟与环太平洋五国签署的《区域全面经济伙伴关系协定》（RCEP）同样也带有一定比重的政治考量。进一步地，伴随着全球经贸规则进入重构时期，当前的区域贸易自由化安排还被赋予了争夺新一轮国际经贸规则制定权的使命。这些都说明，推动区域贸易自由化安排的政府间谈判具有一些有别于多边贸易谈判的特点。以下我们选取有代表性的区域贸易协定展开介绍。

1. 从《北美自由贸易协定》到《美墨加协定》

《北美自由贸易协定》（NAFTA）于1994年1月1日生效。该协定是1988年加拿大和美国签署的《美加自由贸易协定》的延伸，它是第一个将新兴经济体（墨西哥）与发达经济体（美国和加拿大）联系起来的自由贸易协定。《北美自由贸易协定》的签署旨在促进这三个国家之间的自由贸易。在1994年1月1日至2008年1月1日，《北美自由贸易协定》逐步取消了许多关税，尤其是与农产品、纺织品和汽车有关的关税。

除了促进自由贸易，《北美自由贸易协定》可以说是最早在工作场所安全、劳工权利和环境保护方面确立较高国际标准的区域贸易协定，其目的是防止企业利用较低的工资或较宽松的监管而迁往其他国家。因此，《北美自由贸易协定》在整个非洲大陆产生了重大和不同的影响。

就综合效应而言，《北美自由贸易协定》是一个非常复杂的协定，对经济增长和贸易平衡有不同的影响。美国总统唐纳德·特朗普（Donald Trump）在竞选期间曾表示反对该协定，他坚持认为，《北美自由贸易协定》已经导致贸易逆差、工厂倒闭、失业。因为在《北美自由贸易协定》之前，美国和墨西哥之间的货物贸易平衡略微有利于美国，而到了 2018 年，墨西哥对美国的贸易不平衡增加了 720 亿美元。

在美国的强势坚持之下，《美国-墨西哥-加拿大协定》（USMCA，以下简称《美墨加协定》）于 2018 年 11 月 30 日签署，并于 2020 年 7 月 1 日全面生效，取代了《北美自由贸易协定》。美国贸易代表办公室（United States Trade Representative，USTR）强调《美墨加协定》的如下内容[1]：（1）为美国工人创造一个更公平的竞争环境，包括改进汽车、卡车和其他产品的原产地规则，以及对汇率操纵的纪律。（2）通过现代化和加强北美的粮食和农业贸易，使美国农民、牧场主和农业企业受益。（3）通过对美国知识产权的新保护和确保美国服务贸易的机会，支持 21 世纪的经济。

在经济利益之外，美国推动《美墨加协定》的谈判还在于引领新一轮高标准国际经贸规则的制定。为此，其新增加了以下章节：良好监管规范（GRP）章、数字贸易章、中小企业章、环境保护章、劳动保护章等。按照国际贸易中心的观点，商业实体、政府机构和其他私主体均需了解这些程序、规则及其商业影响，因为它们能够切实影响以上主体在参与贸易谈判过程中的决定。

2.《全面与进步跨太平洋伙伴关系协定》

《全面与进步跨太平洋伙伴关系协定》（CPTPP）是目前世界上最大的自由贸易协定之一，其成员包括日本、加拿大、澳大利亚、智利、新西兰、新加坡、文莱、马来西亚、越南、墨西哥和秘鲁等 11 个亚太经济体，覆盖人口 4.95 亿，占全球经济总量的 13.5%，于 2018 年 12 月 30 日正式生效。

《全面与进步跨太平洋伙伴关系协定》可溯源于美国主导的、由 12 个横跨太平洋的国家签署的《跨太平洋伙伴关系协定》。经历 6 年谈判，《跨太平洋伙伴关系协定》在 2015 年 10 月成功结束实质性谈判并达成贸易协定。然而，正在其他参与国纷纷完成国内审批程序，《跨太平洋伙伴关系协定》等待正式生效之际，奉行贸易保护主义的时任美国总统特朗普在国内签署行政令，宣布美国退出《跨太平洋伙

---

[1] 参见 https://www.trade.gov/usmca。

伴关系协定》，理由是这样的大型区域贸易协定损害了美国的利益，是一场"灾难"。在很多人认为《跨太平洋伙伴关系协定》已经"死亡"的时候，日本扛起了挽救《跨太平洋伙伴关系协定》的大旗。经过以日本为首的11个《跨太平洋伙伴关系协定》参与国半年多的沟通与磋商，《跨太平洋伙伴关系协定》在作了部分调整后，更名为《全面与进步跨太平洋伙伴关系协定》并正式生效。

相比于WTO现有协定，《全面与进步跨太平洋伙伴关系协定》展现了高标准、高质量"下一代贸易规则"的特征，具体表现在：首先，协定议题具有全面性。《全面与进步跨太平洋伙伴关系协定》共计30章，涵盖了广泛的议题，除了传统的货物贸易规则，还包括现代服务贸易、电子商务、投资、金融、竞争政策、国有企业、知识产权、环境与劳工保护、政府合作与能力建设、竞争力和商业便利化、发展问题、中小企业问题、监管协调、透明度和反腐败、争端解决等。随着经济全球化程度的加深，传统贸易与众多经济、社会甚至政治问题关联度的增强，许多与贸易有关的问题需要一起综合治理，《全面与进步跨太平洋伙伴关系协定》积极地回应了这些时代需求，以更广阔的视野来开展国际经贸规则的谈判。

其次，协定内容具有进步性。一方面，《全面与进步跨太平洋伙伴关系协定》在劳工权利保护、环境保护、商业反腐、企业社会责任、发展、中小企业、政府监管改革等议题上制定的规则，代表了当今国际社会的普遍关注，也是发展程度不同的各类国家政府都需要解决的内部问题。多个国家能否通过有约束力的国际协定，共同促进解决这些问题，既是理念引领也是责任担当。另一方面，《全面与进步跨太平洋伙伴关系协定》也对最新贸易形态作出了规范，比较典型的是对数字贸易的规制。数字贸易或电子商务，是现代贸易的最新形态，不仅具备传统货币贸易的某些特点，更具有现代服务贸易的新特色。对比其他同一时期的区域贸易协定，《全面与进步跨太平洋伙伴关系协定》的数字贸易规则要详尽、具体得多。事实上，正是由于《全面与进步跨太平洋伙伴关系协定》规则的进步性，美国在与加拿大和墨西哥将《北美自由贸易协定》升级为《美墨加协定》的谈判中，要求将《全面与进步跨太平洋伙伴关系协定》的相关规定作为谈判的起点。

由于《全面与进步跨太平洋伙伴关系协定》的生效条件和扩容条件都较为宽松，因此《全面与进步跨太平洋伙伴关系协定》的扩容前景良好。2019年1月，《全面与进步跨太平洋伙伴关系协定》生效后的第一届部长级会议即明确其反对贸易保护主义的立场，欢迎更多国家加入，联手扩大自由贸易区"朋友圈"以对抗贸易保护主义蔓延的势头。可以预见，《全面与进步跨太平洋伙伴关系协定》未来在促进亚太国际贸易发展方面必将发挥更大的作用。

3.《区域全面经济伙伴关系协定》

《区域全面经济伙伴关系协定》的谈判于2012年由东盟发起，成员包括中国、日本、韩国、澳大利亚、新西兰和东盟十国。谈判的目的是在东盟成员国和东盟自由贸易协定伙伴之间达成一项现代、全面、高质量和互利的经济伙伴关系协定。历时8年，2020年11月15日第四次区域全面经济伙伴关系协定领导人会议后，上述15个亚太国家正式签署了该协定。《区域全面经济伙伴关系协定》覆盖世界近一半的人口和近三分之一的贸易量，成为世界上涵盖人口最多、成员构成最多元的自由贸易协定。《区域全面经济伙伴关系协定》整合并拓展了15国间多个自由贸易协定，削减了关税和非关税壁垒，统一了区域内规则，推动了亚太一体化发展。

从内容来看，《区域全面经济伙伴关系协定》共设20个章节，涵盖货物贸易、服务贸易、投资和自然人临时移动四个方面的市场开放，纳入知识产权、电子商务、竞争等现代化议题。《区域全面经济伙伴关系协定》的核心在于增强货物贸易、服务贸易、投资以及人员流动方面的市场开放，尤其在关税上取得重大突破，给予"渐进式"零关税政策。

相比《美墨加协定》和《全面与进步跨太平洋伙伴关系协定》，《区域全面经济伙伴关系协定》在规则的深度和广度上有所不及，但其表现出更多的包容性、灵活性和发展性。《区域全面经济伙伴关系协定》成员国规模大、覆盖人口多，既包含了高收入和中等收入国家，也包含了更多的低收入、欠发达国家。因此，《区域全面经济伙伴关系协定》更加强调遵循以WTO为核心的多边贸易体制规则，侧重发展中国家的利益，注重"灵活性"和"高标准"之间的权衡。与《全面与进步跨太平洋伙伴关系协定》对发达国家和发展中国家适用同样的高标准贸易规则的做法不同,《区域全面经济伙伴关系协定》承诺对发展中经济体给予特殊和差别待遇,柬埔寨和缅甸等欠发达国家可以有更长的过渡时间。《区域全面经济伙伴关系协定》还将通过经济和技术合作条款对欠发达国家提供帮助。

五、结　论

以上有关国际贸易谈判发展史的梳理绝不是详尽无遗的。然而,已有的这些梳理足以表明,商品、服务、人员的流动以及文化和其他交流是几千年来塑造世界的驱动力——包括现代世界。一个地方发生的事情会在另一个地方制造机会,一个阶段发生的事情会给下一个阶段制造机会,全球化的发展加速了现代社会内部之间的这种关联和相互影响。任何时候,国际贸易谈判的参与者都需要学会敏锐地捕捉这种机会并加以利用。

诚然,国际贸易谈判的参与者都以经济上的获利为核心目标,然而贸易从来不只是贸易,更涉及人的生存发展、社会的和谐稳定、国家的繁荣富强和地球的绿水青山。因此,国际贸易谈判在自由贸易之外,也要考虑公平竞争、可持续发展和人权保护等其他重要的社会价值。贸易可能是引发其他社会问题的导火索,但也可以是解决其他社会问题的有效途径,未来的国际贸易谈判参与者必须始终牢记这一点。

一个重要的现实因素是,到目前为止,国际社会还没有一个真正意义上的"世界政府"。因此,所有经由谈判达成的协议都可能因各种原因而改变。在不同的时期,贸易既可以为许多国家创造财富,也可以成为一国外交政策的工具。国际贸易谈判史,存在于人类社会更宏大的历史画卷中。

◎【拓展阅读】

贸易塑造世界

贸易和谈判在许多方面塑造了现代世界。世界历史是一部思想、哲学和宗教冲突的历史,是一部资源和土地冲突的历史;是所有利益相关方努力实现收益最大化和损失最小化的历史，是谈判成功和失败的历史。正所谓"太阳底下无新鲜事"，当下全球互联互通的热闹发展完全可以通过千百年前的各种例子来说明。

以下是贸易塑造世界的三个传统例证：

1. 丝绸之路

丝绸之路是连接中国、远东、中东和欧洲的贸易路线网络。"丝绸之路"的概念是德国地理学家李希霍芬（Richthofen）于1877年提出的，他在《中国：亲身旅行的成果和以之为依据的研究》一书中将公元前114年至公元127年，中国与中亚、印度进行丝绸贸易的交通道路命名为"丝绸之路"。尽管以丝绸冠名，但丝绸并不是唯一通过该交通要道从东方向西方输出的重要物资。所谓丝绸之路经济带沿线的贸易涉及水果和蔬菜、牲畜、谷物、皮革、工具、宗教物品、艺术品、宝石和金属等，而更重要的也许是语言、文化、宗教信仰、哲学和科学。

到了公元1453年，由于奥斯曼帝国抵制与中国的贸易，丝绸之路停止了使用。尽管丝绸之路至今停止用于国际贸易已有近600年的历史，但这条路线对商业、文化和历史的持久影响至今仍能引起共鸣。一些短程的区域业务实际上从来没有停止过。在许多方面，现代的"一带一路"倡议是古代丝绸之路的更大规模、更复杂、更规范的复兴和延续。

2. 四大发明

中国人在汉代发明的纸张、火药等，对西方的文化和历史产生了明显而持久的影响。它们也是东西方之间交易较多的物品之一。造纸术通过丝绸之路传播开来。根据阿拉伯学者比鲁尼（Biruni）的考证，造纸术在公元700年前后首次到达撒马尔罕，然后通过当时的伊斯兰港口西西里岛和西班牙传到欧洲。随着书面文字成为大众传播的关键形式，纸在欧洲的出现促进了重大的工业变革。

火药的起源鲜为人知，不过早在公元7世纪就有人提到中国的烟花和枪支。历史学家认为，火药确实是通过丝绸之路出口到欧洲的。在14世纪，火药在英国、法国和其他地方被进一步提炼，用于制造大炮。掌握火药的民族国家在战争中有明显的优势，因此火药的出口对欧洲政治史产生了巨大的影响。

正如弗朗西斯·培根（Francis Bacon）所总结的："印刷术、火药和指南针：这三者改变了整个世界的面貌和状态；第一是文学，第二是战争，第三是航海；由此发生了无数的变化，以至于任何帝国、教派、重要人物对人类事务的影响都比不上这些发明。"

图 2.1　中国古代四大发明

四大发明的传播说明了中国和互联互通在塑造国际体系中的作用，也说明了文化差异影响着不同地区的成果。虽然文化是一个灵活的概念，但它在所有与贸易有关的交流和谈判中都起到极大的作用。

万事因果有序，欧洲国家在中国四大发明的帮助下，开始寻找丝绸之路的替代品。最终它们成功发现了新世界，这进一步启动了互联互通的相关进程，引起了世界的进一步重塑和重组。这些似乎都在提醒我们，推动世界前进的力量仍然是硬实力、软实力和知识，以及地区间的交流与往来。

3. 哥伦布大交换

欧洲人在拥有了指南针、火药和印刷术的帮助后，成功实现了哥伦布地理大发现。这进一步开拓了国际贸易的世界版图。这里的例子也很多，而且很有趣，例如大量进口的农产品为数百万家庭提供了生计和食物，这促使出生率和人口数量增加，进一步引起了探索贸易、市场和技术的需求。有趣的是，不含番茄的意大利菜，没有辣椒的川菜，所有这些都与国际贸易有关。地图还提醒人们互联互通的副作用和负面影响——疾病传染、生态灾难和强迫劳动。

此外，在欧洲人"发现"了新大陆及其巨大的金银资源后——不久世界上85%的白银都来自那里的殖民地。40%的白银很快流入了中国——这是贸易规模的明证。

所有这些都说明了一个事实，即现代世界不是由欧洲的发展和随后的统治所塑造的，而是由世界各地之间日益增长的相互作用所塑造的，而这些地区之前从未如此大规模地相互作用，这创造了对资源的获取、市场准入和新种类的食物，这些都可以支持人口的增长。

第二编

国际贸易谈判的重要理论

第三章 国际贸易谈判中的经济学视角

在本章，我们将从经济学的角度讨论有关谈判的问题。本章将简要说明经济学家所提出的讨价还价过程的理论模型，以及在经济谈判中必须考虑的因素。仅仅依据经济学的基本要素，并不能为谈判议题带来完整的解决方案，但是它可以向我们有效地展示一个框架，即在什么范围内谈判有可能发生。

第一节 基本概念

从经济学的角度而言，谈判意味着谈判参与方在一个能接受的价格范围内，获得其想要的物品或服务。因此，我们从一个简单的交易例子开始展开贸易谈判中的经济学视角。

买方和卖方之间交易一个物品，双方必须首先商定该物品的价格。假设该物品是一辆自行车，双方对于这辆自行车的交易有着共同的兴趣。如果他们能够就如何达成协议取得共识，即确定自行车的价格，那么双方都将从该交易中获益——买方获得了自行车，卖方获得了金钱。这种互惠的结果意味着双方在交易之后都将比交易之前处于更好的状态。

在这种交易框架下，如果买家支付的价格低于（或等于）卖方给出的自行车价格，则买家会感到满意。而当交易价格高于（或至少等于）卖方对自行车的内心估值时，卖方也会感到满意。也就是说，双方都有潜在的收益标准，这就是他们进行讨价还价的原因。然而，当买家倾向于一个更低的价格，而卖家倾向于一个更高的价格时，就可能会产生分歧。换句话说，双方在这个具体的价格上有"利益冲突"（conflicting interests）。

经济学中有一个概念，叫作"保留价格"（reservation price），可以更通俗地理解为底线价格，即对于一件商品，买方所能承受的最高价格，或者卖方所能承受的最低价格。

在前述买卖自行车的案例中，假设买家的目标价格是60元，买家的保留价格，即其能接受的最高价格是85元；卖方的目标价格为90元，其保留价格，即其能接受的最低价格为65元。保留价格是卖方和买方分别给予自行车的相应价值，或者可以视作他们对自行车的相应估价。该价格的确定与他们是否会进行交易无关。

依据上述设定，自行车的卖家不会以低于65元的价格出售，而潜在买家不会以超过85元的价格购买。那么65—85元的价格区间就构成了他们交易的"行动空间"（space of action）。行动空间中包含了所有能达成协议或不能达成协议的价格，它代表了双方所作决定的所有可能结果的集合。

在这个行动空间内，双方可以各自的保留价格将自己的行动空间划分为两部分，如图3.1所示：

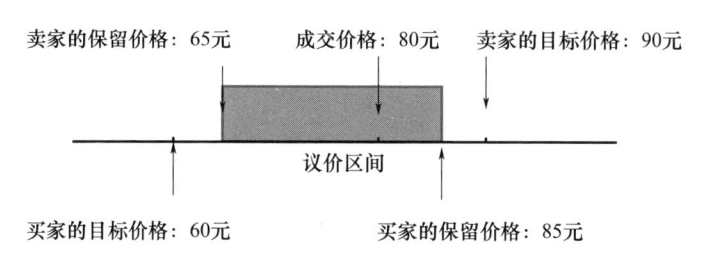

图3.1　买卖双方的行动空间

在图3.1当中，买家保留价格的左侧，卖家保留价格的右侧，都属于可能实现交易目标的区域。在这个区域内，存在很多交易价格的可能性。对于买家而言，在其保留价格左侧的任何一个价格点成交，买家都会非常满意。对于卖家而言，在其保留价格右侧的任何一个价格点成交，也都是好事。而二者相交叉的区域，即图中的灰色区域，构成了"议价区间"（bargaining zone），也就是双方可以谈判的范围。但是，如果任意一方执意要在买家保留价格的右侧，或者卖家保留价格的左侧议价，那么谈判将无法进行，双方都无法从该交易中实现自己的利益，获得自己想要的价值。

因此，从经济学角度而言，谈判只有发生在议价区间时，才是有效的。即在这个小案例中，假设双方以 80 元的价格完成了交易，那么买卖双方就达成了一个令双方都满意的交易结果。

保留价格也是决定谈判双方是否从谈判桌上直接离开的临界点，而议价区间的本质就是能使双方留在谈判桌上进行谈判的价格重叠区。所以在进入谈判之前，各方不仅要决定自身的谈判目标和保留价格，或者说谈判底线，更要客观分析和预测对方的谈判底线，以避免谈判崩溃。

在前述的例子中，双方以 80 元的价格达成了交易，这种情况下，可以认为双方都从该交易中获益了——买方在自己能承受的价格范围内获得了商品，卖方在自己的底线范围内获得了收益。但是即便如此，仍然存在一方获得的收益可能高于另一方所获收益的情况。如何平衡这种收益差距，就成为经济学要研究的问题。也就是说，如果双方都愿意合作，那么重点就放在如何合作，以及如何合理分配收益的问题上。在经济学中，双方互动和合作下所产生的总体收益被称为"议价盈余"（bargaining surplus），指双方保留价格之间相互重叠的数额，如图 3.2 所示。在卖家的保留价格和成交价格之间的区域，就构成卖家的盈余；在买家的保留价格和成交价格之间，就构成买家的盈余。

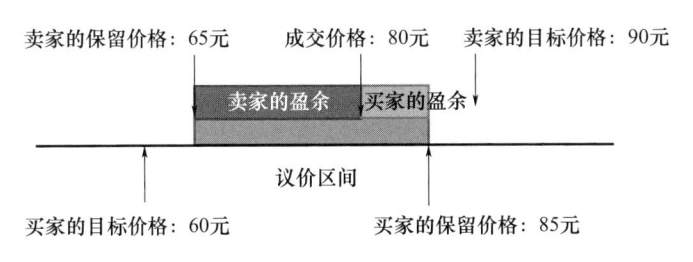

图 3.2　买卖双方的议价盈余

如图 3.2 所示，议价区间的大小代表了"整体议价盈余"（overall bargaining surplus）。当议价盈余为负数时，不存在双方都获得盈余的重叠空间，交易无法达成；当议价盈余为正数时，双方都可以从这个蛋糕中分得一块。

在前述的例子中，卖方将自行车估价为 65 元（$V_s = 65$），买方估价为 85 元（$V_b = 85$）；因此，如果他们达成交易，则总盈余为 20 元

（Vb – Vs = 85 – 65 = 20）。如果他们以 80 元达成交易，那么，卖方的盈余为 15 元（80 – 65 = 15），买方的盈余为 5 元（85 – 80 = 5）。

那么，如果我们向卖方和买方透露以上信息，谁会为这笔交易感到不爽呢？答案显而易见，是买方。因为买方获得的盈余低于卖方，也就是意味着卖方在该交易中获得了更多收益。

这是典型的经济学对交易谈判的关注视角。经济学家不仅关注谈判是否能够达成，即能否存在议价区间，更关注在议价区间内，如何实现最佳的交易结果。因此，经济学家提出了一系列议价模型中的平衡理论，以找出实现最佳交易结果的直接路径。

接下来，将分别依据静态议价和动态议价两种情形来介绍几种议价平衡理论。

第二节　议价理论

一、静态议价：纳什议价解决方案

"纳什均衡"（Nash equilibrium）以美国数学家约翰·福布斯·纳什（John Forbes Nash）而命名，被认为是博弈论中最重要的概念之一，它试图从数学和逻辑上确定博弈参与者应该采取的行动，以确保自己获得最佳结果。

纳什均衡是一种策略组合（strategy profile），在该策略组合下，每个参与人的策略都是对其他参与人策略的最优反应。假设有 n 个局中人参与博弈，当某种情况下，没有任何参与者可以通过独自行动而增加收益（为了自身利益的最大化，没有任何单独的一方愿意改变其策略）时，则此策略组合被称为纳什均衡。所有局中人的所有策略构成了这个策略组合。

纳什均衡是博弈论中的一个决策定理，它呈现的是一个博弈者在不偏离其初始策略的情况下可以达到期望结果的状态。如果每一方都采用纳什均衡策略，那么这个均衡策略也会是"我"的最优选择，或者叫"最优回应"（best response）。如果某一组策略是纳什均衡，即任何一个局中人单独改变自己的策略并不会使自己的报酬提高，那么，当所有人都采取该均衡策略时，每个人都会赢，因为每个人都能得到他们想要的结果，因此没有人会想要背离这个整体的策略组合。

在一个博弈过程中，无论对方的策略选择如何，当事人一方都会选择某个确定的策略，则该策略被称作"支配性策略"（dominant strategy）。如果两个博弈的当事人的策略组合分别构成各自的支配性策略，那么这个组合就被定义为纳什均衡。

支配性策略指出，无论对手使用何种策略，参与者选择的策略都会使所有可能使用的策略产生更好的结果。

囚徒困境是一个用来说明"纳什均衡"和"支配性策略"的典型例子。假设甲、乙两人因案被捕，警方分开侦讯。因为证据不够充分，需要嫌犯的自白。因此，警方告诉两人："如果你认罪，但你的同伙不认罪，你只要被关 1 年，但你的同伙要被关 5 年。可是如果你不认罪，而你的同伙认罪了，你要被关 5 年，但你的同伙只要被关 1 年。如果你们俩都认罪了，你们都要被关 3 年。"但如果两人都不认罪，由于证据不足，两人只要被关 2 年。

很明显，如果两人都不认罪，对彼此都是最好的。但实际上，甲会这样想："如果乙认罪了，而我不认罪，那我会被关 5 年，因此我最好也认罪；如果乙不认罪，我认罪了，我会被关 1 年，因此我最好还是认罪。"乙也同样会这样想。因此，"认罪"会成为两人的支配性策略。"甲认罪，乙认罪"就变成这个困境中的纳什均衡。

纳什均衡用数学的方法证明了在一个非合作（非信任）的博弈环境中，每个参与者进行与这个策略环境中其他人无关的自主决策，这样的策略组合最终将达到一个均衡点，在这个均衡点上，参与者无法独自改变自身策略而增加收益。换言之，在纳什均衡的状态下任何参与者单独改变自己的策略都不会得到好处。

但实际上，在囚徒困境的案例中，当两人都不认罪时，会构成"社会最适"，因此纳什均衡未必是"社会最适"，即纳什均衡并不总是意味着选择了最优策略。因为纳什均衡是基于对人的行为的假设，它有赖于所有局中人都清楚地了解对手有哪些行动，并且在所有可能的行动中选出一个最适反应。

纳什均衡达成时，并不意味着博弈双方都处于不动的状态，在顺序博弈中这个均衡是在博弈者连续的动作与反应中达成的。纳什均衡也不意味着博弈双方达到了一个整体的最优状态。需要注意的是，只有最优策略才可以达成纳什均衡，严格劣势策略不可能成为最佳对策，而弱优势和弱劣势策略是有可能达成纳什均衡的。

虽然囚徒困境中有且只有一个纳什均衡，但在很多情形中，纳什均衡可能不止一个。这时可能需要一些规范、历史因素，或事前的沟通，才能确定最后出现的是哪一个均衡。而有些谈判情形中可能没有基于纯粹策略（pure strategy，谈判者选择的是一个确定的行动）的纳什均衡。这时要考虑谈判者采用混合策略（mixed strategy）的纳什均衡，也就是赋予纯粹策略一个概率分配。

在谈判中，根据纳什均衡提出的解决方案被称为"纳什议价解决方案"（Nash Bargaining Solution），它是双方针对讨价还价问题的独特解决方案。博弈的最优结果是在考虑了对手的选择后，没有人有动机偏离他们选择的策略。

这个方案的应用场景非常普遍，例如双方就贸易的净收益进行分配谈判。想象一下，固定盈余是一块蛋糕，双方同时要求一定比例的份额。如果双方要求的总和等于或低于整个蛋糕，则协议可以达成。如果总和大于蛋糕，则协议无法达成，也就无法分享盈余。如果他们达成协议，即双方的要求总和等于或低于整个蛋糕，那么收益将根据纳什议价解决方案进行分享。而双方能否实现一个独特的平衡，取决于各自进行讨价还价的能力。如果双方具有相同的议价能力和相同的其他条件，则可以对盈余进行平均分配。在这种情况下，均衡是有效的，也就是达成协议，而且是对称的，即双方的结果相同。

尽管纳什议价解决方案具有很大的价值，但它仅适用于静态环境中。换言之，在它假设的谈判环境中，双方的策略是同时宣布、同时进行的。然而，在现实世界中，报价和还价往往是相互依存、有来有往的，各方均可以接受或者拒绝对方的价格提案。因此，有学者提出了动态讨价还价模型，例如鲁宾斯坦讨价还价模型。

二、动态议价：鲁宾斯坦讨价还价模型

1982年，阿里尔·鲁宾斯坦（Ariel Rubinstein）用完全信息动态博弈的方法，对基本的、无限期的完全信息讨价还价过程进行了模拟，并据此建立了完全信息轮流出价讨价还价模型。鲁宾斯坦模型反映了现实生活中大多数讨价还价的场景，即在一个连续的、重复的谈判环境中，各方提出了一系列的报价和还价，这比纳什的静态的、非合作博弈的谈判场景更接近于实际讨价还价的过程。

鲁宾斯坦把讨价还价过程视为合作博弈的过程。同样以两个参与人分配一块蛋糕为例，在鲁宾斯坦讨价还价模型里，两个参与人分配一块蛋糕，参与人A先出价，参与人B可以选择接受或拒绝。如果参与人B接受，则博弈结束，蛋糕按参与人A的方案分配。如果参与人B拒绝，他将还价，参与人A可以接受或拒绝。如果参与人A接受，博弈结束，蛋糕按参与人B的方案分配；如果参与人A拒绝，他再出价。如此一直下去，直到一个参与人的出价被另一个参与人接受为止。因此，这属于一个无限期完全信息博弈，参与人A在时期1，3，5，…出价，参与人B在时期2，4，6，…出价。如图3.3所示：

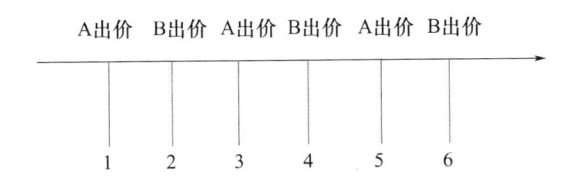

图3.3 鲁宾斯坦讨价还价模型

在鲁宾斯坦讨价还价模型里，谈判的一个显著特点是在无限的时间范围内交替报价。因而，该模型也是一种交互式的讨价还价模型（alternating offers model），其中包含轮流出价的程序与规则，并且引入了谈判成本因素，更接近实际的谈判情形。

在鲁宾斯坦讨价还价模型里，有几个基本的模型参数，其中之一是折现因子。折现因子在数值上可以理解为折现率，就是1个份额经过一段时间后所等同的现在份额。鲁宾斯坦认为，由于折现因子的作

用，参与人在本期所得的份额 X 和下期所得同样份额的 X 在价值上是不相等的，下期的 X 经过折现将要小于本期的 X。因此，参与人均应尽快接受对方合理的报价，否则即使在下期谈判中获得相同甚至更多的份额，其实际收益也只能小于本期的份额。在谈判中，折现因子可以理解为谈判成本。因此，在鲁宾斯坦讨价还价模型里，根据时间是有价值的假定，谈判时间越长，参与人所得到的蛋糕就越小。一方面，在谈判过程中，谈判者均可以给对方施加时间成本，双方越是快速达成协议，所获得的收益就可能越大。另一方面，折现因子是由谈判者的耐心所决定的，即谈判者越有耐心，折现因子越大，谈判者在谈判中可能获得更大的优势。

此外，鲁宾斯坦构建了一个不完全信息的讨价还价模型，参与人仍然是就分蛋糕讨价还价，但是参与人不清楚对方的偏好等信息。在给定蛋糕有价值、时间有价值、连续性、平稳性等条件下，存在唯一讨价还价的序贯均衡。这个均衡点与参与人对其对手的最初认知有很紧密的联系。

除了构建轮流讨价还价模型，鲁宾斯坦还把讨价还价理论应用到市场中，分析讨价还价的市场均衡，即研究市场交易主体类型、时间、交易标的物等因素对市场均衡的影响。鲁宾斯坦构建了包括买方、卖方与中间商的模型，意在明确中间商在交易过程中的作用。他提供了中间商行为的分析框架，把交易程序的性质和交易剩余分配的关系引入模型中，认为如果中间商在交易过程中采取经销方式（承担货物所有权），那么交易收益将偏向买方；如果中间商以代销（不承担风险）的方式进行交易，则买卖双方的收益是对称分布（相等）的。除此之外，鲁宾斯坦还介绍了博弈方法在市场均衡分析中的作用，阐明博弈分析是对竞争分析方法的重要补充。博弈分析的优势主要表现在弥补供求分析框架所未考虑的时期因素、买卖人数、数轴概念（流量和存量）、议价与匹配过程等问题上，同时，博弈分析方法还可以明确竞争分析方法的适用范围。[1]

---

[1] 关于对鲁宾斯坦讨价还价模型的讨论和评述，可参见苏剑：《阿里尔·鲁宾斯坦对理论经济学的贡献》，《经济学动态》2019 年第 3 期，第 148—160 页。

总之，鲁宾斯坦讨价还价模型强调谈判程序与模式，更关注参与人讨价还价的认知过程。由于博弈是动态的，鲁宾斯坦讨价还价模型的解决方案是对纳什均衡的改进。在该模型中，我们假设每个参与人都知道对手的可能策略，并为了从谈判结果中获得最大收益而进行谈判。

第三节 议价理论的启示

尽管纳什和鲁宾斯坦讨价还价游戏的设置不同，但这两种模型之间存在相似之处。在这两种模型中，经济学家都希望找到解决讨价还价局面的方法。换句话说，他们希望确定讨价还价过程中各种可能结果的分布，包括如何以及何时达成解决方案。然而，鉴于过程的复杂性，他们必须作出假设，并专注于最重要的因素和变量。除此之外，经济学家还关注谈判各方为什么会留在谈判桌上的问题，也就是各方参与讨价还价的底线要求是什么。如前所述，保留价格就是讨价还价过程中的底线要求。

概言之，议价理论带给谈判者的启示主要在于两个方面：一是了解议价空间出现或者谈判局面成立的基本前提是什么，也即为什么对方有可能跟"我"进行谈判合作；二是导致议价或者谈判出现不同结果的影响因素和变量包括什么，这些因素可能会影响"我"从谈判当中可以获得的盈余价值。下面对这两点启示分别进行具体解释。

一、谈判底线

在谈判中，只有当各方认为自己会受益，即谈判的结果将超过自己的保留价格或底线要求时，他们才会参与议价的过程。如果没有可感知的优势好处，谈判甚至不会开始。这个出发点不仅适用于己方，也适用于对方。所以，在任何谈判中，最好不要让对方感到自己的意图是"零和博弈"，否则，谈判可能根本不会发生。零和博弈属于非合作博弈，指参与博弈的各方，在严格竞争下，一方的收益必然意味着另一方的损失，博弈各方的收益和损失相加总和永远为"零"。在零和博弈的意图下，双方极有可能无法达成任何合作。

斯坦福大学商学院的 MPA 项目曾做过这样一个实验：教授将学生分为两组，并分别给两组学生就同一个谈判任务布置了不同的谈判目标。谈判的内容是房地产销售。对于第一组学生，教授给出的谈判目标是，希望谈判双方玩儿得开心，在谈判过程中学习一切有关房地产的知识，富有创造力地参与，并报告谈判的体验。而第二组学生得到的谈判目标是，赢得谈判，并将根据所达成的销售价格排列学生的成绩。结果，在第一组学生中，他们更快地完成了交易，而且交易合理，内容容易理解、记录和执行。参与谈判的学生都感到非常快乐，并且建立了友情。而在第二组学生中，达成的交易不仅少，而且进展速度很慢，到谈判结束时可以执行的文件非常少，人际关系紧张，学生们感到非常沮丧。

显然，第二组谈判中出现了谈判僵局（impasse point）。谈判僵局指的是在谈判过程中，双方对所谈问题的利益要求差距较大，各方又都不肯作出让步，导致双方因暂时不可调和的矛盾而形成对峙，最终使谈判呈现出一种不进不退的僵持局面。因此，在经济学视角下，谈判总是有最低限度的要求，总会有某种形式的成本。参与谈判的各方都应该意识到，应当在所有谈判方的底线范围内进行谈判，以避免僵局，避免没有任何议价盈余的情况。

这也是为什么我们坚持倡导"双赢"与"多赢"的谈判。因为只要信息充足，各方充分把握谈判过程中的各种变量，"双赢"与"多赢"的局面是完全可以成立的。

二、谈判变量

然而，在大多数情况下，谈判者需要考虑的情况或者贸易要素往往比经济模型更为复杂。在谈判过程中如何认识变量、处理变量是经济学视角关注的问题之一。对谈判变量的分析，应当从动态的角度入手，分别考量两个阶段的影响变量：一是进入谈判前；二是在谈判进行过程中。

（一）进入谈判前

在进入正式谈判之前，谈判者通常应考虑以下因素：

1. 机会成本

机会成本（Opportunity Cost），是指决策过程中面临多项选择时，当中被放弃的价值最高的选择，也就是说，为了选择 A 而放弃了 B 的价值，那么 B 的价值就是机会成本，又称为替代性成本，或者所牺牲的代价。

经济学家特别关注机会成本。在谈判中，机会成本指的是，与其谈判这笔交易，不如进行另外一件能带来其他价值或者更高价值的事情。为了更好地理解这个概念，我们以某自由职业者 1 小时闲暇时间的机会成本为例。在这 1 小时里，他本可以工作，如果他的时薪是 25 美元，那么他的闲暇时间的机会成本正好是 25 美元。换言之，如果他利用这个时间做了其他事情，在这种情况下，他实际上损失了 25 美元。

为什么了解机会成本非常重要？以双边谈判为例，如果参与谈判的双方正在就如何分割一块价值很低的蛋糕进行谈判。其中，一方是华尔街投资专家，另一方是普通工人。他们各自在薪酬方面的差异意味着，投资专家的机会成本远远高于普通工人的机会成本。因此，投资专家在该项谈判中的议价能力也就比较低，因为他们会渴望尽快完成交易。对投资专家而言，与其花时间讨价还价，不如快速结束谈判，回到自己原本的工作中，后者更加划得来。这就意味着，高机会成本会降低议价能力。因此，在进入谈判之前，各方可以适当衡量自己的机会成本，并且与其他参与谈判方的机会成本进行比较，以获得更多有利于自己谈判的信息。

2. 最佳替代方案

最佳替代方案（Best Alternative to a Negotiated Agreement，BATNA），指的是假如目前的谈判不成功，谈判方还可以达成目标的其他可能方案中最有利的那个方案。如果目前的谈判是一方达成最终目标的唯一方案，那么该方需要尽量在对方的底线范围内谈判，以避免谈判僵局，使自己丧失所有达成目标的可能性。如果一方还拥有达成最终目标的其他方案，这就会大大提高其在谈判中的地位。

有一个例子可以很好地描述"最佳替代方案"在谈判中所发挥的作用。想象一下，你今天正在买一辆车，你有两种方式可以向经销商表达你要购买汽车的愿望。第一种方式是："我昨天车坏了，今天必须买一辆车，要不然工作生活都受到严重影响。"第二种方式是："我们家最近想新添或者换一辆新车，这样我和我妻子就可以一人开一辆，不需要一个人使用公共交通，或者一个人送另一个人。我们正在看最近有没有好的促销，有的话就顺手添置一辆。"很显然，当你用第二种方式与经销商沟通的时候，你被"宰"的概率会小很多。因为在第二种方式中，你告诉了对方，你有一个最佳替代方案，就是可以使用公共交通或者现在的车。

最佳替代方案一方面可以给谈判者带来更多的议价能力；另一方面，也可以降低谈判各方的风险，减少谈判中断的可能性。换言之，在进入谈判之前，或者在谈判过程中，各方需要尽量了解参与谈判的其他方是否有最佳替代方案，以避免在谈判过程中，对方突然离开，导致己方被迫转弯。

3. 风险和不确定性

虽然一般来说，风险被认为是负面的，因为它与潜在的事故、损失、损害、错失的机会或缺乏收益有关，但在经济学中，它也可以与收益相关联。从经济学角度来看，风险更多地与不确定性有关，而不是负面影响。

在经济学中，风险的概念涉及不确定的事件，即以已知或可估计的概率发生的事件，而概率为 1 或 0 的事件被称为"安全"（或确定）事件。

通常假设存在对不确定事件的预期。例如，尽管工人的未来工资可能是未知的，但预计它在一定概率的某个范围内，或者约等于一定金额的平均值，我们将其称为"预期值"（EV）。

随机变量的预期值是该变量可以采用的所有可能值的加权平均值。预期值是一个假设的衡量标准：它不反映真实情况，而是所有可能的真实情况的加权平均值。

4. 市场条件

在经济或商业议题的谈判中，市场条件的影响尤其显著。市场条件往往会作为"黑天鹅事件"[1]而意外出现。因此,在具体的谈判事项中,谈判者必须根据实际情况预先了解哪些方面的市场条件与本次谈判的内容相关,它们将如何影响本次谈判的走向。在全球市场条件下,每个地区的商品或服务价格出现波动时,都有可能引发"蝴蝶效应"。因此,不仅应当关注特定行业、特定地区的市场条件,也应当关注与谈判事项相关的产业链的整体市场条件。

5. 代理

经济学家在进入谈判之前还会考虑的一个问题是,是否选择雇佣代理或者第三方代替自己进行谈判。该代理或第三方可能是个人,也可能是机构。在主权国家之间的谈判中,"代理"是必然的,因为国际谈判不是由整个社会集体进行的,而是由一小部分人作为该国家的代表来参与谈判。在私领域的谈判中,也存在相同的情况。这其中也涉及机会成本的问题,选择恰当的代理进行谈判,可以有效地降低机会成本,同时因为"代理人"的介入,而为谈判赢得更大的议价空间。

(二)进入谈判后

在贸易谈判中,谈判各方关注的本质内容也是大多数商业协议的基本要素,通常包括:

(1)价格,即通过谈判获得最优价格;

(2)品质,即与价格相对应的商品或服务的质量;

(3)时间,即执行或交付的时间框架是双方共同接受的;

(4)保证或担保,即确保条款的可执行性,可以是责任性保证或担保;

(5)补救措施,即当执行出现问题或争议时,采取什么样的补救措施,包括经济上的补救措施或法律上的补救措施。

除了上述基本要素,贸易谈判还可能涉及的条款包括违约责任条款、所有权条款、免责条款、艰难情势条款、长期供应备件条款、长

---

[1] 黑天鹅事件,指非常难以预测且不寻常的事件,突然发生时会引起连锁反应,并带来巨大负面影响。黑天鹅事件存在于自然、经济、政治等各个领域,虽然属于偶然事件,但如果处理不好就会导致系统性风险,产生严重后果。

期合作条款等。以上每一项要素都是动态可谈判的，但一个优秀的谈判者往往不会孤立地逐项谈判，而是将这些要素上的"得"与"失"组合在一起，达成一个综合性最佳的谈判结果。例如，当买方抛出自己最理想的进口价格时，其通常应做好被卖方拒绝的准备。这个准备是指如果买方确实想要谈成这笔买卖，则不能固执地在价格上与对方僵持，而可以灵活地将价格谈判与更优惠的支付方式、更快捷的货物运输、更长期的质保要求、更有利的争端解决方式等捆绑在一起，作为接受卖方更高价格的条件。事实上，国际贸易谈判是较为复杂的，涉及的谈判条款相对较多，一方享有压倒性优势的谈判并不多见。大多数情况下，双方分别在部分谈判要素上持有谈判优势，因此，谈判者应善于挖掘本方优势，捕捉对方劣势，从而进行优劣势的交换，最终达成双方的共赢。

三、结　论

议价理论及其模型应用是我们掌握贸易谈判技巧的必要基础。在经济学视角下，了解议价区间和所有谈判者对议价盈余的分配，不仅可以帮助谈判者实现更为平衡的谈判成果，也有利于维护谈判者之间的长期合作关系。在实际谈判中，得到这些答案有赖于获得足够的信息。也正因如此，国际贸易谈判不仅是经济学行为，也是法学行为、心理学行为和跨文化交流行为。在之后的章节中，我们将继续分析国际贸易谈判的其他视角，以及具体的信息获得方法。

◎ **【拓展阅读】**

如何确定最佳替代方案

谈判协议的"最佳替代方案"这个概念是由罗杰·费希尔（Roger Fisher）、威廉·尤里（William Ury）和布鲁斯·巴顿（Bruce Patton）在他们的著作《谈判力》（1981年）中提出的。最佳替代方案要求谈判者考虑在未能达成交易的情况下，可能发生的最优结果是什么，并且把现有的交易与这个替代方案进行比较。

那么如何确定谈判协议的最佳替代方案呢？很显然，好的选择方案不会摆在那里，每个谈判者都需要通过努力去寻找。按照罗杰·费希尔等人的观点,确定最佳替代方案需要三个步骤:第一,提出如果不能达成协议自己所要采取的措施;第二,完善其中最有希望的想法,并把它们转化成具体的替代方案;第三,初步选定看上去最好的替代方案。

第一步是提出措施。比如,买方希望从甲公司购买某种生产所需的原材料,但是甲公司提供的出价高于预期。此时,买方可以设想:是否能找到该原材料的其他供货商?是否可以改为自己生产这类原材料?生产过程中是否可以更换这类原材料,使用其他替代品?是否可能与甲公司开展合营的关系?是否还可能有其他措施?……

第二步是完善其中最有希望的想法。还是在刚才的例子中,如果想试试看是否有其他供货商,那就应该努力去寻找,包括开展初步的洽谈。倘若能够找到一家乙公司,那就可以把甲乙两家公司包括出价在内的所有已知供货条件进行比较,这对本方的谈判准备是大为有利的。如果考虑是否可以改为自己生产这类原材料,那么首先要评估可行性,如果可行,进而要做详细的成本核算。其他的替代措施也是如此,不能停留在空想,而要尝试将其转化为具有可操作性的方案。

第三步,即最后一步,是选出最佳替代方案。一旦谈判破裂,那么到底准备采用哪一个现实可行的替代方案。

在选好最佳替代方案后,谈判者就应把谈判过程中的每一个条件与该最佳替代方案进行比较。最佳替代方案越理想,谈判者就越有能力让协议对自己有利。那么,是否应该把自己的最佳替代方案透露给谈判对方呢?这取决于最佳替代方案本身的"质量"。如果最佳替代方案非常理想,例如市场上存在类似的其他供货商,此时,将这一信息透露给谈判对方显然对本方有利。相反,如果能够找到的最佳替代方案并不尽如人意,此时向对方透露只会削弱而不是增强自己的实力。

此外,谈判者也应该尽力考虑对方的最佳替代方案。有时,对方可能对谈判破裂后自己的选择过于乐观,从而在谈判过程中表现得过于强硬。充分了解对方的最佳替代方案,可以实事求是地进行评估。如果对方高估了自己的最佳替代方案,此时可以根据掌握的信息充分说理，设法降低对方的期望值。

如果谈判双方的最佳替代方案都对自己有利，那么对双方来说，最佳谈判结果就是"挥手再见"。换言之，在这种情况下，成功的谈判就是使双方愉快而迅速地发现最好的办法，即各自通过其他途径来满足自己的利益。

总之，通过制定和完善最佳替代方案，谈判者可以把自己的资源转换为强大的谈判力。每一个谈判者都应努力运用自己的知识、时间、财产、朋友、关系以及智慧，设计出一套不受对方同意与否影响的最佳替代方案。谈判者越是能轻松愉快地离开谈判桌，就越能左右谈判的结果。

——选编自［美］罗杰·费希尔、威廉·尤里和布鲁斯·巴顿著，王燕、罗昕译《谈判力》

第四章 国际贸易谈判中的法学视角

法学视角在贸易谈判中的应用贯穿谈判过程的始终。在本章，我们将系统学习法学学科是如何被应用于国际贸易谈判当中的。在国际贸易谈判中，法学学科的应用可以从三个角度来理解：一是谈判的过程应符合特定的形式和程序要求。二是谈判的内容应符合相关的实体法规范。三是谈判的结果如何参照或成为法律本身得以执行。以下我们从这三个角度分别展开讨论。

第一节 国际贸易谈判过程的程序性考量

国际贸易谈判因其所涉利益重大、影响面广，因此，通常需要遵循特定的程序来开展，包括谈判主体是否获得授权、谈判应以何种方式展开、谈判的时间规划、谈判如何达成协议以及谈判结果是否应获得审批等。这其中，有些问题在谈判方之间达成一致即可，有些问题则还需要符合相关的法律规定。以下我们选择谈判授权问题和谈判决策机制展开分析。

一、谈判授权问题

明确授权范围是很多对谈判缺乏经验的人会遗漏的步骤，但这一点非常重要。在没有确认对方授权范围的情况下，整个谈判最终很可能会因为对方缺乏适当授权而徒劳无功。因此，在任何一项谈判中，谈判各方都需要核实关键参与者所拥有的谈判权范围，即指定的谈判者是不是最终决策者，或者指定的谈判者能在多大程度上有权参与或者影响最终的谈判结果。

但实践中，尤其是在不同层次、不同目的或者不同主体之间所开展的贸易谈判中，并没有一个普遍适用的规范性程序或形式来核实谈判各方的谈判资格范围。因此，一个成熟的谈判者首先要以恰当的方式来判断对方是不是最终决策者。有的时候，富有经验的谈判专家可能通过一个眼神或者一次握手便能确认；有的时候，则需要请求对方出示某些正式文件以表明身份和授权范围。至于何时以及以何种方式提出这样的请求，也需视实际情况而定。在正式的谈判场合中，或者多方谈判局势中，一方可以在谈判开始之前或者之初，以正式或非正式的方式向对方提出确认请求；而在一些非正式的场合，或者存在一定文化主导倾向的场合，在谈判前要求对方说明自己是否在该问题上有决定权可能被视为不礼貌。因此，明确授权范围需要谈判者根据谈判局面的主体、文化背景、气氛等因地制宜，作出不同的判断。越早明确这一问题的答案，谈判成本可能会越低。

然而，谈判的授权问题并非完全由谈判方的授权文书所决定，还要参照相关的法律法规才能最终确认。在任何情况下，个人的谈判权范围都可能受到机构章程或国家法律的限制。在国际政治谈判中，即便是最高国家领导人的谈判权力和可支配资源也可能受到国内政治制度的限制。对于谈判授权问题，相关的法律法规散落在国际、国内法的不同领域，包括各国国内法中的代理人制度、公司的法定代表人制度以及外交法中的谈判代表制度等。因此，开启一项国际贸易谈判，首先须得在法律的视角下审视对方的谈判权限，这是一个谈判者应有的睿智和审慎。

二、谈判决策机制

达成谈判协议的本质是协调两个或两个以上谈判方基本利益与目标的过程。在双边谈判中，达成谈判协议的方式相对简洁明了，即双方在谈判空间内取得了一致意见。但在多边谈判中，特别是在涉及大量参与者的情况下，协调所有参与方的利益与目标本身就意味着，存在着无法达成完全一致的可能性。在这种情况下，传统的做法是启用投票制度作为达成协议的机制。但在国际社会中，由于不存在凌驾于各国之上的"世界政府"，因此完全的一国一票、少数服从多数并不现实，国际社会总体上仍是一个"大国社会"。例如：联合国虽然采用一国一票制，但叠加了常任理事国制度，五个常任理事国拥有一票否决权。国际货币基金组织（International Monetary Fund，IMF）按照各国在国际贸易总额中所占份额来分配表决权。欧共体则按照成员国家的大小、实力强弱来分配表决权。

作为国际贸易机构，GATT没有办法照搬上述决策机制，因为各国进出口贸易额是不断变化的，"加权"也好，表决票数决定也好，很难获得稳定的基础。因此，GATT在实践中发展了"协商一致"（consensus）的做法，这种达成谈判协议的方式也称为"共识原则"。

所谓共识原则是指没有成员方明确表示反对，即所有参与各方"协商一致"。"协商一致"并不意味着所有成员方都需明示"一致意见"。通常，如果参与谈判的成员方代表并未正式提出反对意见，或保持沉默、弃权、发言但并不构成反对意见，或并未出席会议，都被视作谈判结果以"协商一致"方式获得通过。也就是说，"协商一致"的程序规则中并不包含投票，成员代表不需要对谈判成果明示意见。

实践中，GATT的每一次谈判，都由主要成员方以"绿屋会议"的形式达成基本的意见，那些谈判资源略少或谈判权力较小的参与方则不需要"被迫"参与。这潜在地孕育着对贸易大国利益的承认与尊重，同时又不过分歧视或贬低中小成员方的地位和作用。

作为GATT的继承者，WTO沿袭了GATT以共识原则达成贸易谈判决议的方式。《建立世界贸易组织协定》第9条第1款将以往实践中的做法第一次以条款的形式明确加以规定："WTO应继续实行GATT 1947所遵循的经协商一致作出决定的做法。除非另有规定，否则如无法经协商一致作出决定，则争论中的事项应通过投票决定。在部长级会议和总理事会会议上，WTO每一成员拥有一票。如欧洲共同体行使投票权，则其拥有的票数应与属于世贸组织成员的欧洲共同体成员国的数目相等。部长级会议和总理事会的决定应以所投票的简单多数作出，除非本协定或有关多边贸易协定另有规定。"[1]

按照这一规定，在WTO内进行的多边贸易谈判，通常都需要经过164

---

[1] Art. 9 (1) of Marrakesh Agreement Establishing the World Trade Organization, http://www.wto.org/english/docs_e/legal_e/04-wto-e.htm.

个成员方共同协商，协商一致后才能达成谈判协议。共识原则意味着任何一个成员方都有"一票否决"权。当然，按照第9条第1款的规定，在协商一致失败的情况下，或者在一些特殊或特定事项上，WTO仍然保留了投票表决机制，包括简单多数通过规则和其他一些特殊的投票规则。

虽然在164个成员方之间以协商一致方式作出决定确实很困难，但以这种方式作出的决定更容易被所有成员方接受和执行。因此，实践中，WTO成员方迄今尚未启动过投票程序。而在当前主要的区域贸易协定谈判中，基本也都采用了共识原则。例如：《全面与进步跨太平洋伙伴关系协定》第27章第3条第1款规定："除非本协定另有规定，或各缔约方另外决定，本委员会及一切依本协定成立的附属机构皆应当以全体一致方式作出决定。除非本协定另有规定，如会议上无任何缔约方针对拟通过的决定提出反对意见，本委员会或附属机构作出的决定视为经全体一致方式达成。"[1]《区域全面经济伙伴关系协定》第18章第1条第2款简明扼要地规定："RCEP部长应当以协商一致的方式作出决定。"[2]

当然，在多边的国际贸易谈判中，投票表决也并非一无是处，表4.1是投票表决和协商一致两种达成谈判协议的优缺点对比：

表4.1 投票表决与协商一致的优缺点比较

比较项目	投票表决	协商一致
优点	• 传统的达成协议方式，为人们所熟悉，更为常规化 • 在受时间限制的情况下更为高效 • 被大多数人认为"公平"	• 所有观点都被考虑在内 • 能够确保获得所有参与方的支持，从而增加谈判成果得到成功实施的可能性 • 参与方共同为集体成果作出最佳决策，而不是基于个别参与方的利益或喜好
缺点	• 少数意见不能得到充分表达 • 可能并不能让所有参与方都充分参与互动 • 会形成输赢局面，而非总是共赢局面	• 费时 • 参与方越多，越难以达成共识 • 容易引发争论 • 谈判过程可能很乏味无聊

---

[1] Art. 27.3 (1) of Comprehensive and Progressive Agreement for Trans-Pacific Partnership, http://www.mofcom.gov.cn/article/zwgk/bnjg/202101/20210103030014.shtml.

[2] Art. 18.1 (2) of Regional Comprehensive Economic Partnership Agreement, http://fta.mofcom.gov.cn/rcep/rceppdf/d18z_en.pdf.

基于这些优缺点对比，在具体的谈判中，谈判者应当根据参与谈判方的数量多少、谈判时间的设定、执行的重要意义与难度、充分参与和共赢局面的重要性等，商讨达成谈判协议的方式。这一点，应当在谈判开始的最初阶段即予以明确。

◎【拓展阅读】

WTO 内"诸边谈判"的蓬勃兴起

2001年，WTO启动了包括众多议题的"多哈发展回合"谈判，旨在解决此前多边贸易体制八轮回合谈判忽视发展中成员利益而积累的"发展赤字"。由于议题过于庞大，加之成员方之间的实力对比发生了巨大变化，谈判在历经十余年的努力后逐渐陷入僵局。其中，仅于2013年达成了《贸易便利化协定》和取消农业出口补贴等个别成果。

在此之后，国际经贸合作日新月异，电子商务、对外投资等蓬勃发展，气候变化和可持续发展等全球性挑战也日益突出。国际社会希望WTO也能为这些全球性挑战的解决作出贡献，一些WTO成员方为此积极推动WTO就这些议题展开谈判，但印度、南非及其他一些发展中成员方坚持要求首先完成多哈回合谈判，利用WTO的"协商一致"原则拒绝启动任何新议题的谈判。

在此种情况下，2016年和2017年，部分成员方积极推动就一些新议题展开诸边谈判。所谓诸边谈判是指在WTO范围内，允许部分成员方就某一议题先行进行谈判并达成协议。协议的结果可以只在这些成员方之间适用，也可在最惠国待遇的基础上外溢适用于所有成员方。诸边谈判模式早在GATT时期就曾被适用过。在东京回合时期，曾通过守则模式达成了9项协议，仅约束参加协议的谈判方。其后，在乌拉圭回合时期大部分才转变为适用于所有成员方的多边协议。

2017年，在布宜诺斯艾利斯举行的WTO第十一届部长级会议上，WTO发布部长级联合声明，正式启动了"电子商务""促进发展投资便利化""服务国内规制"等诸边谈判，这些谈判被称为"联合声明议"（Joint Statement Initiatives，JSIs）。相关成员方将此称为"开放的诸边协定"，欢迎其他成员方随时加入谈判，"促进发展投资便利化"和"服务国内规制"等相关成员方还表示将在"最惠国待遇"原则基础上实施成果，即没有加入的成员亦可从中受益。

在多边谈判难以为继的情况下，诸边谈判是否能够成为WTO前行的路径，这里面涉及比较多的法律问题，包括封闭式诸边协议是否会导致未参加方丧失规则制定权、开放式诸边协议的"搭便车"问题以及成员方贸易自由化程度失衡等问题。

从目前的实际情况来看，参与诸边谈判的成员方数量在逐渐增加，相关的谈判也比较顺利。例如："促进发展投资便利化"在2017年4月启动时只有14个成员，到2017年12月WTO第十一届部长级会议正式启动时已经增加到42个成员，截至2021年12月，WTO发布《投资便利化联合声明》时，成员已达到112个[1]。"服务国内规制"亦从启动时的58个成员增加到结束时的67个（欧盟按27个成员统计）。

中国对诸边谈判一直持十分务实的态度。中国在加入WTO时就承诺将启动加入《政府采购协定》的谈判，目前该谈判仍在进行之中。2013年，中国曾提出加入《国际服务贸易协定》（TISA）谈判。中国也是《信息技术产品协定》（ITA）及其扩围谈判的参加方。在最近的各项诸边谈判中，中国几乎参加了所有的倡议（"化石燃料补贴改革"除外），而且在"促进发展投资便利化""塑料污染与环境可持续塑料贸易"等倡议上还发挥了引领作用。尤其是，中国积极主张维持诸边谈判的开放、考虑发展中成员方的诉求并将成果最终多边化，与中国"不改变WTO基本原则""以发展为核心""维护WTO的主渠道作用"等有关WTO改革的立场一致。

---

[1] 2017年4月和2017年12月的统计中，欧盟算1个成员；但2021年12月的统计中，欧盟本身算1个成员，欧盟内的国家又分别算成员，所以它们一共是28个成员。

第二节　国际贸易谈判内容的实体法合规

在谈判过程中，参与谈判的各方必须考虑管辖有关谈判议题的主要法律框架，并确保谈判所涉及的条款、立场或者提议都不违反相关法律规则的规定，即谈判是在相关法律框架的合规范围内展开的。

一、实体法渊源

国际贸易谈判中，为了使谈判的过程与结果避免因不符合有关法律规范的要求而无效，谈判方应当考虑以下几个层面的实体法律规范：

1. 国际条约

国际贸易活动的日益频繁与不断增加的国际法规范之间是相辅相成、相互促进的关系。前者推动着后者的进步，后者规范着前者的发展。国际贸易谈判所要考虑的国际条约规则体系十分庞大，既包括调整跨国民商事主体间行为的"私"法体系，也包括调整国家和政府间行为的"公"法体系。

就调整跨国民商事主体间行为的"私"法体系而言，其起源于中世纪的商人法。15世纪以后，随着主权思想的产生、民族国家的兴起，商人法以不同形式被纳入各国国内法体系之中，统一的、世界性的商法体系不复存在。15世纪末16世纪初的地理大发现与欧洲工业革命的发展，促进了世界范围的经济贸易往来与各国商法的发展。在此过程中，逐渐形成了一套为人们所普遍接受的规则，这些规则最终成为国际贸易"私"法得以进行统一与编纂的基础。这些私法性的国际条约包括《联合国国际货物买卖合同公约》《统一汇票本票法公约》《关于统一提单的若干法律规定的国际公约》等。这些条约不调整国家之间的权利义务，只为商人的外贸提供统一的国际交易规则，并且这些条约尊重跨国民商事主体的意思自治权。

就调整国家和政府间行为的"公"法体系而言，其典型代表就是WTO项下的一揽子协定以及各区域贸易协定。尽管WTO项下的规则直接约束成员方政府，但这些规则对进出口商也有着重要影响。例如，在一项具体的国际贸易谈判中，双方当事人就必须了解相关国家对于进出口对象的适用关税、关税配额、进出口许可证的申请、原产地认定、海关估价、货物通关、进口检验检疫等所有规定，而这些都规定在WTO或两国共同加入的其他区域贸易协定中。此外，特定议题的协定，例如投资协定、税收协定、支付协定等，也都会在不同程度上影响具体的国际贸易谈判，这都需要谈判者对此有较深程度的理解和把握。

2. 国际习惯

国际习惯也称习惯国际法，是各国在其实践中形成的一种有法律约束力的行为规则。其构成要素包括国家的一致行为及法律确信。所谓国家的一致行为是指，各国在其相互关系上对某种事项长期重复地采取类似行为或不行为。所谓法律确信是指，各国接受这种行为或不行为具有法律效力。概言之，国际习惯是一种"不成文"法，它是由某种既定"做法"产生的国际义务，而不是由正式书面公约和条约产生的义务。

在国际贸易谈判的法律框架中，习惯国际法的重要性虽然比不上国际条约，但仍会发挥特定作用。例如：在书面规定没有明确规范有关义务守则时，或者是在新兴的国际商品贸易或服务贸易领域，习惯国际法一方面可以作为合规依据，减少谈判风险，增加对谈判预期的清晰度；另一方面，可以为谈判增加新的创新性渠道。

3. 国际贸易惯例

所谓国际贸易惯例，是商人在长期的国际贸易活动中普遍地、反复地采用或遵守的贸易习惯，是商人之间的约定俗成，具有一定时空范围内的合理性，因而得到了并且也应该得到各个国家一定程度的认可。和国际习惯不同，国际贸易惯例是商人之间的习惯做法，而国际习惯则特指国家之间的习惯做法。

总体来看，国际贸易惯例有五种比较重要的表现形式：一是商人国际联盟整理编纂的惯例，如《国际贸易术语解释通则》《跟单信用证统一惯例》等。二是国际行业工会或协会制定的行业贸易规则，如《国际保理业务惯例规则》等。三是各国商人或商业协会以契约形式联合制定的贸易规则，如《关于消耗臭氧层物质的蒙特利尔议定书》

等。四是政府间国际组织或民间国际组织起草或制定的条约草案或示范法，如《联合国国际技术转让行动守则（草案）》《电子商务示范法》《国际商事合同通则》等。五是本国虽未缔结参加，但承认外贸商人有权约定适用或由裁判机构依职权主动适用的某些国际规则，例如有关提单适用的《统一提单的若干法律规定的国际公约》（《海牙规则》）、《联合国海上货物运输公约》（《汉堡规则》）等。

4. 国内法

就国内法而言，在国际贸易的语境下，谈判者首先需要了解大陆法和普通法之间的区别，因为时至今日，大多数国家都遵循这两种主要法律传统之一。普通法系通常没有全面的法律规则和法规汇编。虽然普通法也同样依赖于一些分散的成文立法，但它主要基于先例，即在类似案件中已经作出的司法裁判。而大陆法系下法律规定是成文编纂的。大陆法系的国家通常有全面的、不断更新的法典，其中规定了所有能够提交法院的事项、适用的程序以及每种行为的违规后果等。在普通法系下，灵活性、个案的公正性是法律的重要价值取向；在大陆法系下，稳定性和法律后果的可预测性更为重要。在两种不同的法系思维模式和法律规定呈现方式下，谈判者需要根据谈判事项的发生地或者最密切关系地等基本链接原则，确定法律的适用范围。由于普通法系的法律规定呈现在案例中，往往来自大陆法系的谈判者对于普通法系下的法律合规会有一定的不适应。这是谈判者应当事先了解并且做好充分研究与准备工作的内容。

在内容方面，调整国际贸易的国内法也同样包括"公"法体系和"私"法体系。前者包括对外贸易法、海关法、外汇管制法、配额与许可证法、进出境物品检验检疫法、公平竞争法、产品质量法等。后者则主要包括民商法体系。

除了以上四种主要的实体法渊源，一般认为，国际组织发表的宣言和决议，跨国公司及同业工会制定的标准合同等，也在某种程度上构成调整国际贸易的法律渊源。

二、法律冲突的协调

在国际贸易谈判中，法学视角下不可忽视的一个问题是，如何处理由于谈判方身处不同法律环境所带来的冲突问题。在全球贸易环境下，谈判者首先可能要处理的是通过适用法选择来避免法律冲突；其次，他们往往还需要进一步理解和尊重不同的法律制度、文化及概念；最后，谈判者在很多情况下还需要整合不同层次的标准，以降低成本和风险。

冲突法指的是直接调整不同国家或法域之间的法律冲突的规范，包括管辖权、适用法规则和判决的承认与执行三部分主要内容。冲突法实际上是一国的国内法。而在冲突法之外，还存在着大量的统一实体法法律适用规则，用以直接避免法律冲突的出现，比如《海牙国际货物买卖合同法律适用公约》等。

然而，即便选定了适用法，仍然存在一些由于谈判方所属国的不同法律背景所带来的问题。例如，在谈判跨国供应链合同时，越来越多的商业企业重视对经济与人权规范的实践。在国际法层面，谈判者需要根据供应链的涉及地区考虑对《经济、社会及文化权利国际公约》的适用，此外还需要考虑供应链涉及地区的当地法律是否有更为具体的规定，以及在某些具体的行业内，是否存在一些商业和人权实践性规则与习惯做法，并考虑一些当地传统。假设一家欧洲的餐饮连锁企业要在美国加州开设一个门店，其中一种食材是特定品种的虾，供货商来自东南亚。这时候，该企业需要综合考虑多方面的法律规定。首先，企业需考虑，加州门店的运营是否需要遵循《经济、社会及文化权利国际公约》，因为美国迄今并未批准加入该公约；其次，美国虽然不是《经济、社会及文化权利国际公约》的签约国，但是加州有适用经济与人权有关原则的判决先例，因此企业应考虑是否以及如何遵循这些先例中体现的基本原则和要求；最后，在东南亚一些地区，存在使用童工或者奴隶劳工捕捞鱼虾的情况，因此企业应考虑是否在食材购买合同中约定不得提供由童工或者奴隶劳工捕捞的虾；等等。

在国际贸易谈判中，谈判者需要从国际法、国内法和行业惯例等多层次的法律制度和规则中寻找最能够降低成本和减少风险的法律适用与合规标准，并将其应用在谈判过程中，同时确保这些规则适用能够体现在谈判结果中。

◎ 【拓展阅读】

国际贸易惯例：《国际贸易术语解释通则》

《国际贸易术语解释通则》（International Rules for the Interpretation of Trade Terms），是针对国际贸易中最常用的贸易术语进行解读的规则，由国际性民间组织——国际商会组织编纂和修订。《国际贸易术语解释通则》项下的贸易术语是一些英文缩写，用以指代国际贸易中的买卖双方在货物交接方面的责任（Responsibility）、费用（Cost）和风险（Risk）划分，以此避免各国因贸易习惯不同而引起争议与纠纷。目前，《国际贸易术语解释通则》已经成为国际社会接受度最高、适用面最广的商事惯例之一。

自1936年首次发布以来，国际商会为适应商业实践中出现的重大变化，分别于1953年、1967年、1976年、1980年、1990年、2000年、2010年和2020年出版修订版本。

首版《国际贸易术语解释通则》关注大宗商品交易和船边交货，风险转移的分界点为货物"越过船舷"。二战之后，国际铁路运输迅速发展，因此1953年《国际贸易术语解释通则》进行第一次修订时，增加了FOR（Free on Rail：铁路交货）和FOT（Free on Truck：货车交货）两个专用于铁路运输的术语。1967年版新增卖方负责送达货物的交易规则，1976年版则为航空运输新增术语FOB Airport（Free on Board Airport：机场交货）。1980年为解决集装箱运输下的货物交付问题，新增术语FRC（Free Carrier Named Point：指定地点货交承运人），该术语在1990年版本中取代此前适用于特定运输方式的术语，并修改为目前通用的术语FCA（Free Carrier：货交承运人）。同时，1980年版本还为内陆运输增加了术语CIP（Carriage and Insurance Paid to：运费和保险费付至）与海运术语CIF（Cost Insurance and Freight：成本、保险费加运费）相对应。到1990年版本为止，《国际贸易术语解释通则》的历次修订主要反映了货物贸易，尤其是运输环节的发展，以此适应商业实践的变化。由于不同运输方式对应不同的贸易术语，而涵盖的运输方式不断增多，2000年版《国际贸易术语解释通则》对此划分不够明确，实践中产生了贸易商经常出现内陆运输选用了海运术语等错误情形，为此 2010 年版本《国际贸易术语解释通则》将全部 11 个术语分为"适用于所有运输方式的术语"和"适用于海运和内河水运的术语"两类，前者主要用于制成品贸易，后者则多用于大宗商品交易。

自 2010 年《国际贸易术语解释通则》发布以来，国际贸易的规模和复杂程度进一步扩大和提升，国际形势的变化也使货物贸易面临的风险更加难以预料。2020 年的最新修改主要考虑了以下几项因素：一是国际社会对货物运输中的安全问题日益关注，二是根据货物性质和运输方式的不同灵活安排保险的需求，三是 FCA 术语下银行在特定货物销售融资中对已装船提单的要求。同时，2010 年《国际贸易术语解释通则》没有明确规定多个承运人的识别问题，2020 年《国际贸易术语解释通则》则在引言和相关用户解释说明中，明确规定了多个承运人存在的情况下使用不同贸易术语对货物交付时间和地点可能产生的影响，以解决多式联运下承运人身份的识别问题。此外，为了强调 DAT（Delivered at Terminal：运输终端交货）和 DAP（Delivered at Place：目的地交货）在卸货责任上的区别，2020 年《国际贸易术语解释通则》将以往的 DAT 修改为 DPU（Delivered at Place Unloaded：目的地卸货后交货），并根据卖方责任从小到大的顺序，将 DPU 术语调整至 DAP 之后。

按照 2020 年版《国际贸易术语解释通则》的最新规定，适用于所有运输方式的术语有 7 个，分别是：

EXW（Ex Works：工厂交货）

FCA（Free Carrier：货交承运人）

CPT（Carriage Paid To：运费付至）

CIP（Carriage and Insurance Paid to：运费和保险费付至）

DAP（Delivered at Place：目的地交货）

DPU（Delivered at Place Unloaded：目的地卸货后交付）

DDP（Delivered Duty Paid：完税后交货）

仅适用于海运和内河水运的术语有 4 个，分别是：

FAS（Free Alongside Ship：船边交货）

FOB（Free On Board：船上交货）

CFR（Cost and Freight：成本加运费）

CIF（Cost, Insurance and Freight：成本、保险费加运费）

作为国际贸易惯例，《国际贸易术语解释通则》并不具有强制效力，除非当事人在合同中明确使用《国际贸易术语解释通则》术语或约定参照该规则术语，否则《国际贸易术语解释通则》并不会在当事人之间产生约束力。此外，《国际贸易术语解释通则》不能取代国际贸易合同本身，因为其只规定了买卖双方涉及交货、风险转移、费用分担、运输、保险、进出口清关方面的规则，并不包括国际贸易合同中有关商品描述、商品价格和支付、运输方式选择、违约条款和争端解决等其他重要内容。

此外，作为国际贸易惯例，《国际贸易术语解释通则》的新版本并不影响旧版本的效力。当事人在国际贸易谈判中，可以自由选择具体的版本。如果当事人没有明确具体适用哪一版本的《国际贸易术语解释通则》，此时一般默认适用最新版本。

第三节 作为谈判结果的法律应用

一、国际贸易谈判结果的类型

国际贸易谈判的结果可以被描述为一项协议，包括约定了相互承诺的条约或合同，或建立一种制度。从法律角度来看，国际贸易谈判的结果可以分为以下五种基本类型：

1. 硬法

这是最严格的谈判结果，通常发生在主权国家之间。达成的协议规定了在谈判方之间具有严格约束力的确切义务和权利，且一旦在缔约国境内生效，缔约国就有义务遵守其规则。

2. 软法

在国家间的贸易关系中，软法也经常作为一种不具备强制约束力的谈判结果而出现。这种协议经常以框架公约的形式缔结，呼吁各国在各自的实践中遵守某些贸易准则或友好关系。在国际贸易关系的谈判与建立过程中，当缔结一项具有约束力的协议似乎不可行或不可取时，使用软法的形式约定谈判结果，也是一种常见的选择。它可以至少帮助谈判方记录已经达成的友好原则。有时，以"提议"或"提案"的形式就某种准则或最佳实践标准达成软法协议，可能成为拟订和通过一项具有约束力的国际法文书的前置步骤。在联合国框架下，这种程序也比较常见。例如，各国通过谈判、协商，达成一项软法文书，其中也可能包括通过大会决议重述既定法律原则或要素等内容。经过一段时间的推广与实践，当该软法所提出的提议为国际社会所接受时，这些提议就可能成为进一步谈判的基础，并最终导向就同一主题缔结一项有约束力的国际公约。

3. 法律重述

有时，谈判所形成的结果并不是新的权利义务内容，而是对已经存在的权利和义务进行重申。这些权利和义务本身是有约束力的，重述这些条款的目的是加深对有关原则和准则的强调，在贸易关系中对其赋予更多的权重。

4. 合同权利和义务

合同是私主体之间最常见的谈判结果的呈现形式。谈判参与方会就各方在一项国际贸易中所享有的权利和应承担的义务作出约定，这些权利和义务一般涉及交易标的物的品质、规格、数量、价格、运输、保险、支付和检验等，大多数情况下也会包含遭遇不可抗力的处理，以及发生争议情况下争端的解决方式。在国际贸易领域，当事人意思自治享有极高的地位，也即，针对背景极为类似的情形，不同的合同当事人也可以作出完全不同的约定，只要这些约定不违反法律和公序良俗。除了一些特殊情况，国际贸易合同只约束签约方，不具有外溢效力。

5. 建立制度、组织或机构

有的贸易交往可能涉及一个长期性的、动态变化的谈判过程。这时候，建立一种制度、组织或机构以维持谈判机制的长期执行也属于谈判结果的一种特定类型。该制度、组织或机构的职能可以包括保持谈判的常态化和规律化、执行既定的谈判结果、解决谈判争端等。在这种情况下，谈判者必须考虑维持该制度、组织或机构运营的成本如何在谈判者之间进行分摊的问题。该类型的谈判结果经常发生在政府间或国际组织间，尤其是涉及区域性贸易协定的谈判过程中。

二、国际贸易谈判结果的执行

1. 遵约机制

谈判的结果或者产物能够被执行或实施，是谈判的重要目标。谈判者要达成一项可以在未来有效执行与实施的交易或解决方案，必须考虑适当的方法或机制，使得谈判结果获得一定执行力，并明确表示该执行力会产生怎样的法律后果。因此，谈判过程中不能遗漏的必要步骤即协商能够充分确保谈判结果得到履行的制度性安排或承诺性条款，它也被称为遵约机制。

常见的遵约机制主要有两种形式，分别被应用于政府间谈判或私主体间谈判中。在政府间的贸易谈判中，常见的遵约机制是在贸易条约框架内设立一个机构，负责监测和审查该制度的适当运作及缔约方对义务的充分遵守情况，以防止条约内容无法得到执行。例如按照《建立世界贸易组织协定》第4条第5款的规定，WTO下设货物贸易理事会、服务贸易理事会和与贸易有关的知识产权理事会。其中，货物贸易理事会负责监督附件1A中多边贸易协定的实施情况，服务贸易理事会负责监督《服务贸易总协定》的实施情况，与贸易有关的知识产权理事会负责监督《与贸易有关的知识产权协定》的实施情况。特别地，WTO还创设了贸易政策审议机制。按照这一机制，WTO会对各成员方的全部贸易政策和做法及其对多边贸易体制运行的影响进行定期的集体审议和评估，促进所有成员方更好地遵守WTO协定项下的规则、纪律和承诺。尽管审议结果对成员方没有实际的拘束力，但其能有效地促进成员方对既有谈判结果的善意执行。

在私主体的贸易谈判中，通常的做法是在合同中明确违约条款。以进出口货物买卖为例，针对卖方违约，违约条款通常规定买方有权要求卖方实际履行、减少价款、宣告合同无效以及请求损害赔偿等。针对买方违约，违约条款通常规定卖方可以要求实际履行、请求损害赔偿以及宣告合同无效等。违约条款是国际贸易合同极为重要的组成部分，越是规范的国际贸易合同，其违约条款越是详尽，包括何种等级的违约情形匹配何种比例的赔偿金数额，都会作出明确规定。这就有效增强了贸易谈判结果的执行力。

2. 争端解决方式

除了遵约机制的设立，谈判结果中也应包括解决争议的条款。争端解决方式也是展示法律如何影响国际贸易谈判结果执行的重要方面，其必要性在于避免将执行谈判结果的大量时间和精力耗费在法庭中，或者减少谈判结果受到损害的情况。争端解决方式并不一定会避免争端的出现，但可以给合同或协议的执行增加一定的权重。同时，在争端解决的方式上，谈判者可以根据具体情形选择对己方而言成本较低的方式，比如仲裁、调解、司法和解，或同意选择一个特定或排他性的法院来审理案件等，这些都是防止冲突局势升级的良好机制。

就政府间达成的国际贸易谈判成果而言，争端解决机制更是必不可少的，因为国际社会是一个平层结构，如果缺少有效的争端解决机制，则各方耗费心血达成的贸易谈判成果就会沦为一纸空文。欧洲著名国际经济法学家皮特斯曼（E. U. Petersmann）曾说："历史再次证明，自由贸易规则若无制度上或章程性的保障来辅佐，就不会持续有效。"[1] 一位美国学者在评论《北美自由贸易协定》时也说过类似的话："从长远来看，《北美自由贸易协定》的成败，在很大程度上取决于它的解决争端机制的有效性。在国际贸易法这个极富政治敏感性的领域，能解决争端并促进遵守法律义务的机制，在推进《北美自由贸易协定》经济一体化诸项重要目标上，是大有作为的。"[2]

在 GATT 运转的历史时期内，争端解决采用了外交与司法"两条腿走路"，总体上逐步将多边贸易体制带入了以规则为基础的轨道。然而，其司法解决争端的路径在实践中暴露出了不少问题，包括缺少强制管辖权、缺少司法独立性以及裁决结果必须全体协商一致方能通过并生效等。WTO 成立后，吸取了 GATT 时期的经验和不足，在以上几个方面作了突破性的改进，大大增强了 WTO 争端解决机制的效力，

---

[1] Ernst-Ulrich Petersmann, "The Dispute Settlement System of the World Trade Organization and the Evolution of the GATT Dispute Settlement System Since 1948", *Common Marker Law Review*, Vol. 31, 1994, p. 1157.

[2] David S. Huntington, "Symposium on the North American Free Trade Agreement: Settling Disputes under the North American Free Trade Agreement", *Harvard International Law Journal*, Vol. 34, 1993, p. 407.

这极大地促进了乌拉圭回合谈判达成的一揽子协定的有效执行。可以说，战后 GATT/WTO 体系通过多轮贸易回合谈判达成的谈判成果正是在争端解决机制的保驾护航下，才能将整个世界经济带入一段较长时间的复苏和持续的繁荣中。

三、结　论

律师与谈判专家似乎总是两个相互关联的词汇，但是很多谈判专家可能并不一定掌握合理利用法律的技能。优秀的谈判人员应当了解法学学科是如何被应用于谈判当中的，包括法律作为谈判框架如何塑造国际贸易谈判过程，以及法律作为谈判结果的形式载体如何保障谈判成果得以阶段性或长期性实现。

◎【拓展阅读】

法律对国际贸易谈判的制度支持
——以美国为例

通常而言，各国都会在各自的政治体制下设有相应的对外谈判机构。囿于各国政治体制之不同，各国之间的对外贸易谈判机制存在相当大的差异。总体来看，美国的制度安排相对比较完善，以下围绕谈判前、谈判中和谈判后三个阶段分别展开介绍。

1. 谈判前准备阶段：确定贸易政策、准备谈判文本

谈判前的准备阶段是美国对外贸易谈判机制中最重要的环节，美国对此确立了以贸易代表办公室（USTR）为核心的、复杂的分层结构，负责全方位的政策意见输入，并在此基础上撰写研究报告，拟定谈判文本。

第一，贸易谈判代表机制。贸易谈判代表机制是通过三级跨部门的委员会来实现跨部门之间的贸易政策协调，进而支持对外贸易谈判工作的。这三个委员会分别是国家经济委员会、贸易政策审议委员会和贸易政策工作委员会。其中，国家经济委员会直接在总统领导下工作，是跨部门贸易政策协调的最高层级机构。贸易政策审议委员会和贸易政策工作委员会归 USTR 管理，二者共由 17 个联邦政府机构（商务部、农业部、国务院、财政部、劳工部、司法部、内政部、交通部、能源部、卫生及公共服务部、环境保护署、管理与预算办公室、经济顾问委员会、国际发展署、国家经济委员会、国家安全委员会和国际贸易委员会）组成，负责美国国际贸易政策及与贸易相关的投资政策的制定和协调。

贸易政策工作委员会是初始层级（第一层级）的贸易决策机构，由高级文职官员组成。支撑它的是60多个专门的分委员会和一些处理特定问题的工作小组。USTR负责把将要谈判的特定问题或专门问题分派给各个分委员会及工作小组。然后，各个分委员会就可以同时与公共和私营两类部门进行沟通联系，大量繁重的准备工作都主要发生在这个阶段（政策输入与反馈）。

贸易政策工作委员会将来自公共部门和私营部门的意见汇总后，通过前述负责该特定议题的分委员会进行内部研究并形成研究报告。分委员会的报告如果在贸易政策工作委员会通过，则可以直接递交给国家经济委员会，经过总统和国家经济委员会委员审议后，作为USTR对外谈判的谈判文件。

如果报告未能在贸易政策工作委员会达成一致意见，或者涉及重大的贸易问题，此时，报告将被提交至贸易政策审议委员会。贸易政策审议委员会是贸易谈判副代表和副部长一级（第二层级）的对外贸易谈判决策机构。贸易政策审议委员会主要与公共部门进行沟通与协调，基本上就是前述贸易政策工作委员会联络的除美国国际贸易委员会之外的那16个政府机构。

美国国际贸易委员会是贸易政策工作委员会不拥有投票权的成员，同时是贸易政策审议委员会会议的观察员。除此之外，如果涉及特定或专门的问题，其他政府机构的代表也可以参加讨论。

报告如果在贸易政策审议委员会审查、修改后得到通过，则可以递交给国家经济委员会（第三层级），作为美国对外贸易谈判的文本。

贸易政策审议委员会在审查报告时如果认为其涉及国家安全和环境等问题，则可以将报告转交给国家安全委员会和环境质量委员会等内阁级的总统专门委员会审查。相关总统专门委员会如果认为相关问题已经得到解决，则可以将报告转交给国家经济委员会；如果认为仍有重大问题需要进行讨论和解决，则将报告继续递交给内阁部长会议，进行整体讨论和修改后,再交给国家经济委员会,作为 USTR 对外贸易谈判的文本。

第二,私营部门的意见输入。在美国,按照《1974 年贸易法》第 2155 节的授权,USTR 建立了私营部门参与贸易谈判制度,并实施了美国产业谈判咨询计划。美国产业谈判咨询计划下共设有 33 个贸易政策咨询委员会,包括 1000 多名成员,大都来自企业、行业协会、非政府组织、媒体以及其他有经验的个人。与前述贸易谈判代表机制下设三级架构相对应,私营部门参与贸易谈判的体系也分为三个层级:

总统贸易政策和谈判咨询委员会是第一层级,也是最高层级,委员会成员直接由总统任命,两年一届,负责直接向总统提交咨询和建议,但是也由 USTR 负责管理。45 名委员广泛代表了关键经济部门,主要从整个国家利益角度来考虑贸易问题。第二层级是 6 个政策咨询委员会,由 USTR 单独任命,或者与内阁成员共同任命。6 个政策咨询委员会中由 USTR 单独任命和管理的是政府间政策咨询委员会、非洲贸易咨询委员会;其他 4 个委员会,即贸易与环境政策咨询委员会、劳工咨询委员会、国防政策咨询委员会和农业贸易政策咨询委员会,分别由环境保护署、劳工部、国防部和农业部与 USTR 共同任命和管理。

第三层级共有 26 个委员会,包括了 17 个产业部门咨询委员会、4 个产业功能委员会和 5 个农业贸易技术咨询委员会,负责特定部门和领域的工作。第二层级和第三层级的咨询委员会主要与贸易政策工作委员会下的 60 多个分委员会进行交流和联系。

总体来说,美国贸易谈判文本的起草或者说谈判方案的准备工作是由来自私营部门的咨询委员会提供信息和素材,贸易政策工作委员会的分委员会进行研究总结并撰写的过程。在这个过程中,政府部门和私营部门之间实现了良好的互动。

2. 谈判过程:授权、推进、监督

如前所述,美国的对外贸易谈判由 USTR 负责。USTR 在对外执行具体的谈判任务时,通常针对不同的议题,会设有专门的谈判团队。一般来说,谈判议题对美国的利益越重要,则谈判团队的配置级别就越高,反之亦然。因此,不同的谈判项目,团队的组成人数、级别、来源范围都不一样。但是实践中，对外谈判的推进也并非全由 USTR 负责，美国的"府会制"对贸易谈判也有着重要的影响。两者之间在贸易谈判推进过程中大致存在以下相互关系：

首先，按照美国目前的立法，国会通常将对外贸易谈判权授权给总统及其 USTR。其中，总统还可以请求国会授予其"快车道"谈判权。一旦总统获得"快车道"谈判权，国会对于总统达成的贸易协定只能在 90 日内选择通过或不通过，但不能对其进行补充和修改。如果国会没有授予总统"快车道"谈判权，这不会影响总统及 USTR 继续谈判，但是谈判结果在后期国内通过国会立法实施时会遇到许多困难。

其次，尽管 USTR 获得了对外贸易谈判的授权，但是并不意味着国会放弃了贸易方面的全部责任。其仍有权规定贸易谈判的指导原则、关税的改变幅度，以及通过何种程序来改变关税、允许哪些例外等。例如，在 GATT/WTO 每一轮多边贸易谈判之前，国会的授权都在谈判总目标、关税、非关税、部门目标等各个方面作出详细的规定，这就对总统和 USTR 的对外贸易谈判权进行了直接的制约。

最后，国会还会对 USTR 的贸易谈判进行有效的监管。监管主要通过以下方式进行：要求 USTR 代表总统每年要在国会做报告，汇报所有贸易协定实施情况；建议和批准 USTR 在内的高级贸易决策者的人选；批准预算和拨款方案；派专门人员直接参加和监控谈判；确立国际协定不损害美国国内立法的效力以及开展对外贸易政策调查和听证；等等。

此外，伴随着国际贸易协定谈判的是国内行政部门和国会之间的谈判，这个过程是平行的。国务院和 USTR 在参加国际多边贸易协定谈判的时候，必须与参议院财政委员会同时谈判这些商品贸易协定，以确保美国参与国际协定的步骤与美国国内法律调整的过程相一致。

3. 谈判后阶段：批准、执行、评估和反馈

美国宪法将批准国际条约的权力授予了参议院，参议院的对外关系委员会负责监督总统的对外政策，直接影响参议院对条约的批准。如果总统和 USTR 谈判达成的国际协定得不到国会的批准，则所有谈判的努力都将付诸东流。美国历史上发生过多次总统和 USTR 对外谈判成功的协定最终被参议院拒绝批准的情况。

国会拥有批准条约的权力，一方面强化了国会对 USTR 和其他部门贸易谈判的监管，有时候甚至会动摇总统贸易谈判时的信心。例如，1999 年中国时任总理朱镕基访美期间，曾和克林顿政府达成了双边贸易协定，但克林顿政府害怕国会反对，最终没有签署。另一方面，有了这样的制约，USTR 在向国会通报谈判进程时就会比较主动、及时和详细。

此外，美国也非常重视对现有协定执行情况的评估。如前所述，私营部门参与贸易谈判的咨询委员会，其总体任务包括两个：（1）为美国政府就贸易协议谈判提供决策咨询；（2）向 USTR 反馈现有贸易协定实施和执行中的信息，以便于 USTR 进一步参考和调整立场。

总体来看，美国的对外贸易谈判机制涉及谈判前、谈判中和谈判后三个阶段，包含了公共部门和私营部门之间充分的互动机制，也内嵌于立法和行政部门之间权限相互制约的架构之下，复杂而完善。虽然由于政治体制的不同，我们不可能完全借鉴其具体做法，但是其为对外贸易谈判确立完备机制的思路是值得学习的。

第五章 国际贸易谈判中的心理学应用

心理学家一直都对谈判有极大的兴趣。与法学家和经济学家不同，心理学家所关注的谈判问题是人们在谈判过程中所表现出的应对冲突局势的心理状态及其产生原因，以及个人与整个谈判局势之间的相互作用等问题。本章将着重理解心理学在国际贸易谈判中的具体影响与实际应用。

第一节 心理学在国际贸易谈判中的作用

一、谈判心理学研究概述

关于心理学在谈判中的应用，相关的研究文献非常广泛。早在20世纪六七十年代，社会心理学家就开始对谈判这一主题开展大量的实证研究。在这一时期，谈判的社会心理学研究主要集中在两个领域，即谈判者的个体差异和情境特点。但随着社会心理学研究向社会认知研究发展，谈判像许多人际主题一样，逐渐丧失了在社会心理学研究中的重要地位。[1]

开始于20世纪70年代后期的认知革命，对谈判心理学研究产生了重大的影响。在此基础上，20世纪80年代开始，谈判心理学研究开始向行为决定研究发展。行为决定研究的核心观点之一就是人们的决策依赖于认知启发。与以往的社会心理学研究不同的是，行为决定研究强调实际决策如何有别于规范模型所作的理性预测，其研究目的

---

[1] 邱林、郑雪、严标宾：《谈判心理研究发展述评》，《心理科学进展》2003年第2期，第235页。

在于提供能够让谈判者减少偏见的有用信息。

行为决定研究对谈判心理学的理论和实践均产生了重大影响。然而，许多研究者批评这一研究范式忽视了谈判中许多非常重要的因素，这其中特别包括社会心理变量。因此，自21世纪以来，在谈判研究中已经逐渐消失的社会因素重新成为明确的研究主题，包括谈判中的社会关系、自我中心、积极错觉以及情绪等。对新的社会因素的关注丰富了谈判的行为决定研究。在此基础上，谈判心理学指明了个体在决策中产生偏向的可能方式，以及谈判对手在不同的谈判情境中可能产生的行为，因而对谈判者的实际操作提供了有意义的建议。

谈判心理学研究经历的如上发展和变化，是与心理学和更广泛的社会学领域的整体性变化相一致的。概言之，在目前的研究路径下，心理学家大多会同时关注参与谈判者之间的社会互动表现，以及谈判者如何通过心理影响作用于谈判结果。

二、心理学在国际贸易谈判中的作用

在心理学家看来，面对同一个谈判问题，所有参与谈判的人都有切入这个问题的不同角度。谈判的作用在于大家通过信息交换，联通所有的角度，扩大各方固定的角度，甚至使所有的角度流动起来，以使谈判问题得到最彻底、最圆满的解决。鉴于此，心理学在国际贸易谈判中的影响与应用主要体现在两个方面：一是如何帮助所有参与谈判的人扩大其固定视角，影响其他人理解自己的视角；二是如何通过发展自我确认心理，获得积极参与贸易谈判的心理建设和信心能力。

就心理学对谈判者的信息感知与分析能力的影响而言，我们的分析主要有赖于认知心理学的研究。在谈判过程中，引发谈判者作出特定选择的原因，往往并不是事实本身，而是人们对事实的认知结果。因此，通过制造心理影响，可以在不改变既定信息的情况下，影响谈判结果。所以，心理影响可以被理解为在不改变另一方的动机、意图或客观信息集的情况下，通过心理影响尝试改变另一方对给定想法或议题的态度。了解心理影响的本质及其运作机制，可以帮助谈判者更好地根据对对方的了解而构思自己的想法以及表达想法的语言方式，从而增加对方对己方所提倡议的兴趣和认可度。

就心理学对谈判者主观谈判表现的影响而言,我们的分析主要有赖于积极心理学的研究。积极心理学派认为,应该克服弱点,衡量和培养对内在优势与天赋的认识。在公开演讲和谈判领域,有些人天生就比其他人做得更好。历史上有很多伟大的演说家、领导者和政治家都属于极具演讲天赋的人。但也有很多极具影响力的历史人物,他们并不是伟大的演说家,在演说方面可能并不是特别有魅力,但是他们可以通过掌控故事、数据或背景信息,获得主导优势与力量。因此,充分利用积极心理学发展自己的谈判能力,可能会给谈判者带来巨大的收获。

第二节 认知心理学视角

20世纪50年代中期,认知心理学兴起,心理学家开始关注人类的认知过程,如注意、知觉、表象、记忆、创造性、问题解决、言语和思维等。从20世纪70年代开始,认知心理学开始被应用于研究人们在谈判中的行为表现。研究发现,认知、动机及情感因素等,可以在很大程度上影响谈判者的信息处理与判断推理过程。首先,我们来介绍在贸易谈判中可能发生的四种认知心理影响。

一、贸易谈判中的四种认知心理影响

1. 基于边际损失和收益递减的影响

心理学家通过两个实验发现了人们在不同的贸易谈判中对于相同的收益和损失价值会产生不同的心理感受。下面我们通过两个实验案例,来具体了解心理影响在边际损失和收益递减中是如何产生的。

实验案例1

场景A:有一天你走在街上,意外地捡到了一张20美元的钞票。

场景B:有一天你走在街上,意外地捡到了一张10美元的钞票。第二天,你再次走在这条街上,竟然又意外地捡到了一张10美元的

钞票。

在以上两种场景中，你的额外收益都是 20 美元，但是哪一种可能更会让你感到快乐？

实验案例 2

场景 X：有一天，你打开钱包时，突然发现自己丢失了一张 20 美元的钞票。

场景 Y：有一天，你打开钱包时，突然发现自己丢失了一张 10 美元的钞票。第二天，你打开钱包，发现自己又丢了一张 10 美元的钞票。

在以上两种场景中，你的损失都是 20 美元，但是哪一种可能会让你更不快乐？

在实验案例 1 中，两种情形具有相同的收益，即每种情形都带来 20 美元的收益。但是，大多数人表示他们在场景 B 中会更快乐。在实验案例 2 中，这两种情况都导致了 20 美元的损失，然而，大多数人声称他们在场景 Y 中会更不快乐。

正如这些试验结果所尝试说明的，在贸易中，如果要给对方支付费用，可以考虑多次支付；但是如果要从对方那里获得费用或者让对方赔偿，应当争取一次性支付。也就是说，从贸易谈判过程中的心理影响这一角度出发，在谈判中，谈判者可以分解对方的收益，例如，在提议时，可以将己方可以提供给对方的收益分解为两个要约提议，以使对方的快乐感受最大化；或者，当对方面临损失时，汇总或聚集对方的损失以尽量减少其痛苦的总量，因为对方更有可能接受一次较大损失，而不是多次较小损失。[1]

2. 基于主观感知而非实际冲突或问题的影响

如果你直接问某人，100 元是很多钱吗？他很可能会回答：这取决于具体情境是什么？同样，在谈判中，人们对于某个想法或提议的

---

[1] Thaler, R. H., "Mental Accounting and Consumer Choice", *Marketing Science*, Vol. 4, 1985, p. 199–214.

价值作出判断的时候，也会参照他们在具体情形中对该想法或提议所形成的主观感知。

我们可以通过两个场景对比来对这个问题进行一个更直观的理解：

场景 A：假设你住在大学城，要购买一个计算器。在学校旁边的电子产品店里，一个计算器卖 60 元，但是如果坐 20 分钟的公交车到市中心的电脑城，同款计算器的价格会是 30 元，便宜了 30 元。那么，你会考虑去市中心买这个计算器吗？

场景 B：假设住在大学城的你，现在要买一台电脑。在学校旁边的电子产品店里，一台电脑卖 6000 元，而在市中心的电脑城，同样的电脑价格是 5970 元，也便宜了 30 元。但是，在这个场景中，你会考虑去市中心的电脑城购买这台电脑吗？

在以上两个场景中，面临的问题是相同的，即为了省下 30 元，是否值得花费 20 分钟的车程。但实际上，大多数人只会选择在场景 A 中花费这 20 分钟的时间以节省 30 元，而不愿在场景 B 中作出相同的选择。原因在于，人们认为相对于 6000 元的电脑来说，省不省 30 元似乎区别不大，但是对于 60 元的计算器来说，30 元就意味着很多钱。也就是说，人们对于这"30 元"人民币的价值判断并非仅仅取决于它的面值，还取决于在具体的场景中，人们对它的主观感知。

在谈判中，通常驱使各方以特定方式选择与行事的不是实际的利益分歧或者问题矛盾，而是人们所感知到的差异。具体而言，这种差异包含两个方面的内容：一是人们主观上认为存在一种分歧；二是这种分歧对不同的人而言意味着什么。

很多时候，正在谈判的双方或者多方之间其实并不存在冲突，反而存在一致价值。真正的谈判意味着，谈判各方能够跳出自己的主观感知局限，理解更大更和谐的局面，理解这个局面中的共同价值，甚至在这个基础上创造更多共同价值。

对于分歧的衡量，即便是一个非常可观的数字，往往也缺乏一个客观的衡量标准。如前面的假设问题，100 元的价值对不同情境中的不同的人，其意义可能是完全不同的。心理学观点认为，在谈判中，最终影响谈判走向的是各方在谈判中所建立的感知、信念和假设，而不是其他客观的差异衡量标准。

3. 基于认知偏差的影响

认知科学、社会心理学和行为经济学领域的学者对认知偏差进行了数十年的研究。认知偏差是影响人们作出决定和判断时偏离理性或规范的系统模式[1]，它也被称为认知偏误。事实上，认知偏差是一种非常自然的思维模式。因为我们的注意力是有限的，我们的大脑会自动根据自己的潜意识和知识结构对外部环境的海量信息进行选择性关注和识别。这种思维模式导致了我们对事物的认知往往会出现偏见，随之而来的可能是在谈判过程中的不同看法甚至分歧。

认知偏差的常见情形包括选择性感知（selective perception）、刻板印象失真（stereotype distortion）、归因偏差（attribution bias）、锚定偏差（anchoring bias）、负面预言实现（self-fulfilling prophecy）等。

第一种，选择性感知。选择性感知是指人们根据自己的需要与兴趣，有目的地把某些刺激信息或刺激的某些方面作为知觉对象而把其他事物作为背景进行组织加工的过程。谈判的本质是信息交换，但是由于选择性感知模式的存在，我们在收集和处理信息的过程中，往往会出现遗漏或误解。

第二种，刻板印象失真。刻板印象是一个社会学术语，指的是人们对于某些特定类型的人或事物的一种概括性看法，这种看法可能源自长期以来的习惯认知、文化或教育等影响。有的刻板印象可能是准确的，或者曾经是准确的，但是随着时间的推移和社会的进步，实际情况已经发生了变化。有的刻板印象可能会导致人们对信息判断的失真，尤其是当人们倾向于简化一个实际复杂的认知环境，以先入为主的观念将信息简单归纳为极端类别的好与坏、正与负或特定类型时。例如，在国际贸易谈判中，人们对一些国家或地区的贸易习惯存在一些刻板印象，比如认为某些地区的人缺乏诚信、某些民族的人是侵略

---

[1] Haselton, M. G., Nettle, D. & Andrews, P. W., "The Evolution of Cognitive Bias", in D. M. Buss (ed.), *The Handbook of Evolutionary Psychology*, Hoboken, NJ, US: Hohn Wiley & Sons Inc., 2005, p. 724-746.

者等,这些刻板印象失真都会对谈判过程造成误导。

第三种,归因偏差。在心理学中,归因偏差指的是当人们评估或试图为自己和他人的行为寻找原因时所犯的系统性偏差。擅长逻辑思维的人经常做归因分析,如对他人为什么以某种方式行事进行判断和假设。但是,归因并不总是准确反映现实。人们的感知并不是客观的,因而也容易对既定信息或事件的描述作出偏见解释。在贸易谈判中,当谈判者出现归因偏差时,其往往会对谈判所基于的条件作出误判,从而影响谈判的结果。

第四种,锚定偏差。锚定偏差是指在谈判过程中,谈判者心中有一个初始价位,当后来价格发生变化时,谈判者无法及时调整和更新心理价位,从而导致谈判失败。这类偏差强调一个具体的、量化的价位。

第五种,负面预言实现。负面预言实现,描述的是谈判者对某种情境的"担忧"反而导致了该情境发生的心理现象。这种"预言"之所以成真,仅仅是因为该人相信它会出现,因而采取了某种对应性措施或行为,反而催化了另一方做出其"预测"的行为或制造了相应的情境。例如,在某贸易谈判中,买方认为卖方一定会以更具侵略性的方式行事,提出较高的价格,因而在谈判中采取了防御性做法,对贸易产品提出了远远超过市场标准或行业习惯的质量要求,这一做法反而导致卖方提出了更高的出售价格。这样,卖方的行为"证实"了买方的预言。该"预言"实际上是买方的认知偏差。如果能够避免该认知偏差,那么双方都将承受更低的谈判成本。

4. 基于情势变化的影响

在贸易谈判中,市场条件、谈判进程、冲突程度等的变化,都可能会给谈判带来新的信息,引发谈判者新的见解以及新的行为方式等。这些都属于情势变化给贸易谈判带来的心理影响。而心理学家对谈判中的这种动态变化很感兴趣,他们发现,一些情势变化会给谈判者在贸易谈判中的立场和表现带来有趣的心理影响。例如,情势变化会引发谈判策略的变化或者谈判者自身谈判立场的变化。

在谈判过程中,如果出现了冲突加剧的情势变化,谈判各方很有可能会更趋近于提出对抗立场,以至于各方最终呈现出的论点或观点在认知上变得相对简单明了。换句话说，冲突加剧时，各方会更加倾向于呈现定型化的谈判策略，灵活度会降低，与冲突加剧前相比，观点和立场会变得没有那么复杂。

基于情势变化会给谈判者造成心理影响，谈判者需要有意识地觉察自己是否在谈判过程中被带入了一种自己并不倾向的谈判情势中。例如：在谈判过程中，由于对方的立场过于激烈，谈判者发现自己不得不提出一种相应激烈的立场，以维护自身原本的目标，或矫正对方的激烈举动，反而因此被锁定在一种特定的观点或态度中；或者谈判者发现自己为了配合与对方的沟通进展，发展出了一种特定的谈判风格，在这种风格下，自己似乎容易作出让步，但心理上不会感到自己遭受了重大损失。在这两种情况下，实际上谈判者已经出现了因为情势与预期不同，且自身心理准备不充分，而陷入一种被迫局面的情形。在这种被迫的局面中，谈判者很难呈现完全理性的思维和冷静的分析。

二、认知偏差来源与信息校正

在贸易谈判中，了解己方和对方可能产生的认知偏差，并且明确认知偏差的来源，有助于帮助己方校正信息判断，同时给予对方更多的信息补充，以帮助其准确接收己方所要传达的信息。

一个人的认知偏差来源往往与其成长和教育环境有极大的关系。这种影响过于复杂，以致我们很难在谈判课程中将其穷尽。但是，假设我们面临的谈判者，包括我们自己，都是撇除了个人成长和教育环境影响的相对理性人，那么在贸易谈判中，仍然有两个重要的"影响域"会对谈判者以及谈判局势本身带来影响：一是行业习惯，二是集体意识。

行业对一个人的影响是巨大的，因为不同行业有不同的特点和运作模式，会直接对一个人的思维方式和做事方法产生影响。比如：在贸易领域，贸易双方关注产品核心竞争力与市场需求是否能够相结合；在谈判领域，律师们多数崇尚有依据的逻辑思维和严谨的语言表达，有风险防范意识和保持边界的习惯。这些行业习惯会影响人们在谈判中对于信息的"喜好"度、关注度和价值判断。为了减少认知偏差，谈判者应当有意识地拓展这些认知模式来源对自己造成的限制性影响，实现信息校正。

另外一个认知偏差的来源是集体意识。集体意识是一部分群体对共同的价值、目标、规范和信念的认同或服从。集体意识也可能通过集体无意识的方式表现出来，比如某种长期以来形成的习惯、传统和默认的经验。集体意识在有集体文化的地区表现得尤其强烈。由于集体意识而产生的认知偏差在国际贸易谈判中很容易引起谈判者对于某些具体信息的认知不对称。例如，谈判者对谈判局势所面临的法律体系、法律术语、贸易规则，以及其他支撑该贸易谈判的明示规则和默示规则等都会有基于各自集体意识框架的解释与理解，不同的理解可能会产生极大的认知不对称。这个时候，需要谈判者及时发现理解不对称情形的出现，并就该具体信息、概念或规则所代表的具体含义，在本谈判框架内达成共识，实现信息校正，建立稳定的谈判基础。

三、认知心理影响的道德考量

任何关于影响力的讨论都会涉及道德考量。在我们所倡导的包容性谈判理论与实践中，我们主张利用心理学知识来减少认知偏差和信息误解，加深彼此理解，以加强或创建共同价值，而非通过心理学知识操控和滥用对方的情绪或感受。

我们不认可故意带有欺骗性或操控性的举动。虽然我们无权告诉别人谈判中应当遵守的道德标准是什么，但是我们可以在谈判中提出某种策略时，扪心自问这样的做法是否会带来道德疑问。

在谈判中，我们不能假设其他谈判参与者缺乏判断能力。实际上，在贸易谈判中，任何操控性的举动都有可能被察觉。如果一方被对方认定为具有操控别人的意图，那么谈判环境中最基础的安全感和信任感将不复存在，谈判方之间的关系很有可能会陷入僵局，难以复盘。而一旦双方之间失去信任，那么双方失去的将不仅仅是这一轮谈判，甚至可能是永久的关系破裂。

◎【拓展阅读】

理查德·塞勒的"心理账户"理论

理查德·塞勒（Richard Thaler，1945— ），芝加哥大学教授，主要研究领域为行为经济学、行为金融学和决策心理学。2017年，塞勒因行为经济学方面的贡献获得诺贝尔经济学奖。

1980年，塞勒首次提出"心理账户"的概念，其对应的英文是"Psychic Accounting"。塞勒认为，人们在消费行为中之所以受到"沉没成本效应"的影响，一个可能的解释是卡尼曼（Kahneman）教授等提出的"前景理论"，另一个可能的解释就是推测个体潜意识中存在某种"心理账户"系统。人们在消费决策时，把过去的投入和现在的付出加在一起作为总成本，来衡量决策的后果。这种对金钱进行分门别类的分账管理和预算的心理过程就是"心理账户"的估价过程。

1985年，塞勒发表了《心理账户与消费者行为选择》一文，正式提出"心理账户"的概念和理论。塞勒指出，小到个体、家庭，大到企业集团，都有或明确或潜在的心理账户系统。在作经济决策时，这种心理记账方式与经济学和数学的运算方式都不相同。因此，经常以非预期的方式影响决策，使个体的决策违背最简单的理性经济法则。通过举例的方式，塞勒提出了心理账户具有非替代性的特征。

所谓非替代性，是指不同心理账户里的金钱不能相互完全替代，这就使人们产生"此钱非彼钱"的认知错觉，从而导致非理性的经济决策行为。举例来说，假设你提前买了一张价值800元的音乐会门票，在准备从家里出发去剧院的时候，发现门票丢了。假定仍然可以去剧院现场再花800元买到同样的票，但问题是，你会愿意吗？大多数人的选择可能是不会。相反，如果你并没有提前买票，打算去现场购票进场，而在此时，发现钱包里丢了一张800元的超市购物卡。这种情况下，你是否还会去剧院现场买票听音乐会？大多数人的选择可能是会继续按原计划行动。

同样是损失了800元，为什么会有这样的行为区别？因为这两笔支出虽然价值相同，但被归入了不同的心理账户。音乐会门票代表娱乐预算，如果丢了，再花钱就意味着在这一账户下预算超支。而购物卡属于日常消费账户，虽然丢了，但并不影响娱乐预算。所以，大多数人的心目中存在一个个隐性账户，当人们把一个心理账户的钱花完时，一般情况下不太愿意去动另一个心理账户中的资金，这就是心理账户的非替代性。

一般来说，在现实中，有三种不同心理账户的非替代性。第一，以不同来源的财富而设立的心理账户之间具有非替代性。例如，工资收入和意外之财（彩票等）通常会被计入不同的心理账户，对前者的使用会更精打细算，而后者则通常会以"挥金如土"的方式来使用。第二，因不同消费项目而设立的心理账户之间具有非替代性。例如，一件昂贵的毛衣，若作为日常开支购买，当事人很可能会舍不得，但作为情感支出（送给爱人的礼物），当事人就可能会果断出手。第三，因不同存储方式产生心理账户的非替代性。例如，当人们临时有特殊资金需求时，大多数人并不会选择挪用银行中已经定期存储的资金，反而会通过向银行短期借贷来解决，哪怕贷款利息事实上高于存款利息。

在多年的持续研究之后，1999年塞勒发表《心理账户的作用》一文，总结了其近20年的研究心得。在该文中，塞勒将原来使用的"Psychic Accounting"改为"Mental Accounting"，并认为心理账户的三个部分最受关注：首先是对于决策结果的感知以及决策结果的制定和评价；其次涉及特定账户的分类活动，资金根据来源和支出被划分成不同的类别，消费有时要受制于明确或不明确的特定心理账户的预算；最后涉及账户的评估频率和选择框架，评估频率可长可短，每天、每周或每年都可以，选择框架也是如此，包含的消费资金范围可大可小。总之，心理账户使人们在心理上对经济类行为的结果予以编码、分类和估价，它揭示了人们在进行资金/财富决策时的心理认知过程。

尽管塞勒的理论主要适用于经济领域的决策行为，特别是金融投资等，但是其同样对贸易谈判领域具有重要的启示。

第三节 积极心理学视角

一、盖洛普优势

20世纪60年代中期，优势心理学之父唐纳德·克利夫顿（Donald O. Clifton）召集了一个科学家团队，他们花了至少30年时间，对不同国家、不同行业的杰出人士进行采访，了解他们如何成为佼佼者。然后，唐纳德带领团队对这些数据进行研究和挖掘，最后从访谈数据库中提炼了出现频率最高的 34 个关于天赋的主题词。后来，盖洛普公司将之做成了一套测评系统，通常被称为盖洛普优势分析。这 34 项才干分别属于四个领域：

- 执行力领域：帮助你让事情发生发展。
- 影响力领域：帮助你迎接挑战、进行公众演说，确保他人的意见得以表达。
- 关系建立领域：帮你建立强大的关系，产生持久链接。
- 战略思维领域：帮助你吸收和分析信息，作出决策。

在培养谈判能力的过程中，通过盖洛普优势分析可以使谈判者增强自我认知，进而实现扬长避短的效果。根据克利夫顿的描述，就谈判、公关和商业交流的演讲来说，在影响力领域有优势的人更有可能脱颖而出。具体而言：

- 在感染力的主题中，极具天赋的人喜欢遇见新朋友并赢得他们的信任。他们从打破沉默和与某人建立联系中获得满足。
- 在沟通的主题中，极具天赋的人通常很容易把他们的想法用语言表达出来。他们是很好的交谈者和演讲者。
- 在自信的主题中，极具天赋的人对自己承担风险和管理生活的能力感到自信。他们内心有一个指南针，给他们的决定以确定性。
- 在掌控的主题中，极具天赋的人都很有存在感。他们可以控制局面并作出决定。
- 在行动的主题中，极具天赋的人会将想法转变为行动来实现其目标。他们更想要做事情，而不仅仅是空谈。

这些衡量标准在某种程度上可以帮助人们更好地了解自己的相对优势。谈判者可以根据自己的独特或相对优势，制定有利于发挥自身优势的谈判策略，同时管理或者避开自己的弱点。

二、高潜力特质指标

另一项基于积极心理学研究的评估工具是高潜力特质指标（High Potential Trait Indicator，HPTI）。该指标通过探索一个人的个性特征来帮助识别其领导潜力，并洞察其是否适合特定的工作角色或职位。

就谈判者这一工作角色或职位而言，到目前为止，鲜少有专项研究表明，具有何种个性特征的人更可以胜任。不过，当我们缩小范围会发现，优秀的谈判者，例如律师或外交官等，还是会具备一些共同的特征。高潜力特质指标可以较好地帮助我们梳理这些共同特征，以下以英国针对商业律师和其他职业人士开展的一项比较性调研为例展开讨论。

在英国的这项调研中，调研者依据高潜力特质指标测量了六种影响人们工作表现的人格特征：

- 责任心——责任心强的人往往以目标为导向，自我激励，重视职业成就。责任心较弱的人通常缺乏强大的目标导向，追求职业成就的内驱力较弱。
- 适应能力——适应能力强的人在压力下能保持冷静，减少焦虑和紧张。适应能力较弱的人往往会表现出更多的焦虑和担忧。
- 好奇心——好奇心强的人喜欢新奇的事务，善于学习，更能接受事件多样性的结果。好奇心较弱的人更倾向于在工作中使用经过验证的方法，更偏好接受相对稳定的事物。
- 开放度——开放度高的人更能在充满不确定性的复杂工作环境中迎难而上、茁壮成长。开放度较低的人则更喜欢明确的答案和解决方案。
- 抗风险能力——具有较强抗风险能力的人会以理性且合理的方式采用高风险手段来面对困难并追寻解决方案。那些抗风险能力较弱的人往往基于本能或情感作出决定。
- 好战心——好战心强的人更喜欢拥有权力和影响力，他们愿意为此付出努力并获得他人认可。好战心较弱的人更倾向于通过合作来完成工作，没有很强的希望被他人关注的意愿。

这六个领域的综合得分可以全面反映一个人的领导潜力。这些人格特征与领导力之间的关系是曲线关系，这意味着某一特质过多或过少都会损害领导潜力。值得注意的是，虽然总体上人格特征并不轻易地随着时间而改变，但相比之下，仍有一些人格特征比另一些人格特征表现得更稳定。在高潜力特质指标中，责任心是最稳定的，而好战心是最有可能随着时间而改变的。

根据该调研结果，律师的责任心、适应能力和抗风险能力都高于一般人群，而开放度低于一般人群。在好奇心和好战心方面，律师和一般人群没有显著差异。这或多或少可以带给我们一些启示，即至少在责任心、适应能力和抗风险能力方面，律师作为一类职业群体，表现出一定的性格特质优势。由于律师和贸易谈判者拥有较多的工作性质上的相似，因此，上述调研结果也可推广适用于贸易谈判者。

三、结　论

本章介绍了心理学可能对贸易谈判过程和结果所产生的影响。首先，心理认知结果可能导致决策偏差，也可能提高决策质量，因此谈判者可以积极利用其他谈判参与者对信息的认知影响其决策。其次，积极心理学可以帮助谈判者在谈判中找到其内在自信，从而影响谈判进程与结果。在此基础上，积极心理学甚至可以帮助谈判团体进行团队建设，通过根据不同谈判者的相对优势进行角色分配等提升己方团队的整体谈判能力。可以说，心理学在谈判尤其是议价谈判中的影响是贯穿始终的。

◎【拓展阅读】

表 5.1　盖洛普优势分析中的 34 个主题词

成就（Achiever）	行动（Activator）	适应（Adaptability）
分析（Analytical）	统筹（Arranger）	信仰（Belief）
统率（Command）	沟通（Communication）	竞争（Competition）
关联（Connectedness）	回顾（Context）	审慎（Deliberative）
伯乐（Developer）	纪律（Discipline）	体谅（Empathy）
公平（Fairness）	专注（Focus）	前瞻（Futuristic）
和谐（Harmony）	理念（Ideation）	包容（Inclusiveness）
个别（Individualization）	搜集（Input）	思维（Intellection）
学习（Learner）	完美（Maximizer）	积极（Positivity）
交往（Relator）	责任（Responsibility）	排难（Restorative）
自信（Self-assurance）	追求（Significance）	战略（Strategic）
取悦（Woo）		

第六章 国际贸易谈判中的文化视角

现在的我们比以往任何时候都更频繁地与世界各地的人或机构进行接触和沟通，国际谈判越来越多。国际贸易谈判的商业架构往往比较复杂，并且由于涉及不同国家和地区的法律，因此国际贸易谈判从来都不是一件容易的事。使这项工作变得更加复杂的则是谈判者之间的文化差异。为此，谈判者需要做好充分的尽职调查。例如，在谈判前如何表达问候，在谈判中如何理解对方的动机、姿态等，都需要谈判者对于对方的文化给予充分的重视。文化方面的准备不足可能会带来一定的谈判风险。在本章，我们将深入探究国际贸易谈判中文化的重要性、如何理解不同的文化，以及如何在谈判中应用文化要素。

第一节 国际贸易谈判中文化视角的重要性

具有某种文化背景的人在解码具有另一种文化背景的人时，包括理解后者的语言和行为，及其背后所携带和提供的其他信息，往往会面临很多障碍。这就是文化差异给谈判带来的影响和挑战。

在谈判中，文化可能直接影响谈判的结果，其原因主要有两个：第一，所有参与谈判的主体都是人，即便他们代表着组织或集体利益。而所有的人都具有文化属性，都深受自身所属文化的影响与塑造。第二，在谈判中，分析和理解谈判各方的利益诉求极其重要，而要明白他们的利益诉求，必须跨越两个基本文化障碍：第一个障碍是谈判者的个人谈判风格，第二个障碍则是谈判者的基本价值观。谈判风格通常是表面文化，而潜在的价值观和信仰则是深层文化。

那么，什么是文化呢？可以将文化理解为一个被广泛接受的信念和假设系统，这些信念和假设经过一代代人的学习和传承，成了这个集体或群体中的文化。文化作为一种基本底色，影响着人们的思想与行为，是人们感知现实的一种基础和条件，使人们总是倾向于根据其文化提供的信仰和价值观开展思考并采取行动。可以说，文化不仅塑造了人特定的行为，也塑造了人不同的思维模式。

让我们看一个实验例子。在欧洲一所著名高校的商学院，一位教授对三组不同的学生（法国学生、德国学生和英国学生）设定了同样的问题，即同一家公司的两个部门之间发生了冲突，任务是如何解决这一冲突。

问题：假设在某公司，销售部门和人事部门的工作人员，因为各自就销售人员的招聘流程有着不同的理解，使招聘不能顺利开展，你更倾向于采用以下哪一种解决方式？或者你可以提出自己的建议。

● 向更高一级部门或负责人反映这个问题，以确定解决方案；

● 重新制定明确的书面规则，准确界定每个部门的职权范围，以确定解决方案；

● 建议由两个部门负责人进行沟通，确定解决方案。

在该实验中，法国学生倾向于将这个问题反映给更高一级的部门或负责人解决；德国学生建议制定书面规则，精确地界定每个部门的职责范围；英国学生则选择推动两个部门负责人之间开展沟通。

他们之所以作出不同的选择，在某种程度上受到了文化因素的影响。法国文化、德国文化和英国文化都有自己的独特方式来回应社会现象、确定功能障碍及其原因，并提出解决方案。相较而言，法国文化更看重职场中的上下等级关系，认为平级之间解决不了的问题理所当然应交由上级来处理。德国文化更偏好严谨和有序，倾向于通过制定规则来解决问题。英国文化则更注重通过沟通来处理不同意见。

即便对于经常被视为具有文化相对相似性的欧洲国家来说，不同国家文化都展现出如此大的不同，那么在东西方文化之间，更是存在巨大的差异。另外一项来自密歇根大学两名研究人员理查德·E. 尼斯贝特（Richard E. Nisbett）和增田孝彦（Takahiko Masuda）所作的研究,曾着力于证明东西方人在认知方法中的显著不同。[1] 例如:西方人的思维是分析性的,依赖于抽象逻辑;而东方人的认知更偏向于整体性和宏观性,并且基于经验证据。在具体交往实例中,两名研究人员举例,美国人在交流互动中更关注对话所直接讨论的议题,而日本人更关注对话所涉及的整体背景与语境。

在上述实验问题中,来自不同文化背景的人可能会作出不同的选择,作为拥有中国文化背景的你,会选择哪一种方式呢?

第二节 文化的不同类型

很多学者基于不同的分类标准对文化类型作了不同的界定。下面来看几种可以帮助我们在谈判中更好地分辨和理解谈判参与方所携带的文化基因的分类方法。

一、霍尔:两种语境

美国著名的人类学家和跨文化研究者爱德华·霍尔(Edward Twitchell Hall, Jr.)根据人们在收集数据、解释信号和行动方面对环境的重视程度,将文化分为高语境和低语境两种类型。所谓高语境文化是指信息的意义寓于传播环境和传播参与者之间的关系中,在传播时,绝大部分信息或存于物质语境中,或内化在个人身上。低语境文化则是指信息传播较低依赖环境的文化,信息的意义通过语言就可以表达得很清楚,不需要依赖环境去揣摩推测。以中国和日本为代表的东方文化属于高语境文化,更多地诉诸间接行动和含蓄表达,文化具有含蓄性。而西方人则生活在低语境文化中,行动更加直接,表达也更加明确,文化具有明晰性。[2]

---

[1] Takahiko Masuda & Richard E. Nisbett, "Attending Holistically Versus Analytically: Comparing the Context Sensitivity of Japanese and Americans", *Journal of Personality and Social Psychology*, Vol. 81, 2001, p. 922-934.

[2] Hall, E. T., *Beyond Culture*, Doubleday, 1976.

二、霍夫斯泰德：六种文化基本维度

荷兰社会心理学家和组织人类学家吉尔特·霍夫斯泰德（Geert Hofstede）界定了文化的六个基本维度，可用于对谈判者的行为进行分类。[1] 他认为文化是在一个环境下人们共同拥有的心理程序，能将一群人与其他人区分开来。通过因素分析，霍夫斯泰德将不同文化间的差异归纳为六个基本的文化价值观维度，并对主要国家和地区进行了打分。[2] 六个基本的文化价值观维度包括：

（1）权力距离指数（Power Distance Index，PDI）：指在家庭、公司、社区等组织机构中地位较低的成员对于权力分配不平等的接受程度。在权力距离指数高的社会，地位低的成员更倾向于服从地位较高的成员的命令；而同样的情形在权力距离指数低的社会，则需要合理化命令。

20世纪80年代的中国在权力距离指数排名中位次较高，也就是说，在当时的中国文化中，人们倾向于认为不平等关系是可以接受的。上下级关系容易出现两极分化的形态，下级对上级滥用权力没有防范措施，个人容易受到正式权威的影响。多数人认为自己不应该有超越自己地位的志向，同时也对上级的领导能力和主动性持乐观态度。

（2）个人主义（Individualism，IDV）：指个人融入集体的程度，与集体主义一词相对。个人主义用于描述特定社会中人与人之间相互依赖的程度。在一个尊崇个人主义的社会里，人们认为应该只照顾自己和直系亲属，无须太多顾及他人。因此，人们更倾向于用"我"而不是"我们"来构建自我形象。

中国的个人主义指数只有20分，也就是说，中国是一个高度集体主义的国家。人们更注重集体利益，个人利益是次要的。正因如此，在中国社会中，一个只追求自身发展，不顾集体利益的个人，不太能取得较好的同事关系，也较难得到晋升。

（3）不确定性规避指数（Uncertainty Avoidance Index，UAI）：指

---

[1] Geert Hofstede, *Culture's Consequences*, Sage Pubns, 1980.
[2] Geert H. Hofstede, *Cultures and Organizations: Software of the Mind*, London: McGraw-Hill, 2010.

社会能在多大程度上容忍未来的不确定性。不确定性规避指数高的社会，会更努力想控制未来的不确定性，习惯照章办事，对非正规的行为会施加诸多限制，在宗教与哲学上倾向于相信绝对真理与完整理论；而不确定性规避指数低的社会则对变化的态度更顺其自然，习惯变通办事，对非正规的行为不会多加限制，在宗教与哲学上倾向于相信真理是相对的，更奉行经验主义。

中国的不确定性规避指数为30分，排在较靠后的位置。中国人并非不重视规则，但是中国人同时认为，规则本身应是灵活的，机械地执行法律而不加因地制宜、因时制宜地变通并不可取。因此，中国人不倾向于行绝对之事、言绝对之辞，保持中庸、留有余地是中国人的集体文化选择。但也正因如此，中国人适应能力强，具有开创精神。

（4）"男性化"（Masculinity，MAS）：与"女性化"（femininity）相对，指人们（不论男女）注重成就与完成任务，更富有竞争精神、自信与野心，注重财富和社会资源的积累；而"女性化"社会则注重人际关系，重视合作，照顾弱者并看重生活的品质。

中国在该指数下的得分是66，说明中国是一个以成功为导向的"男性化"社会，富有驱动力。许多中国人可以为工作而牺牲家庭和休闲。例如：中国服务行业的工作人员通常会工作到很晚，而其他国家服务行业的工作人员下午六点下班是比较常见的；中国学生非常关心他们的考试分数和排名，因为这是成功与否的主要标准。这些例子都说明了成功在中国社会文化中的重要性。

（5）长期导向（Long-Term Orientation，LTO）：最初名为"儒家动力"（Confucian dynamism），指某一文化中的成员对延迟满足其物质、情感、社会需求的接受度，或者说这些人是否倾向于以未来发展趋势作为其当下行为的引导。不同社会对于"未来"和"当下"两项目标的优先排序是不同的。长远导向的社会群体强调培育和鼓励以追求未来回报为导向的品德，尤其是坚忍和节俭。而短期导向的社会群体则注重保守稳定，尊重传统，追求及时行乐而非为长远目标奋斗的奉献感。

中国在这方面的得分为87，这意味着中国文化更注重长远目标，愿意为长远目标坚忍前行，不断奉献。在此过程中，如果特定的传统成为实现长远目标的障碍，则中国人会展现出促使传统适应当下变化的能力和灵活性。此外,中国人有储蓄和投资的强烈意愿、富有节俭精神。

(6)放任与约束(Indulgence vs. Restraint,IVR):指社会成员在多大程度上意图控制自身的欲望。这是不同文化背景下人们的成长方式,这个维度被定义为人们试图控制自己欲望和冲动的程度。较弱程度的控制称为"放纵",较强程度的控制称为"克制"。因此,在不同的社会中,文化可以被描述为"放纵的"或"克制的"。

根据这个指标体系,中国是一个克制的社会,因为中国在这一维度上只得到了24分。在这一维度上得分较低的社会有愤世嫉俗和悲观主义倾向。此外,与放纵的社会相比,克制的社会中的人不太重视休闲时间,较少放纵享乐。人们会觉得他们的行为受到社会规范的约束,放纵自己是不对的。

霍夫斯泰德在其研究中通过一些具体的例子示范了不同文化对谈判风格的影响。例如,在谈判中,马来西亚人比以色列人更尊重权威(104∶13),厄瓜多尔人比美国人更有集体意识(91∶8),希腊人比新加坡人更注重避免不确定性(112∶8),日本人比瑞典人更强调"男性化"价值观(95∶5),等等。

当然,一些学者不同意霍夫斯泰德的观点,认为这个模型只是一个近似值,个人并不是文化参照的"总和"。但是,这些观点并不相互排斥。在谈判前,对谈判参与者或合作伙伴进行文化上的深入了解,并保持开放的心态,总是很有帮助的。

三、萨拉科斯:影响谈判风格的十种文化要素

国际谈判学者杰斯沃德·萨拉科斯(Jeswald Salacuse)在其著作 *Making Global Deals: Negotiating in the International Marketplace* [1]中,指出了影响一个人谈判风格的十种文化要素。在每一种文化要素下都包含两种相对应的风格表现,这十种要素包括:

- 谈判目标:建立合同 vs. 建立关系
- 全球态度:双赢局面 vs. 输赢局面

---

[1] Salacuse, J. W., *Making Global Deals: Negotiating in the International Marketplace*, Houghton-Mifflin, 1991.

- 个性风格：正式化 vs. 非正式化
- 沟通风格：直接 vs. 间接
- 时间敏感性：高 vs. 低
- 情绪化：高 vs. 低
- 协议形式：特定 vs. 一般
- 达成协议的过程：自下而上 vs. 自上而下
- 谈判团队建设：基于某个领导者 vs. 基于集体共识
- 冒险性：高 vs. 低

四、刘易斯：三种文化属性与映射

英国语言学家理查德·刘易斯（Richard Lewis）致力于跨文化的行为研究，他在其著作 *When Cultures Collide：Leading Across Cultures* 中，将各个国家（地区）的文化大致分为三种属性：线性活动属性、多任务活动属性和反应式属性。[1] 如图6.1所示：

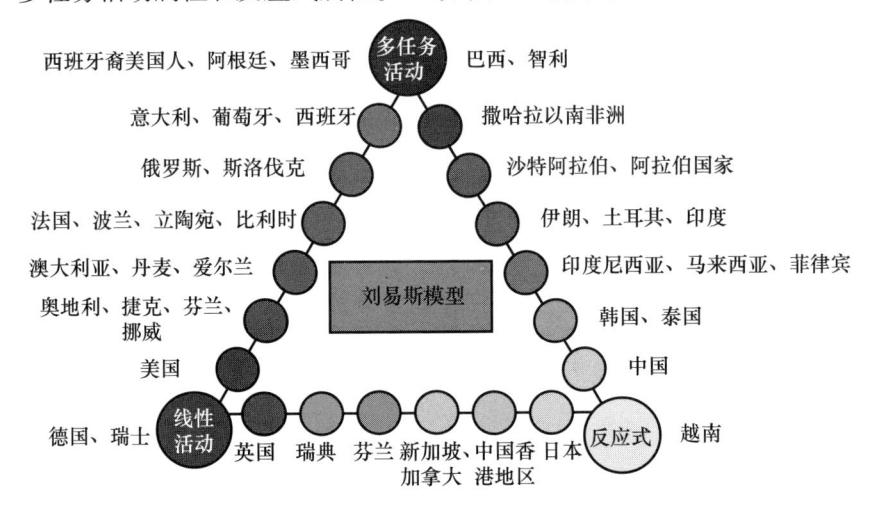

图6.1 各国（地区）对应文化属性

注：因为原文表述和用词与中国人对种属关系等要求不太一致，笔者选择尊重英文原文进行翻译。原文为彩色图片，距离某种文化属性越近，表示越偏向某种文化属性。线性活动代表理智冷静、实事求是、果断规划；多任务活动代表温暖重情、能说会道、冲动浮躁；反应式活动代表彬彬有礼、和蔼可亲、包容妥协、善于倾听。

---

[1] Richard D. Lewis, *When Cultures Collide：Leading Across Cultures*, Nicholas Brealey Publishing, 2005.

在刘易斯模型中，文化不仅限于一个特定的类别，而是可以根据其属性与映射程度进行分类。

线性活动文化属性下的人们喜欢规划事务，重视组织和逻辑，并且喜欢一次做一件事。他们倾向于把自己的社会生活和工作分开，重视个人的私有空间。他们做事看重结果，不喜欢在无结果的过程中虚耗精力和时间。在与人沟通时，他们喜欢礼貌和直接的谈话，肢体语言有限。如图6.1所示，德国人、瑞士人、美国人、英国人等都属于这一类。

多任务活动文化属性下，人们专注于建立关系。他们活跃善谈，可以同时从事很多事情，并不严格根据时间进度来计划事情，而是根据事务的紧急性和重要性来开展工作，更重视情绪的作用，感觉先于事实，喜欢情感交流，大量地使用肢体语言，对生活和工作并不作完整的计划。如图6.1所示，意大利人、拉丁美洲人、阿拉伯人都属于这一类。

反应式文化属性下，人们重视礼节，将尊重视为绝对重要的事情，大部分时间都在倾听，并善于对他人的行为作出反应。他们更喜欢礼貌和间接沟通，遵循整体的原则，以和谐为重，更专注于建立密切的信任关系，使用微妙的肢体语言，中国人、日本人、越南人等都属于这一类。

刘易斯模型中对三种文化属性与映射的分类，可以帮助谈判参与者更好地理解如何巧妙地在谈判中应对和使用文化要素。

首先，根据刘易斯的研究，不同的文化属性与映射之间可能存在一些相似性或强烈的差别。反应式文化属性似乎与线性活动文化属性有一些共同点。但是当反应式文化属性或线性活动文化属性与多任务活动文化属性的人在一起共事或谈判时，他们的基本价值观可能会产生冲突，需要进行有意识的协调。

其次，不同文化属性对同一行为有不同程度的接受。根据多任务活动文化属性的习惯，中断他人对话更可能被认为是可接受的，但在其他两种文化属性中则不太容易被接受。此外，在线性活动文化属性下，冲动是不太可能被接受的，而且可能会被视为粗鲁。特别是在工作环境中，插话、冲动等行为可能被认为是不专业的。因此，谈判者应根据其他谈判方的文化属性相应地调整自己的行为。

最后，在同一种文化属性中，不同国家之间也会有微妙的差别。例如：加拿大人虽然和美国人是邻居，但没有美国人那么容易兴奋，在谈判中更喜欢追求和谐；以色列人在大部分谈判中都逻辑清晰、客观理性，但在有些议题上会比较感性；中国人比日本人以及有些东亚国家的人都更直接；等等。

五、英格尔哈特和韦尔策尔：世界文化地图

美国著名的政治学家罗纳德·英格尔哈特（Ronald Inglehart）与克里斯蒂·韦尔策尔（Christie Welzel）基于世界价值观调查制作了一幅世界文化地图，如图6.2所示。[1] 这幅图从两个主要的维度标示了不同社会文化的价值观取向：横轴展现的维度是生存价值观与自我表达价值观，纵轴展现的维度则是传统价值观与世俗理性价值观。从左到右表示从生存价值观逐渐过渡到自我表达价值观，从下到上则表示从传统价值观逐渐过渡到世俗理性价值观。

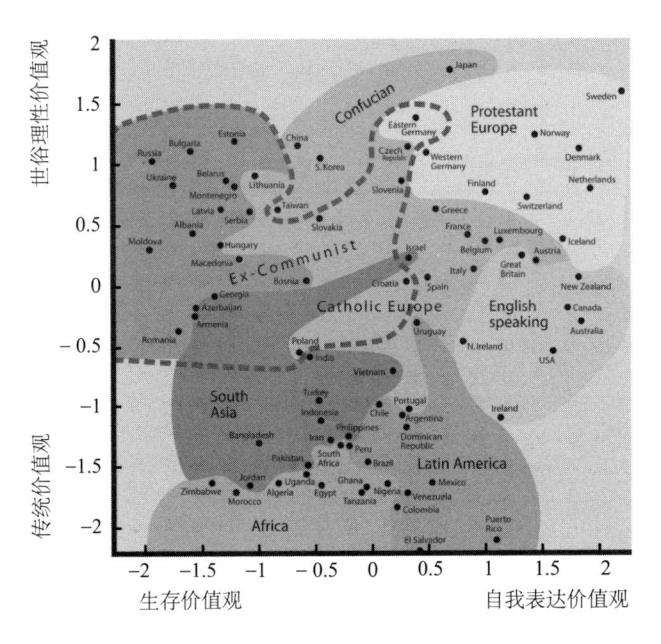

图 6.2 世界文化地图影响因子评分

---

[1] 英格尔哈特和韦尔策尔先后对世界上几十个国家展开了六次价值观调查，因为每次调查涉及的国家不同，因此其绘制的世界文化地图有先后不同的版本，但基本的框架结构和研究思路是相同的。本书选用的是其最经典的1996年第一份世界文化地图。

根据英格尔哈特和韦尔策尔的说法，"这两个维度能够在一个包括十项指标的因素分析中解释70%的跨国差异，而且每个维度都与其他重要的价值倾向高度相关"[1]。

他们强调，除了一个国家的社会经济地位会影响其在该图中的位置，宗教及文化历史遗产也是十分重要的影响因素。如图6.2所示，他们根据价值观取向将不同的国家分为九大集群，分别是英语语言国家、拉丁美洲国家、天主教欧洲国家、新教欧洲国家、非洲国家、伊斯兰教国家、南亚国家、东正教国家和儒家文化国家。亚洲社会分布在传统和世俗层面的两个集群，但不如西方世界般重视自我表达。

在谈判语境下，生存价值观维度把重点放在经济稳定和人身安全上，以实用为主，人与人之间不强求信任，对刺激略带敏感，该文化下的典型代表是俄罗斯；自我表达价值观维度偏重人际信任与隐私保障，如澳大利亚；传统价值观维度强调民族中心主义，对于外族或带有历史偏见，但相对热情，对于传统文化维护至极，对新思想和外来文化较为保守，例如巴基斯坦；世俗价值观维度相对理性务实，异文化受排斥而难以融入，但对于旧文化与新文化鼓励兼容并蓄，例如瑞典。

◎【拓展阅读】

数据主导型文化、对话主导型文化和倾听主导型文化

在理查德·刘易斯撰写的 *When Cultures Collide: Leading Across Cultures* 一书中，作者还给出了另一组有趣的文化分类，即数据主导型文化、对话主导型文化和倾听主导型文化。理解这些不同类型的文化有助于为国际贸易谈判做好准备。

刘易斯认为，不同文化背景下的人们在相互发生联系时，不仅受沟通方式的影响，也受信息收集方式的影响。依据信息收集方式的不同，他划分了数据主导型文化、对话主导型文化和倾听主导型文化。

---

[1] R. Inglehart, C. Haerpfer & A. Moreno et al. (eds.), World Values Survey: Round One-Country-Pooled Datafile Version, https://www.worldvaluessurvey.org/WVSDocumentationWV1.jsp, Madrid: JD Systems Institute, 2014.

在数据主导型文化中，个人主要通过研究、搜索来获取指导其行为的各类信息。德国人、美国人、瑞士人和北欧人总体上偏爱于收集扎实的信息，并以此作为其推进工作的基础。因此，以网络为代表的科技革命对这些国家的人来说，无疑是特大利好，因为这有助于其快速和有效地开展信息收集工作。

在对话主导型文化中，人们认为事件和商机的可能性蕴含在特定背景中，因为他们是通过个人的信息网络来获取各种所需资讯的。意大利人、部分拉丁美洲人、阿拉伯人和印度人是典型代表，这些国家和地区的人往往在与朋友和客户的闲聊中获得与谈判交易有关的信息。

当来自数据主导型文化的谈判者，例如德国人，在谈判桌前喋喋不休地摆事实、讲道理时，来自对话主导型文化的谈判者，例如法国人，就会变得不耐烦了。即便这些事实和道理都正确，但法国人会觉得事实和道理只是达成谈判这张"大图"中的一小部分而已。法国人认为，所有的销售前景预测都毫无意义，只有与客户建立起真实有效的联系才是硬道理。也正因如此，在对话主导型文化中，当公司的某位经理跳槽时，他往往会带走自己的客户甚至同事，因为他们之间已经建立了联系。

倾听主导型文化对数据表现出极大的尊重，同时也非常善于倾听，进而能够开展具有包容性的对话。中国人和日本人都能包容旷日持久的沟通，目的是获得最终的和谐一致。芬兰人也有类似的特点，除了沟通上更为简洁一些，芬兰人同样会尽力站在对方的角度考虑问题，并尽可能实现对方的愿望。来自倾听主导型文化的谈判者很少会给人滔滔不绝甚至雷霆万钧的感觉，而在与美国人、德国人和法国人进行谈判时，常常会感受到这种压力。

在刘易斯看来，对话主导型文化常常与多任务活动文化属性重叠，而倾听主导型文化在本质上就是反应式文化属性。

——编译自［英］理查德·刘易斯 *When Cultures Collide: Leading Across Cultures*

第三节　如何在谈判中应用文化要素

文化要素在国际贸易谈判中是较难把握的，因为不论何种文化要素，包括谈判风格、时间观念、价值理念、思维方式、语言表达、风俗习惯等，大多以隐性、抽象而又稳定的方式存在，有时甚至超越谈判者自身的认知。因此，加强对谈判中文化要素的理解和掌握，是促进国际贸易谈判的有效手段。以下我们侧重从谈判主体的人格表现、谈判结构、谈判策略、谈判过程和谈判结果等方面讨论文化要素在谈判中的实际应用。

一、谈判主体的人格表现

文化要素是由谈判的参与者，包括个人或组织带入谈判中的。从谈判主体的角度而言，应用文化要素首先要理解谈判参与者是如何认识谈判的本质或意义的。例如，对美国人来说，谈判主要是一种付出和获得的交换；而对于日本人来说，谈判更意味着建立关系。这种对于谈判的不同意义的理解都基于文化要素的不同。理解这些文化要素有利于明确谈判对方对于本次谈判的基本认识，以便于己方根据对方的理解作出适时的调整与应对。

其次，道德标准也可能作为文化要素被谈判主体带入互动交流中。在应该和不应该做什么，或者什么可以获得容忍之间，文化界限的划定可能因文化差异而有所不同。例如：在不同的文化中，人们对谎言的理解可能是不同的，因而有的谎言是可以被理解或接受的，而有的谎言则是绝对不可以的。同样的情形甚至可能发生在"贿赂"问题上，在有的国家，"贿赂"可能被视为友好的或者有礼节的，但是在有的文化中，"贿赂"可能是违反道德甚至违反法律的行为。

二、谈判结构

文化要素也可能影响谈判过程中的结构性内容，包括程序性框架的选择、组织环境的设计、谈判者人数等。

不同国家的法律框架本身就受到自身文化属性的塑造。在谈判程序性框架的选择上，文化也有很深的影响，包括根据对时间的敏感度设计谈判程序的时间；协议达成的过程是自下而上的，还是自上而下的；等等。谈判结构中的组织环境也会受到文化的影响，例如在权力距离指数较低的文化中，组织环境更为扁平化，在谈判中通常需要较少的上级请示过程。在谈判人数上，集体文化下的谈判团队人数通常多于个人主义指数较高的文化。在很多美剧中，我们会看到，中国的谈判队伍通常以 10 人以上的规模出现；而美方则只有三五人。这样的设定虽然有刻板印象的嫌疑，也略微夸张了些，但是总体而言反映了一些东西方的文化差异。

三、谈判策略

文化要素会影响各方对谈判策略的制定。谈判策略的选择总是与利益和价值观息息相关，而利益和价值观又往往受文化影响甚至主导。有一些文化崇尚直接行动，在这些文化中冲突是被广泛认可或接纳的，人们不惧怕诉讼或者争端，面对问题喜欢迎难而上。但是有的文化崇尚和谐，不愿意公开承认冲突，或者制定攻击性的谈判策略。例如，俄罗斯文化倾向于从实力的立场进行谈判，不介意诉诸直接冲突性或攻击性的战略战术，而日本文化则倾向于采取更温和的对话机制，不直接与对手对抗。

首先，谈判各方设定的谈判目标也在一定程度上受到文化的影响。例如：在一些谈判场合中，西方文化强烈地受公平和尊重等基本原则和理念的驱使；而东方人可能更关心维护谈判参与者之间的和谐，而不仅仅是遵守规则和抽象原则，甚至有些时候，可能会使西方人认为东方人对于"表现友好"更为重视，以至于规则似乎是次要的。

其次，文化也可能影响谈判者用来达成协议的方法。一些文化背景中的人，如法国人或德国人，倾向于演绎方法，他们首先寻找可接受的原则，然后将其应用于具体问题。其达成协议的方法是推论性的和演绎性的。而有的文化背景中的人，如美国人，倾向于采取归纳方法，务实地处理遇到的困难，而基本原则可能到最后才能辨别出来。其达成协议的方法可以说是感应性的、受引导性的。

最后，在展开合作方面，多边谈判中，文化要素在建立联盟的过程中享有极大的话语权。虽然务实的谈判者会积极促成或同意与有共同利益的人建立合作或联盟关系，无论他们是谁，但有的谈判参与方只会与拥有相似文化背景或者相同价值观的人展开合作。在这种情况下，充分利用对文化要素的理解，寻求彼此文化或价值观中的共同要素，就对建立合作显得十分重要。

四、谈判过程

文化要素嵌入在谈判过程的具体行为中，包括谈判战术、行为方式、沟通方式等。了解谈判者的文化背景，可以至少帮助自己更好地规划对谈判过程的预期，并为此作出计划。

文化要素深刻地塑造着人们的沟通习惯和行为方式，这进一步反映在谈判战术的设定上。例如，有些行为在一种文化中可能被视为正当，但在另一种文化中则可能完全无法被接受。就谎言来讲，有的文化认为礼貌比讲真话更重要。身处该种文化中的谈判者会因为出于礼貌而选择不说实话，例如明明认为对方提供的产品质量非常差，完全不符合自身采购需求，但出于礼貌没有坦率地指出，而是委婉地表示暂不考虑相关采购。这其实容易引发误解，干扰对方谈判目标的制定。因为事实上无论谈判对方如何努力，双方之间根本不可能达成任何合同。再如，在沟通方式上，如前文所述，理解高语境文化背景下的沟通内容，需要更多的相关信息。在这方面，美国人可能会感到无法正确解读日本人的笑容。同样的微笑，可能意味着合作和喜悦，也可能意味着否认与不信任，还可能意味着掩盖尴尬或愤怒。谈判者只有对日本文化多一些了解和对当时的谈判气氛有恰当的分析，才能了解其真正含义。同样，一种文化中幽默、有趣的东西在另一种文化中可能并不有趣。这些都需要谈判者在谈判过程中给予适当注意。

此外，对时间的感知也因文化差异而影响谈判过程。在西方，时间被认为是一种客体或商品，是有成本的；而在东方，人们对时间成本的容忍度相对较高。因此，时间压力对亚洲谈判行为的影响较小。也有人将其分为单一性商业文化和多元性商业文化。在单一性商业文化中，时间被认为是线性的，一个活动被规划成几个单元按照时间顺序依次进行，这通常发生在西方国家。在多元性商业文化中，时间被认为是有弹性的，人际关系等其他问题更为重要。这一点会影响人们对谈判的理解，包括谈判何时开始（在一起吃饭时或严肃地在会议室中）、谈判需要多长时间，以及谈判何时结束（可能是通过握手），或者谈判何时变成书面正式的协议。不同文化背景的谈判者有不同的谈判时间安排方式。有注重时间表、分段进行、一次只专注于一件事的单一文化模式，还有倾向于一次进行不止一件事的多元文化模式（也因此容易受到许多干扰）。这两种文化背景的人，都习惯采用自己的方式来进行谈判交流，目的是通过安排某种进程，把谈判者从与己方不同的"时间文化"舒适区中赶出来。例如，推迟谈判进程可能会对来自单一文化模式的谈判者造成与实际影响不成比例的心理影响，因为他们有更严格的时间表及截止日期。

五、谈判结果

文化要素对谈判结果的影响主要体现在谈判结果的呈现形式和执行过程中。

有的文化认为口头协议可以作为谈判结果的保障；但有的文化更重视书面协议，甚至一份简单的贸易合同都可能长达数百页，并且字字句句都经过严格斟酌与评估。

对谈判结果的权威性认可，也受到文化的影响。在一些文化中，协议具有类似法律的拘束力，必须严格执行。而在另一些文化中，协议随着客观条件的变化，可以发生变更和修改。在结果的执行上，有的文化认为争端解决条款必须出现，以保证谈判结果得到执行；而有的文化则将争端解决方式视为不信任的信号；还有的文化对诉讼抱有负面态度，因而在谈判结果中倾向于将调解作为出现争端时的解决方式。

第四节　文化视角对于开展国际贸易谈判的启示与建议

一、不要假设

我们在日常沟通交流以及国际交往中，时常会以自己的认知假设对方。轻易以自己的认知标准假设对方，有时候会让我们作出对对方的错误判断。在跨文化交流中，要尽量减少假设，通过提出问题或者延伸答案，引导对方为自己提供更多有效信息。在这个过程中，要随时准备好跳出认知的舒适圈，迎接"惊喜"。

在与人交往的过程中，要减少或避免对某个群体或集体的刻板印象。要着重关注作为个人或个体的谈判方，而不是将其作为其组织或背景的文化大使。

尊重差异与不同、减少二元对立的思想、寻找让人无法接受某个现象或事物的原因，这些在国际贸易谈判中都特别重要，因为有时分歧并不是某个现象或事务本身，而是我们对它不熟悉而产生的不适应。尊重差异，而不是急于否定差异，往往会带来更好的谈判局面与结果。

二、赢得对方信任

赢得信任是进行有效和高效谈判的重要基础。赢得对方的信任，有许多技巧，但是在使用任何技巧前，最重要的前提是呈现真实的自己，让对方感受到与他们沟通交流的对象是一个真实的个人，一个带有独特个性的人。当一方越多地呈现自己的真实性时，越容易引导对方也呈现更多关于他的真实性，从而帮助己方获得更多有效的信息，实现有效和高效的谈判。

赢得对方信任的另一个重要原则是积极并真诚地了解对方的文化，并借鉴对方文化的精华。通过尊重对方的文化而赢得对方对自己文化的尊重，进而赢得对方的信任，是一种能够建立长久信任关系的有效方法。当双方能够在沟通谈判中嵌入对彼此文化的了解与尊重时，将更有利于双方建立共同的价值目标,创造更高的谈判价值。

三、建立关系、弥合差距

在国际贸易谈判中,对文化要素的充分利用,可以帮助我们通过识别对方文化来求同存异、建立关系、弥合差距。

对于存在一定相似度的文化,在谈判过程中,一方面,可以积极尝试引导对方更熟悉自己一方的文化;另一方面,可以将两种文化的元素融合到一个综合的文化中,以建立更深切的熟悉感。

如果两种文化存在较大的差异或者相互不熟悉,可以尝试诉诸第三种文化。例如:双方是否都在另外一个共同的国家或地区学习、生活或工作过;双方是否都对另一种文化下的工作习惯有所了解;等等。在谈判中,可以借由这种过渡性文化,建立联系、弥合差距。

四、结　论

以上关于文化属性的分类绝不是详尽无遗的,但文化对谈判的影响已经可见一斑。在任何国家或地区,文化都与人类社会共存并同时进化,这种变动性和流动性也在某种程度上给国际贸易谈判带来了更多的挑战。但与此同时,跨国和跨文化团队在跨国公司和其他组织中变得越来越普遍,文化知识库日益多样化,虚假界限和盲点被消除,国际贸易交流中的文化障碍也因此越来越少。

然而,并不存在一种真正全球化的统一文化标准,因此消除文化差异既不可能,也无必要。从另一种积极的角度看,文化差异的存在增强了国际贸易谈判对特定行为的包容性,例如为远道而来的谈判方不遵守当地传统习惯留出余地。这些反倒是谈判者可以在具体情形中予以巧妙利用的务实方法。

第三编

国际贸易谈判的核心技巧

第七章　包容性国际贸易谈判

包容性国际贸易谈判指的是，在谈判过程中纳入更具包容性的谈判主体，以及包容性国际治理框架下的相关议题，如劳工与环境、性别平等、包容性增长等，从而使有关谈判惠及更为广泛的利益相关者。本章将集中介绍在当今的国际贸易谈判中都有哪些利益相关者，为什么将他们纳入贸易谈判中会给贸易关系带来助力，如何确定包容性国际贸易谈判的议题，以及如何制定和实施包容性贸易谈判的策略与方法，等等。

第一节　包容性国际贸易谈判利益相关者

国际贸易谈判是一个复杂的过程，并不局限于两个或两个以上的国家代表各自的利益进行谈判。国际贸易谈判通常涉及多方主体，或称之为"利益相关者"，其在谈判过程中分别代表各自的利益。由于利益相关者众多，所代表的利益也各不相同，为达成共识、拟定协议，谈判过程往往漫长而复杂。而且，由于评判标准多元，谈判结果成功与否往往基于各方的主观判断。印度常驻WTO前大使贾扬特·达斯古普塔（Jayant Dasgupta）博士说过，成功的贸易谈判必然包含妥协，但对所有人来说都应当是双赢，且谈判者必须能够实现各方的目的。[1] 国际货币基金组织认为，成功的贸易谈判意味着人们朝着使全球化造福所有人的目标迈进了重要一步。

---

[1] Jayant Dasgupta, The Game of Trade Negotiations—Everyone Wins, 2010, http://www.unescwa.org/sites/default/files/event/materials/the_game_of_trade_negotiations_-_everyone_wins.pdf.

概括而言，参与国际贸易谈判的利益相关者大致可以分为以下几类：国家政府、国际组织、跨国公司、非政府组织等。了解这些利益相关者在谈判中的作用、意图、预期、利益和面临的挑战是有必要的。

一、国家政府

国家政府是国际贸易谈判中最主要的利益相关者，通常情况下由各业务主管部门正式授权的代表与其他国家、地区或国际组织等进行谈判。

各国政府的主要利益即它们眼中的国家利益。各国可以与其他国家进行谈判，开放各自边境，以便进行进出口贸易；或由一国充当另外两国之间的中转站，通过该国运输货物。这些是针对商品的谈判，而针对服务的谈判，则涉及一国能够提供或采购何种服务。从广义上说，在谈判过程中，国家政府的利益在于关注本国的重点产业、实现可持续发展、改善本国产品在国外的市场准入、减少贸易壁垒、改善与他国的贸易关系等。

每个国家都有各自不同的利益需求，面对不同的谈判对象和谈判协定，国家的谈判利益也会发生针对性的变化。然而，尽管各国通常以维护本国利益为谈判出发点，但是在一些涉及区域和全球共同发展的议题上，例如环境保护领域，各国也并非只考虑自身利益。此种情况下，各国政府期待与其他国家政府真诚合作，使谈判结果惠及更多数人。

在每一场谈判中，政府往往会设定谈判预期，这些谈判预期也就是政府的谈判目标。谈判目标通常会被逐一列出，并分发给所有谈判者。例如，在美国和肯尼亚商谈自由贸易协定时，美国在目标清单中明确写道："通过降低或取消关税，确保美国农产品在肯尼亚获得全面市场准入。"[1] 当然，在整个谈判过程中，各国会根据谈判进展调整原来的预期。

---

[1] https://ustr.gov/sites/default/files/Summary_of_U.S.-Kenya_Negotiating_Objectives.pdf.

传统上，代表国家参与国际贸易谈判的一般是中央政府，不过近年来，也出现了地方政府参与此类谈判的例子。加拿大和欧盟之间关于《综合经济与贸易协议》（Comprehensive Economic and Trade Agreement，CETA）的谈判就是一个例子[1]，欧盟推动了加拿大各省加入谈判。欧盟认为，《综合经济与贸易协议》规定省级政府有责任遵守其中的一些重要条款，若省级政府能够参与，该协议从长远来看将更有可能取得成功。[2] 最终，加拿大的所有省级政府，即10个省政府与3个地区政府，均密切参与了该协议的谈判，谈判主要涉及服务、贸易技术壁垒、劳工壁垒（专业资格认证）、可持续发展、投资、政府采购、垄断和国有企业等领域。尽管在加方谈判代表的选择上各省级政府并未获得发言权，但在联合报告的条款及谈判授权等事项上加拿大征询了其意见。[3] 欧盟委员会的一份总结报告强调了加拿大各省级政府在最终达成的协议中所起的重要作用。加拿大首次将省政府和地区政府纳入谈判过程，确保了欧盟的服务供应商在已声明的限制下享受当前市场准入条件，而无须担忧未来会有限制加重之虞。此外，加拿大在未来还有可能进一步深化自由市场。

虽然国家政府代表整个国家的利益，在谈判中发挥主要作用，但地方政府代表着地区的利益，它们更了解本地区的实际情况，明白自身优势，让其加入谈判，其往往能够提出更务实的意见。因此，除国家政府外，地方政府也是国际贸易谈判中的重要利益相关者。

二、国际组织

现代国际组织名目繁多，数量巨大，活动涉及人类生活的各个方面。概括言之，凡两个以上国家或其政府、个人、民间团体基于特定

---

[1] Omiunu, O., "The Evolving Role of Sub-National Actors in International Economic Relations: Lessons from the Canada-European Union CETA", *Netherlands Yearbook of International Law*, Vol. 48, 2017.
[2] D'Erman, V. J., "Comparative Intergovernmental Politics: CETA Negotiations between Canada and the EU", *Politics and Governance*, Vol. 4, 2016.
[3] Patricia Goff, "Canadian Trade Negotiations in an Era of Deep Integration", *Centre for International Governance Innovation Papers*, No. 88, 2016.

目的,以一定协议形式建立的各种机构,均可称为国际组织。这一定义表明,国际组织有广义和狭义之分。广义上的国际组织,既包括政府间的国际机构,例如联合国、国际民航组织等,也包括若干国家的民间团体及个人组成的机构,例如红十字会国际委员会、国际奥林匹克委员会等。狭义上的国际组织仅指若干国家或其政府通过签署国际协议而设立的机构。在包容性国际贸易谈判领域,我们着重围绕狭义上的国际组织展开。

通过成员国(地区)签署协定,许多国际组织被赋予权力,充当国际贸易谈判的推动者。最典型的例子就是世界贸易组织。根据《建立世界贸易组织协定》的序言所述,成员方建立世界贸易组织,主要是期望通过达成互惠互利的安排,以实质性削减关税和其他贸易壁垒,消除国际贸易关系中的歧视待遇,从而帮助成员方提高生活水平,保证充分就业和大幅稳定提高实际收入、满足有效需求,扩大货物与服务的生产和贸易;与此同时,也应充分考虑采取恰当的措施促进可持续发展,并助力发展中国家在国际贸易增长中获得与其经济发展需要相当的份额。可以说,推动多边贸易谈判,在成员方之间达成互惠互利的贸易协定,是世界贸易组织最重要的功能之一。

还有一些国际组织,虽然设立它们的目的本身不在于推动贸易谈判,但是它们的宗旨和职能决定了它们同样是国际贸易谈判的利益相关者。例如国际货币基金组织,其宗旨在于监察货币汇率和各国贸易情况,提供技术和资金协助,确保全球金融制度正常运作。因此,IMF本身就会通过谈判制定成员间的汇率政策、经常项目的支付以及货币兑换方面的规则。与此同时,IMF的职能决定了其在判断各国金融和外汇储备状况方面,具有绝对的权威性。因此,当WTO的成员方之间就如何制定收支平衡例外等条款进行谈判时,也需要听取IMF的专业意见。与之类似的国际组织还有很多,包括世界银行集团、世界知识产权组织、世界海关组织等。

除了上述全球性的国际组织,区域性的国际组织在国际贸易谈判领域也扮演着越来越重要的角色。从地区来看,美洲较有影响力的经济类组织包括北美自由贸易区、南方共同市场等。在亚洲,亚太经合组织(Asia-Pacific Economic Cooperation,APEC)强调灵活性、渐进性和开放性，近年来表现活跃；东南亚国家联盟是另一个重要的区域性组织。欧盟是欧洲最具影响力的区域性组织。非洲地区的区域性国际组织成立较晚，其中西非国家经济共同体、南部非洲关税同盟、中非关税和经济联盟等是比较重要的地区经济合作组织。以东南亚国家联盟为例，其倡议并主导了《区域全面经济伙伴关系协定》，该协定的签署标志着当前世界上人口最多、经贸规模最大、最具发展潜力的自由贸易区正式启航。

随着全球化的深入以及国际贸易谈判议程的不断扩大，国际组织在谈判过程中面临着越来越多的挑战。多哈回合谈判历经多年无疾而终可以作为例证。其失败的原因在于：首先，这些国际组织承载着多个国家的目标，而非某一个国家的目标。因此一旦需要合作，经常很难获得所有国家的配合。特别是，当试图促成发达国家和发展中国家之间的谈判时，国际组织作为成员方驱动的机构，经常进退两难，到了某一临界点，谈判方向将变得难以控制。其次，政治以及全球紧张局势往往会造成谈判过程中难以弥合的分歧。在冲突地区之间开展合作非常困难，政治局势的任何细微变化，都可能对谈判进程产生巨大影响。最后，国际组织还会为推动全球一体化增长进行合作，然而部分国家可能并不总是接受这种增长，这也将导致问题的出现。

三、跨国公司

跨国公司或国际公司是指在多个国家生产商品或提供服务的企业。2018年，经济合作与发展组织（Organization for Economic Co-operation and Development，OECD）就估计，跨国公司出口额占全球出口额的一半，贡献了全球GDP的近三分之一（28%），提供了全球大约四分之一的就业岗位，其收入有很大一部分来自海外。[1] 跨国公司在国际贸易谈判中同样发挥着重要作用。

在国际贸易谈判中，跨国公司通常是特惠贸易协定和双边投资条

---

[1] OECD, Multinational Enterprises in the Global Economy, May 2018, https://t4.oecd.org/industry/ind/MNEs-in-the-global-economy-policy-note.pdf.

约的主要支持者。[1] 通过特惠贸易协定，成员国可能向其贸易伙伴提供单方贸易优惠。传统的贸易优惠措施，例如关税减免、补贴等，已不再是跨国公司最关心的领域；当前，跨国公司更着力于说服母国推动在特惠贸易协定中纳入投资、知识产权以及服务自由化等相关条款。[2] 双边投资条约包括在签署国之间设定互惠义务，一方面促进和保护签署国公民在其他签署国领土内进行私人投资，另一方面确立投资东道国对外国投资的监管权。跨国公司的谈判利益则片面倾向于加强对投资者的保护，削弱东道国的管理权限。

由于掌握丰富的资源，跨国公司在其投资的发展中国家也颇具影响力。跨国公司常常利用其强大的议价能力满足自身需求，与被投资国政府达成有利的交易。[3] 根据相关商业文献，跨国公司可以通过与被投资国国内合作伙伴及政府结盟来降低风险。它们还可以利用全球双边投资条约网络融入全球供应链，与被投资国的政策制定者建立政治关系，或与具有高度政治影响力的多边机构结盟，一旦与东道国发生争议，它们拒绝利用东道国的争端解决机制，会威胁并采用第三方机构提供的投资者-国家间仲裁等。

概言之，在国际贸易谈判中，跨国公司拥有各种各样的利益，这些利益影响着它们在谈判中所扮演的角色，并推动它们利用自身力量去影响其他相关者。举一个具体的例子加以说明。作为发达国家，美国会向符合条件的发展中国家和最不发达国家提供普惠制待遇（Generalized System of Preferences，GSP）。普惠制的目标是通过贸易向发展中国家和最不发达国家提供帮助，各给惠国通常会依据特定的标准确定自己的受惠国名单和受惠产品清单。在这个过程中，跨国公司会根据自身的利益积极申请针对特定国家中特定产品的普惠制资格。例如，美国铝业公司（Alcoa，一家美国铝业生产商）在 2005—2006 年国家

---

[1] Manger, Mark S., *Investing in Protection: The Politics of Preferential Trade Agreements between North and South*, Cambridge University Press, 2009.
[2] Rodrik, Dani., "What do Trade Agreements Really do?", *Journal of Economic Perspectives*, Vol. 32, 2018, p. 73-90.
[3] Moran, Theodore H., "Transnational Strategies of Protection and Defense by Multinational Corporations: Spreading the Risk and Raising the Cost for Nationalization in Natural Resources", *International Organization*, Vol. 27, 1973, p. 273-287.

级普惠制资格审查期间请求允许巴西、俄罗斯和委内瑞拉继续享受普惠制资格，声称失去普惠制待遇的市场准入将"对其供应链造成重大破坏"，并可能导致额外征收超过 300 万美元的关税。最终，美国铝业公司如愿以偿。

当然，跨国公司在国际贸易谈判过程中同样面临着许多挑战。一方面，跨国公司的发展不仅取决于其业绩表现或市场水平，还取决于一国的政治局势。若新政党上台，并改变原有的贸易政策，跨国公司就有可能失去优势，被迫寻求其他方式促进贸易谈判并从中受益。置身于冲突地区的跨国公司很难向执政政府表达自己的观点，特别是当它们在卷入冲突的其他国家也设有分支机构时。另一方面，跨国公司也需要不断地与本国的其他跨国公司竞争，谈判过程还有可能涉及其他国家的公司，在这种情况下，要切实维护自身的利益可能会变得十分困难。当前，受益于通信和网络技术的发展，中小企业也能在某种程度上与跨国公司展开竞争，且各国正不断为中小企业的发展提供便利。从长远来看，这将削弱跨国公司对政府的影响力及其在国际贸易谈判中的影响力。

四、非政府组织

对于非政府组织，国际上并没有统一的定义，但是一般来说，其包括如下构成要素：第一，非政府性，即由私人创建，不受政府影响，不履行公共职责。第二，不以营利为目的，即该组织取得的利益并不用于成员间的分配，而是用于追求组织的目的。第三，具有正式的组织机构，包括章程以及民主的代表结构等，通常（但不必然）享有国内法上的法人资格。

伴随着国际贸易谈判议程的日渐扩大，自由贸易的理念与其他重要的社会价值在更大范围内发生冲突和矛盾。在国际贸易谈判中，代表着广泛利益的各类非政府组织不仅着力修正贸易至上的理念，强调要在现有的议题谈判中更多地考虑其他重要的社会价值，而且还发起新的谈判议题。因此，非政府组织也越来越深入地参与到国际贸易谈判中，成为重要的利益相关者。

不同的非政府组织代表着不同的利益，它们对于国际贸易谈判的关注焦点取决于其成立的目的。例如，非洲棉花业者协会（Association of African Cotton Producers，APROCA）是一个棉花生产者组织，代表了 12 个非洲产棉国棉花生产者的利益。由于农产品补贴问题是 WTO 香港部长级会议的重要议题，因此 APROCA 受到贝宁政府的特别邀请，成为贝宁政府谈判代表团的重要顾问，为如何在该议题的谈判下保护西非农民利益提出多项意见和建议。再如，1995 年《与贸易有关的知识产权协定》生效后，非政府组织率先开始思考有关医药品的专利保护与药品获取之间的关系。1996 年 10 月，非政府组织国际健康行动机构（Health Action International，HAI）在德国的比勒费尔德组织了一次研讨会，第一次在较高层面促使发展中国家意识到 TRIPS 有关药品专利的规则会对公共健康造成消极影响。在此之后，包括 HAI 在内的更多非政府组织开始不断地致力于将该议题推上国际政策制定议程。经过持续不断的努力，2001 年 WTO 最终推出了《TRIPS 协定与公共健康多哈宣言》，确立了公共健康之于知识产权及贸易规则的优先性。

当然，大多数非政府组织并不能直接参与谈判，但它们能够通过多种途径影响谈判。在很多情况下，谈判的主导者会主动征求相关非政府组织的意见，这样做是为了谈判进程的民主性，同时更全面地考虑贸易谈判结果对不同利益群体的影响。非政府组织常常代表那些无法为自己发声的群体，由此为包容性谈判增添了重要意义。

此外，非政府组织参与国际贸易谈判也面临着挑战。一方面，非政府组织的代表性受到质疑。大多数非政府组织会笼统地表明其独立追寻特定谈判目标，但实际上此前它们往往和诸多利益集团进行过实质性磋商。在"到底谁是发言者"的问题上缺少透明度，再加上南北方国家在拥有非政府组织的数量和推动非政府组织运营的能力上均极度失衡，这都使非政府组织的代表性备受诟病。

另一方面，非政府组织的"正确性"也面临考问。针对特定议题，非政府组织持有的立场和意见经常被指责粗糙且过于简单化。因为非政府组织在给出意见的过程中容易受激情和感性驱使，而非基于事实，很多观点和结论缺少细致的调研予以支撑。当然，也有部分非政府组织拥有实质性的调研部门，例如乐施会（OXFAM）的批评意见甚至能为 IMF 所采纳。但是不容否认，确实有不少非政府组织存在着牺牲调研质量以追求国际声誉的现象。对于这些非政府组织来说，未来应当进行相应的能力建设，开展切实有效的调研，以确保它们能够收集到有价值的信息，在此基础上提出有价值的谈判意见或建议。

第二节　包容性国际贸易谈判相关的利益

判断国际贸易谈判是否具有包容性，缺乏权威的解释和标准。但是普遍认为，包容性理念是指有利于实现社会公平正义、促进人与人之间建立友好的社会关系、改善人与自然的和谐相处。[1]

晚近以来，包容性理念逐渐被各国以及主要的国际组织所接受。例如：OECD 认为，政府在整个决策过程中应统一愿景、激励机制和实施机制，采取全方位措施公开政策制定过程，广泛听取不同群体的主张和关切，确保政策制定体现社会整体利益而不是被特定利益所绑架，政策制定之前和实施之后应全面评估政策对社会所造成的影响，确保政策实施的结果能够惠及整个社会。[2] WTO 和国际劳工组织（International Labour Organization，ILO）已多次联合或单独发表与包容性相关的研究成果，指出全球化与科技进步对不同国家、不同领域的企业和工人所造成的影响并不相同，冲击了那些技术落后的企业和不具备较高技能的工人，这要求政策制定者统筹制定贸易、劳工和社会政策来减轻全球化对弱势企业和工人所造成的冲击。

按照这样的思路，国际贸易谈判的包容性在本质上可以理解为照顾处于弱势地位的国家、企业和个人，反对"物竞天择、适者生存"的淘汰机制，尊重不同主体的多元诉求，提倡兼容并包的全方位发展理念；在价值追求方面，国际贸易谈判不应唯贸易至上，而应兼顾经

---

[1] Pouw, Nicky & Gupta, Joyeeta, "Inclusive Development: A Multi-disciplinary Approach", *Current Opinion in Environmental Sustainability*, Vol. 24, 2016.

[2] OECD, Government at a Glance 2011, OECD Publishing, http://dx.doi.org/10.1787/gov_glance-2011-en.

济价值以外其他重要的多元社会价值,即贸易应是促进社会发展的手段,而不是社会发展的终极目的。

当然,哪些社会价值应在国际贸易谈判中予以考虑和尊重,这本身也存在巨大的分歧和讨论空间。不同发展阶段的国家,对于重要社会价值的理解和包容度是不一样的。以下我们选取部分重要的相关利益,展示其在国际贸易谈判中被包容的发展进程。

一、劳工权

劳工权是人权的重要内容之一。在世界经济全球化的进程中,由于各个国家在经济发展水平和工人的劳动条件等方面存在差异,各国企业的生产成本、出口成本直接或间接地受本国劳工标准的影响,这使得国际贸易与劳工权保护的问题紧密地交织在一起。发达国家是推动在国际贸易谈判中纳入劳工标准的主要力量,因为它们认为发展中国家凭借其较低的劳工标准获得出口价格优势,对发达国家进行劳动力倾销。发展中国家最初对此予以反对,但是注意到发达国家在实践中按照其价值观和标准随意设定劳工标准和劳工权保护,将劳工标准变为一种较为隐蔽的新的非关税壁垒,大大削弱了发展中国家在劳动力成本方面的比较优势,因此部分发展中国家随后也逐渐改变立场,同意在国际贸易谈判中协调劳工权标准,避免发达国家对此拥有单方的决定权。

在这样的背景下,1996年12月,在WTO成立后的首届部长级会议上,各方通过了《新加坡部长宣言》,将劳工标准问题作为第一个陈述的对象,指出:"我们重申我们遵守国际工人的核心劳工标准的义务。国际劳工组织是设立和处理这些标准的权力机构,我们确认我们支持其提高劳工标准方面的工作。我们相信,贸易增长和贸易自由化的发展带来的经济增长和发展,有助于提高这些标准。我们反对利用劳工标准实现贸易保护主义的目的,并且同意这个问题不能影响一些国家——特别是低工资的发展中国家——的比较优势。在这方面,我们注意到,世界贸易组织和国际劳工组织秘书长将会继续他们目前的合作。"[1]

1998年，《国际劳工组织关于工作中的基本原则和权利宣言及其后续措施》通过，要求成员国尊重和促进四类核心的原则和权利，而无论其是否已经批准通过了有关公约。这四类原则和权利分别是：结社自由和有效承认集体谈判权、消除所有形式的强迫劳动、废除童工以及消除就业歧视。[2] 该宣言对于认识到"单纯的经济增长并不意味着广义上的发展"尤为重要。因此，集中力量确保公平、社会进步和消除贫困是有必要的。在此意义上，国际劳工组织公约规定：

> 5. 强调，不得将劳工标准用于贸易保护主义之目的，并且本宣言及其后续措施中的任何内容不得被援引或被以其他方式用于此种目的；此外，无论如何不得因本宣言及其后续措施而对任何国家的比较利益提出异议。[3]

尽管有《新加坡部长宣言》，但是WTO内有关劳工权的谈判依然缺乏进展，原因主要包括：第一，劳工标准条款本意旨在保护劳动者，但是在国际贸易背景下一味追求条款的执行而忽略各国的实际情况，反而有可能对保护对象造成更大的伤害。例如在童工问题上，如果一味要求禁止使用童工，那么在经济不发达地区将会对儿童的生活造成严重影响。在很多贫穷的地区和国家，儿童从事生产是维持他们生活的必要手段，因为家长的收入不足以支撑全家人的生活，儿童利用课余时间从事符合他们智力和体力的劳动可以缓解经济压力，切实解决温饱问题。虽然大量使用童工的行为不值得提倡，但是如果单纯从法律上禁止儿童从事生产，而又没有其他的手段对其生活进行保障，那么儿童就不得不为了生计去非法的行业寻求收入以维持生活。这对贫

---

[1] WT/MIN (96) DEC, 18 December, 1996, http://www.wto.org/english/thewto_e/minist_e/min96_e/wtodec_e.htm.

[2] ILO, ILO Declaration on Fundamental Principles and Rights at Work, 1998, https://www.ilo.org/declaration/lang--en/index.htm.

[3] ILO, The Text of the Declaration and its Follow-up, 2010, https://www.ilo.org/declaration/thedeclaration/textdeclaration/lang--en/index.htm.

困地区和国家的儿童只能造成更严重的伤害，与推行劳工标准的目的背道而驰。

第二，WTO成员方众多，经济水平不一，发展不平衡，对劳工标准进行定量规定在立法技术上具有较大难度。有关劳工标准的定性要求，在国际劳工组织项下的其他公约中已经有了明确规定。WTO要想推出更具实质意义的劳工条款，就需要在此基础上进一步作出定量规定。然而，定量规定诸如最低工资水平、最低工作年龄、最长工作时间等内容又在很大程度上受到各国国情的约束，如果不考虑成员方的实际情况采用统一标准，则或是削足适履，或是拔苗助长，难以达到预期的效果。

第三，由于劳工标准条款本身旨在保护劳动者权益，因此其具有浓厚的政治色彩，容易成为部分国家对国际贸易进行政治干预的手段。当出口国的政治倾向和价值取向与进口国不相符时，进口国就可以出口国侵害劳动者权益为由，在贸易上设置障碍，从而逼迫出口国接受进口国所奉行的价值体系。这和WTO的初衷是不相符的，WTO设立劳工标准条款的目的在于提高全世界人民的福利水平，而不在于推行某国的政治理念，劳工标准条款的不科学或不合理适用反而有可能损害经济上处于弱势地位的成员方。

基于以上原因，加之WTO新一轮谈判遭受的其他阻力，劳工标准问题在WTO项下的国际贸易谈判中没有取得进展。为此，部分发达国家成员尝试在区域自由贸易协定的谈判中纳入劳工议题。例如，在《全面与进步跨太平洋伙伴关系协定》中，其第19章就是劳工专章。该章以前述《国际劳工组织关于工作中的基本原则和权利宣言及其后续措施》为基础，要求缔约方保护其中列出的四类基本劳工权利，同时要求缔约方不得怠于有效执行劳动法，也不得到其他缔约方境内进行域外执法。

第19章要求缔约方：鼓励企业承担劳工方面的企业社会责任；努力提高公众对劳动法的认知，保障劳动法的公平执法；对公众提供意见给予方便；在劳工权利方面加强合作，开展劳工合作对话，并建立相应的联络点。

第19章还建立了劳工争端解决机制。对于因该章规定所产生的争端，缔约方应首先尽力通过合作与磋商解决，一缔约方可向另一缔约方提出书面劳工磋商申请。如果磋商不能解决问题，缔约方可以通过其理事会代表召开会议来解决。如果未能通过磋商解决问题，则提出磋商请求的缔约方可以要求设立专家组来审理争端。换言之，在《全面与进步跨太平洋伙伴关系协定》项下，劳工争议享有与其他贸易争议相同的争端解决程序，这也意味着有关劳工争议可采用贸易报复或制裁等方式解决。

在另一些以发展中国家为主的区域贸易协定谈判中，劳工权的推进相对比较审慎。例如，2021 年刚刚生效的《区域全面经济伙伴关系》就完全没有涉及任何劳工权利保护条款。《全面与进步跨太平洋伙伴关系协定》和《区域全面经济伙伴关系》两种模式的相继出台表明，国际社会对如何处理与贸易有关的劳工问题远未达成共识。

不可否认，拥有良好的工作条件是每个理性自然人的向往和追求。但是，劳工条款不应成为发达国家实施贸易保护的工具，也不应成为阻碍发展中国家追求经济进步的壁垒。此外，发展中国家也不能一味以经济发展阶段为由，放弃对改善工人工作条件的努力。为了更好地实现人与社会之间的包容性可持续发展，将贸易与劳工保护挂钩共同推进，具有现实合理性。未来要做的是如何创新方法，在国际贸易谈判中恰当地推进劳工权的保护。

二、健康权

健康权作为一项人权已经在许多国际法文件中得到确认，健康权是一项被普遍承认的人权。在国际层面，《经济、社会及文化权利国际条约》《儿童权利公约》《消除对妇女一切形式歧视国际公约》等多项国际条约都确认了健康权。在国家层面，许多国家在国内宪法中加入了健康权。健康对每个人至关重要，当健康难以得到保障时，人们获得幸福、和谐和安全生活的基础也将遭到破坏，其他人权也将失去意义。因此，有效实现健康权越来越成为世界各国所重视和追求的目标。

健康权本身是一项非常复杂而庞大的人权，国际贸易可以通过多种途径促进健康权的实现，包括提供与健康有关的产品和服务等。发达国家进一步认为,通过国际贸易提升国家国民总收入,改善国家总体社会和经济福利,从根本上有利于健康权的实现。一定程度上确实如此,然而与贸易有关的知识产权制度限制了药品的可获得性,这就可能导致产生巨大的公共健康危机。因此,如何在国际贸易谈判中体现知识产权和健康权的平衡,是摆在所有利益相关体面前的一个重要议题。

这个问题最初是在 TRIPS 出台后成为关注焦点的,该协定有关药品的知识产权保护引发了人们关于药品知识产权与公共健康的大讨论。众多的非政府组织联合发展中国家,强烈抗议该协定限制了普通民众对药品的可获得性。在巴西、印度等发展中国家的努力下,联合国人权委员会（UN Commission on Human Rights）颁布了一系列关于获得药品的决议。这就使获得药品的权利成为一项人权,发展中国家积极利用这些决议来支持其在 WTO 的进一步努力,即承认发展中国家和最不发达国家有权向其人民提供低成本的非专利药品。在此基础上,2001 年在卡塔尔多哈召开的第四届部长级会议上,与会代表就 TRIPS 与公共健康问题进行了 3 天的谈判,最终达成了《TRIPS 协定与公共健康多哈宣言》,明确了 WTO 成员方政府采取措施维护公共健康的权利。

《TRIPS 协定与公共健康多哈宣言》强调知识产权保护对研制新药的重要性,并指出协定的实施应有利于现有药品的获得和新药的研发,但更强调采取措施保障公共健康的重要性。其主要内容包括:（1）承认国家采取措施维护公共健康是不可减损的权利。（2）明确了 TRIPS 中可用于保护公共健康对抗知识产权专有权利的弹性条款,包括:对 TRIPS 的解释应该按照其目标和原则所表达的宗旨和目的来进行;每个成员方有权不经过权利持有人的同意颁布强制许可,并有权自由决定颁布强制许可的理由,这些理由包括引起公共健康危机的国家紧急情况和其他极端紧急情势,如艾滋病、结核病、疟疾和其他传染病等;明确了成员方平行进口的权利,规定了 TRIPS 与"知识产权权利用尽"有关条款的效力,允许每一个成员方自由地确立自己的权利用尽制度。（3）认识到最不发达国家成员方因医药生产能力不足或无生产能力而无法有效地使用强制许可措施的现状,并责成 TRIPS 理事会探求该问题的解决办法。

新冠疫情暴发以来，有关疫苗的国际贸易和专利豁免再次成为争议焦点。例如，2020 年国际药品巨头公司辉瑞制药与巴西政府开展疫苗买卖谈判。辉瑞制药提出以半价出售 7000 万剂疫苗，最终巴西政府基于多种因素考虑拒绝了这一提议。由于谈判过程是秘密的，外界对此毫不知情。民众认为，如果联邦政府当时接受该提议，就可以拯救数百万人的生命，削弱经济危机的影响。[1] 据此，巴西各界普遍认为这场谈判违反了联合国 1948 年《世界人权宣言》第 25 条和《巴西宪法》第 16 条规定的健康权。

与此同时，随着疫情的逐渐严重，印度、南非向 WTO 提交了一份就 TRIPS 某些义务条款的有时限豁免提案。[2] 这份提案得到了肯尼亚和巴基斯坦等 60 多个发展中国家的共同支持，但发达国家对此持反对态度。发达国家主要受到国内制药企业的强大压力。这些企业坚称知识产权不是问题所在，并指出越来越多的非洲和欧洲国家正在放弃疫苗或取消疫苗订购合同，原因各不相同，其中包括对疫苗接种的长期抵制、卫生保健系统资金不足、专业人员缺乏、疫苗处理的复杂性、基础设施不完善等。因此，业界认为，技术转让不能解决所有问题。不过到了 2021 年年中，美国表态支持临时豁免新冠病毒疫苗的知识产权保护，引发全球瞩目。[3]

2021 年 12 月，WTO 总干事开始牵头组织美国、欧盟、印度和南非四方进行小范围磋商。四方的磋商成果为最终达成协定奠定了基础。最终，在第十二届部长级会议上，各方达成了关于新冠病毒疫苗知识产权豁免的协定[4]，其核心内容是授权发展中国家在未经专利持有者同意的情况下在 5 年内生产新冠病毒疫苗的权利。

总体来看，目前国际贸易体系内并未系统地包容健康权问题，已

---

[1] 参见 https://medicalxpress.com/news/2021-09-brazil-tide-covid-vaccines.html。
[2] Waiver from certain Provisions of the TRIPS Agreement for the Prevention, Containment and Treatment of Covid-19, IP/C/W/669, 2 Oct. 2020.
[3] Statement from Ambassador Katherine Tai on the Covid-19 TRIPS Waiver, Office of USTR, https://ustr.gov/about-us/policy-offices/press-office/press-releases/2021/may/statement-ambassador-katherine-tai-covid-19-trips-waiver.
[4] Ministerial Decision on the TRIPS Agreement, WT/MIN (22) /30, 22 June 2022.

有的关注集中在药品可得性方面，因此主要涉及与贸易有关的知识产权规则及其谈判。事实上，国际贸易可以在更广泛的范围促进健康权的实现，包括贸易对营养水平、食品安全和疾病传播的直接影响，以及贸易通过作用于劳动力就业、收入增长、公共服务和对外援助等对公共健康的间接影响。如何在未来的国际贸易谈判中更好地包容健康权问题，具有非常重要而现实的意义。

三、妇女权益

性别问题也与国际贸易谈判有关，在过去的10多年间，人们对贸易、发展和社会性别平等之间的关联有了越来越多的认识。毫无疑问，贸易给女性带来了许多好处，包括创造就业机会、提升工资、增长福利等，这些都有效地促进了性别平等。但是，也有许多研究表明，贸易对于男性和女性有着不同的影响，国际贸易也会造成性别平等的结论面临许多挑战。

首先，尽管国民收入、贸易和性别平等问题的总体关联度很高，但是也有部分国家的数据表明，一国的经济增长并不必然依赖于性别平等。例如，一些自然资源丰富的国家，虽然女性就业率很低，但依然可以成为高收入国家。其次，尽管贸易总体上能增长女性福利，但是由于大多数女性占据的是低技能、低收入的工作岗位，因此如果不作一些政策上的调整，她们所能分享到的贸易带来的好处是极为有限的。最后，由于政策和法律上的障碍以及社会偏见，女性往往面临各种各样的壁垒，阻碍她们获得更多的贸易机会。

在这种认识下，部分国家、国际组织和非政府组织等逐渐采取措施，将性别的视角纳入贸易与发展政策的方针中，期待通过构建新的规则，确保女性能从国际贸易中获益。

发达经济体是在贸易谈判中纳入性别问题的积极推动者。在准备国际贸易谈判时，他们采用了性别影响评估体系，以此来判断新的政策或项目对一国的性别平等问题会产生何种影响。部分国家还采用了与贸易有关的国际合作来解决性别歧视问题，还有少数国家推出了非对等的优惠贸易体系，对那些大量出口由女性工作者生产的产品的国家，实施更低的进口关税。与之相对应，这些国家也会对违反保护妇女工作权益条约的出口国家，采取取消关税优惠的制裁措施。

在这些国家的推动下，目前有越来越多的区域贸易协定明确包含了性别条款。截至 2020 年 7 月，共有 80 多个区域贸易协定明确纳入了性别问题条款；超过 250 个区域贸易协定间接地涉及性别问题，包括人权条款、企业社会责任、社会多元化可持续发展等。总体上，这些条款没有取得统一的结构和表达，目前以促成在特定女性问题上的合作为主。以《智利-加拿大自由贸易协定》和《加拿大以色列自由贸易协定》为例，其与性别有关的章节列出了四个核心目标：重申将性别观点纳入经济和贸易事宜的重要性；重申在国际协定中纳入性别平等和妇女权利相关条款的承诺；为协定缔约方提供一个框架，以便各方就性别和贸易相关问题开展合作；设立专门的"贸易与性别委员会"，并就其他机构如何推动性别平等作出规定。

在这样的发展趋势下，国际组织也对贸易与性别的议题投入了更多的关注。2017 年，WTO 秘书处设立了一个性别问题协调中心，WTO 总干事也公开表示对性别问题的支持。在临近第十一届部长级会议召开之时，部分 WTO 成员方组成联盟发表声明，承诺交流各自将两性平等的方法纳入政策制定的经验信息，讨论对贸易差异化影响进行分类的数据收集方法以及在未来几年召开专门的研讨会，深化有关贸易与性别问题的基础知识，最终促进女性更多地参与国际贸易。[1] 除了声明，部分国家也已提出具体的议案。例如，加拿大、澳大利亚、阿根廷等 16 个成员方联合在 WTO 国内规制工作组提出了一个可供参考的两性平等提案，涉及资格和许可要求方面的合理纪律以及服务贸易领域的有关问题。[2]

在 2022 年第十二届部长级会议上，贸易与性别非正式工作组的三位联合主席发表声明，再次强调将进一步致力于促进贸易中的性别平等。联合主席的声明中提到，贸易与性别非正式工作组已经开始执行

---

[1] Buenos Aires Joint Declaration on Trade and Women's Economic Empowerment, JOB/GC/161, Dec. 2017.
[2] Domestic Regulation-Development of Measures, Gender Equality, Job/SERV/258, 12 July, 2017.

第一项贸易与性别平等的工作计划，主要内容包括：制定回应性别问题的贸易政策并分享相关经验；从性别的视角观察 WTO 的工作；审查并讨论与性别有关的研究和分析；如何更好地将 WTO 项下的援助提供给贸易与性别问题的项目。[1]

世界银行也积极参与到通过贸易促进性别平等的工作中来，其开展了大量的基础研究、技术援助和能力建设等，既致力于增强有关贸易与性别问题关联度的认知，也旨在为特定的发展中国家提供协助，帮助其更好地支持女性贸易者，并确保女性可以切实从贸易中获益。在这其中，世界银行的核心工作之一是从性别视角出发收集和分析新的数据，这将有助于展示贸易政策及其执行情况如何对男性和女性产生不同的影响。世界银行的其他工作包括在与贸易有关的项目中为女性提供切实的帮助，例如向女性拥有的中小企业提供优惠贷款、帮助女性构建贸易网络等。

当然，要想真正落实女性享有国家、国际组织所赋予的经济权利，还需私主体的配合和努力。目前，已有部分公司承诺采纳各类志愿性倡议，以此帮助女性获得职业技能、健康服务、教育、领导力、金融管理等方面的培训。还有些公司专门将女性管理的公司纳入其潜在供应商名单，以此为女性参与国际贸易提供具有实质意义的帮助。

目前，各方已初步达成的共识是，国际贸易谈判和协定对消除妇女面临的歧视和不平等现象具有重要作用。国际贸易谈判和协定的条款应纳入相应的激励措施，以消除性别工资差距，使女性可以获得平等的工作机会，促进平等的实物资本投资，鼓励女性创业活动。但是总体来看，对于国际贸易谈判下如何包容性别问题，各方的认识还不够深入，意见也远未统一。联合国贸易和发展会议（United Nations Conference on Trade and Development，UNCTAD）的研究表明，数据是尝试制定性别平等的贸易政策时会遇到的最具挑战性的一个领域。例如，对贸易自由化影响的分析目前尚不足以解释降低贸易壁垒如何能

---

[1] Trade and gender co-chairs affirm commitment to gender equality in trade at MC 12, https：//www. wto. org/english/news_e/news22_e/iwgtg_13jun22_e. htm.

对不同性别产生不同的影响。因此，在多边谈判领域，各方目前主要致力于收集谈判的基础数据。

四、环境保护

国际贸易的繁荣发展是否能够以破坏环境为代价？在环境保护和可持续发展理念日渐深入的今天，这个问题的答案已经显而易见了。那么，如何在国际贸易谈判中包容环境保护的价值观呢？

早在 GATT 成立之初，各方就已经预见到，贸易自由化与各国保护自然环境的权利和需求可能会发生冲突。对此，缔约方认为，不能将贸易自由化凌驾于环境保护这一重要的社会价值之上。为此，GATT 1947 第 20 条一般例外中明确规定，为保护人类、动物或植物生命或健康所必需的措施，以及为保护可用竭的自然资源的相关措施，可以构成一方违反贸易自由化承诺的例外。

随着自由贸易的发展，贸易与环境的联系日益紧密。在此种情况下，越来越多的国家认识到，仅仅依靠例外条款，已经很难有效包容环境保护的价值追求。1995 年，伴随着 WTO 的成立，各方在《建立世界贸易组织协定》的序言中明确规定："……同时应依照可持续发展的目标，考虑对世界资源的最佳利用，寻求既保护和维护环境，又以与它们各自在不同经济发展水平的需要和关注相一致的方式，加强为此采取的措施。"为此，各方成立了贸易与环境委员会（Committen of Trade and Environment，CTE），负责引导成员方讨论贸易政策与环境政策的相互影响，并制订下一步谈判的工作计划。在这些工作的基础上，2001 年多哈部长级会议明确了新一轮谈判中纳入贸易与环境问题，谈判内容包括三项：一是明确 WTO 规则与各种多边环境协定中贸易条款的关系；二是推动各种多边环境协定秘书处与 WTO 相关委员会之间的常规信息交流；三是减少对环境产品及服务的关税及非关税壁垒。

2014 年，14 个 WTO 成员方发表声明，启动"环境产品协定"的诸边谈判。《环境产品协定》以 APEC 环境产品清单为基础，通过诸边谈判方式推动大部分环境产品的关税减让，实现环境产品的贸易自由化和便利化，创造更多绿色就业岗位，推动全球贸易环境协同治理。

"环境产品协定"谈判的启动标志着"贸易-环境-发展"互动格局的形成。历经多轮谈判的《环境产品协定》达成了"着陆区",即各方就一系列构成要素达成谈判共识,包括产品清单名录、一份具体的关税减让路线图承诺、未来在WTO框架下推动协定多边化等。

但是,"环境产品协定"谈判中同样折射出成员方之间难以调和的矛盾。WTO发达成员方与发展中成员方分歧显著,在环境产品定义及环境产品标准等问题上僵持不下。在环境产品领域,部分发展中成员方因生产水平与技术能力有限而可能丧失潜在市场竞争力,这导致其内生贸易保护主义倾向,阻碍了有关产品关税减让额度与时间表在各方之间达成共识。《环境产品协定》缔约方进行的关税削减将根据最惠国待遇自动被适用到WTO其他成员方,而缔约方数量的要求是此类成员间的环境产品贸易量应占到世界环境产品贸易总量的关键多数以上,才能确保协定能带来普遍受益,那么如何定义关键多数也成为谈判各方的争议焦点。此外,就如何解决非缔约方的"搭便车"问题、细分环境产品清单中的商业敏感分类,以及关税减让承诺时间路线图等,谈判方也未能达成共识。

国际贸易谈判视野下另一项与环境保护相关的议题是气候变化。一方面,气候变化会破坏、影响产品的供应链和销售布局,同时增加贸易成本;另一方面,各国为应对气候变化所采取的措施也可能对国际贸易产生重要影响。为此,WTO倡导各方积极开展对话,确保政策的透明度,并加快建立合作机制。但到目前为止,谈判尚停留在起步阶段。

相比WTO,部分发达国家在区域贸易协定下就环境议题的谈判取得了更实质性的进展。例如《全面与进步跨太平洋伙伴关系协定》,其环境章节内容十分广泛,既有保护环境的一般性规定,也针对特定环境问题为缔约方规定了明确的义务。这些特定环境问题包括保护臭氧层、保护海洋环境免遭船舶污染、保护生物多样性、防控外来入侵物种、追求低排放、管理海洋渔业捕捞、打击野生动植物交易等。《全面与进步跨太平洋伙伴关系协定》有多个条款规定了公众对环境保护的认知、参与、提议等内容,鼓励采用自愿、灵活的机制提高环境效益。缔约方承诺建立环境合作机制,通过多种方式进行环境保护方面的合作。除建立环境委员会和联络点外,《全面与进步跨太平洋伙伴关系协定》还规定了详细的争端措施和解决规则。

不过还有一些发展中成员方之间的区域贸易协定,虽然包含了环境保护条款,但措辞仅宽泛地回应《建立世界贸易组织协定》序言的目标以及 GATT 例外条款所体现的原则。这显示了发展中成员方对国际贸易谈判下包容环境保护的认识有待进一步深化,相应的能力也有待进一步提升。

在无数致力于环境保护的非政府组织的努力下,环境保护和可持续发展的理念日渐深入人心。由于环境保护本身具有丰富的内涵,因此国际贸易谈判涉及环境保护的议题是非常广的。例如传统的《技术性贸易壁垒协定》就和环境保护紧密相关,渔业补贴谈判最初也是为了保护海洋环境和鱼类资源。此外,还有新兴的限制塑料制品的倡议,也是出于可持续发展的目的。

2021 年 10 月 8 日,联合国人权理事会(United Nations Human Rights Council,HRC)首次承认,享有洁净、健康和可持续的环境是一项人权。对天然物品的勘探和贸易在促进经济增长的同时,显然对环境造成了严重破坏,这极大地侵犯了人类的健康环境权和其他相关人权。欧洲议会下的国际贸易委员会(European Parliament's Committee on International Trade)已经认识到环境标准在国际贸易协定中的重要性,并设立了一项附加关税优惠的特别计划,以促进批准和有效实施关于环境保护的国际公约,不遵守这些规定可能会导致贸易安排的中止。可以说,未来的任何一项新的国际贸易谈判,完全不包容任何环境保护的价值观是几乎不可能的。

第三节 包容性国际贸易谈判原则和方法

国际贸易谈判已经成为大规模经济的治理工具,涵盖了能够影响产品、投资和服务的广泛措施。除了影响产品跨境的关税,国际贸易谈判协定还对民族国家产生了深远影响。国际贸易和工商企业的专门职能拥有巨大的影响力,可以改善,也可以威胁与劳工权、健康权、妇女权益和环境保护相关的人权保障。鉴于此,包括各国政府、国际组织、跨国公司和非政府组织等在内的利益相关者都应积极参与到国际贸易谈判中。事实上,一项包容性的国际贸易谈判并不能由以上任一主体单方实现,而是需要各方的共同努力和团结协作。

一、议题设置体现包容性

在国际贸易谈判中,能够设置谈判议题的主要是各国政府和一些国际组织。对于国家而言,其应在国内的对外谈判机构设置中重视私营部门的意见输入环节和制度建设。例如,在"东盟-加拿大自由贸易协定"谈判期间,加拿大政府邀请了利益相关者发表意见,其中许多都作出了回应。商业领域的利益相关者认为,自由贸易协定将增强加拿大的竞争力,促进亚太地区的贸易多样化,刺激经济增长。来自农业、制造业、海鲜产业等领域的其他利益相关者也提交了意见。加拿大政府在制定谈判目标之前将这些意见考虑了进去,最终使该项谈判获得国内多数利益相关者的支持。

在具体做法上,政府首先可以帮助利益相关者进行能力建设,以确保其能够平等地分享观点,参与谈判过程。其次,政府可以与有关利益相关者进行沟通,并从中协调,以使政府采纳的意见能够代表各方所能取得的最佳利益。当然,最终各国政府需要分析并选择最佳策略,而要做到这一点,政府常常需要依赖经验丰富的智库团队提供帮助。

就国际组织而言,不论是全球性的国际组织还是区域性的贸易组织都应在其机构内制定机制和程序,以收集相关非政府组织或其他私营部门的意见,利用其专门知识来设计政策和方案,推动国际贸易谈判包容更多元化的社会价值和利益,平衡各方诉求。以WTO为例,从1998年开始,WTO的网页开始包含非政府组织的页面。该页面主要提供与非政府组织有关的WTO活动信息,例如研讨会和公共论坛等。此外,WTO的秘书处,尤其是其中的对外联络司,从

1998年开始就负责每月定期收集非政府组织提供的意见书，并将其编辑成清单。WTO 的所有成员方都会按月收到这样的意见书清单。如果成员方想要查阅清单中的任何一份意见书，只要向秘书处提出即可，后者会向其提供复印件。当然，非政府组织提出的意见书五花八门，哪些意见书能够被编辑到清单中并被上传到 WTO 网站最终是由秘书处全权决定的。[1]

对于跨国公司和非政府组织而言，可积极通过多种途径，影响政府和国际组织在国际贸易谈判中的议程设置。这些途径既包括制度性的参与，如参与政府和国际组织的意见输入活动，也包括各种非制度性的参与。所谓非制度性的参与，包括进行各种宣讲和游说、发布研究报告、举办公共论坛等。例如：辉瑞制药作为一家大型跨国公司，为在国际贸易谈判中推进知识产权保护，通过其现有的商业网络大量开展宣讲，包括针对美国全国对外贸易理事会（National Foreign Trade Council，NFTC）和美国商业圆桌会议（Business Roundtable）等企业组织发表演讲，强调贸易、知识产权和投资之间的联系。其他辉瑞高管则开始就知识产权问题向国家和国际贸易组织进行游说。这些"努力"最终成功地使 GATT/WTO 这一多边贸易体系纳入了知识产权条款。虽然辉瑞制药推动保护知识产权的动议和结果对广大发展中国家不利，但其积极游说，推动议题设置的做法本身值得借鉴。

二、谈判过程体现包容性

首先，为确保国际贸易谈判的包容性原则，谈判过程应包含尽可能多元的利益相关者参与。不容否认，不论是多边还是双边的国际贸易谈判，有实力的"大国"通常是谈判的主导者，发展中国家或欠发达国家对谈判过程的参与相对被动。在这种情况下，国际组织应当向发展中国家或欠发达国家提供支持，以确保谈判的公平性。发展中国家和欠发达国家也可以通过联盟的方式，加强对谈判的有

---

[1] 徐昕：《非政府组织制度性参与 WTO 事务研究》，同济大学出版社 2011 年版，第 109 页。

效参与。这方面的例子非常多，如前所述，在多哈回合谈判中，发展中国家或地区（如非洲集团、孟加拉国、巴巴多斯、玻利维亚、巴西、古巴、多米尼加、厄瓜多尔、海地、洪都拉斯、印度、印度尼西亚、牙买加、巴基斯坦、巴拉圭、菲律宾、秘鲁、斯里兰卡、泰国和委内瑞拉）组成公共卫生联盟（Public Health Coalition）集体发声，要求WTO考虑药品的知识产权保护对公共健康的危害。该联盟声称，跨国制药公司正以艾滋病患者的生命为代价赚取巨额利润，发展中国家的政府和公民深受其害，一些价格高昂的基本药物对于发展中国家来说是难以承受的。最终，该联盟在谈判中取得了胜利。

实践中，国际贸易谈判中会出现各种各样的联盟。相较于试图解决宽泛或多个问题而结成的联盟，专注于某一特定问题的联盟更容易达成目标，因为各国政府往往容易在一个问题上实现意见统一，而要在多个问题上达成一致则困难得多。

除了确保不同发展阶段和利益诉求的政府都能有效参与，一场包容性的国际贸易谈判还应允许更多的非国家利益体参与其中。当然，参与的方式是多种多样的，并不限于以正式谈判方的身份参与其中。例如，在"北美自由贸易协定"谈判期间，美国和加拿大的环保团体十分担忧全球变暖的气候问题，他们反对经济长期发展，支持有限增长模式，对协定予以猛烈抨击。以美国环保协会（Environmental Defense Fund，EDF）和美国国家野生动物联合会（National Wildlife Federation）为首的非政府组织虽然没有直接参与谈判，但与美国贸易代表办公室，包括总统保持密切联系和沟通，最终成功促使《北美自由贸易协定》加入了环境承诺及一项与环境有关的附带协议。

其次，应增强谈判过程的透明度。在谈判过程中，各国政府和国际组织应向社会和非政府组织提供关于当前贸易谈判准确、及时的信息和数据，以便相关利益者可以利用自己的专业知识评估谈判内容和结果可能对其他重要社会价值的影响，进而给出相关的建议和意见。在这方面，其实目前绝大多数国际贸易谈判都做得不够好。这其中有很多因素，包括担心谈判内容提前泄露会引发各种不确定的情况，最终导致谈判破裂或流产，还包括一些语言、技术方面的原因。

增强谈判透明度当然不是要求公开谈判的所有内容，因此，基于一定的解密规则，做到恰当的信息公开是可以努力的方向。

三、谈判结果体现包容性

国际贸易谈判的结果往往体现为达成具体的协定。要在协定中体现包容性，首先要看协定条款是否能够包容不同发展水平成员方的阶段性需求。为此，协定的各项议题要均衡发展，考虑不同成员方各自的优势领域和劣势领域，实现实质公平的利益互换。在追求贸易自由化和制度型开放的问题上，协定条款不能片面追求"高标准"，失却包容性增长应有的灵活和弹性。对此，可以采取如下一些技术性做法：第一，避免僵化地适用"对等原则"，允许不同发展程度的成员方作出不同程度的关税减让和市场开放，提倡互利互惠。第二，虽然某些谈判议题的结果具有"共赢"的性质，例如贸易便利化等，但是部分成员方缺乏立即实施协定的能力，对此，应提供更多的能力建设援助并设置过渡期条款。第三，某些谈判议题虽然符合多数成员方的利益，但是对特定成员方而言面临特殊困难，此时可商谈国别例外条款，允许其彻底排除相关条款的约束。

其次，国际贸易谈判结果的包容性还应体现在谈判结果是否惠及每一个成员方内部更广泛的群体，而不仅仅是抽象的"国家或地区"。为此，谈判结果应致力于消除每一个谈判成员方内部妇女、青年、中小微企业、残疾人以及农村和边远地区群体参与经济活动的壁垒，提高社会各方全面参与经济活动的热情。对于任何一项谈判议题，谈判各方都应考虑如下因素：贸易和投资的自由化是否让更多的人享受到了经济发展的成果；在贸易和投资自由化的进程中，弱势群体是否得到了足够的保护；贸易和投资自由化是否最终有助于促进经济、社会、文化的协调发展，进而提供更多更好的公共福利。

最后，为确保国际贸易谈判结果的包容性，包括国家在内的所有利益相关者都应采取措施，保障各项包容性的谈判结果得到切实有效的执行。各国政府应在国内评估和监测谈判协定的执行情况，以审查其对贸易之外的其他重要社会价值的影响力。各国政府可以为此在国家内部设立特定机构，如负责贸易协定人权影响评估的委员会等，建立系统的评价标准并进行影响力分析。负责谈判的国际组织可以建立专门的机制，听取成员方的执行反馈并进行分析，以便更好地协调贸易与其他重要社会价值和利益。跨国公司和相应企业应该为其企业配备专门的小组，以便在国际贸易谈判的各个阶段，包括在贸易协定签署前、签署期间和签署后，执行和监督执行企业的社会责任条款。

四、结　论

在本章中，我们通过一些国家实践和企业案例分析了如何应用和实施包容性国际贸易谈判的框架与原则。以包容性为原则而展开的国际贸易谈判，更容易建立可持续的合作伙伴关系及达成冲突解决方案，因为更多的利益相关者意图和利益在谈判过程和结果中被充分考量，可以为谈判目标的实现带来更为稳定和长远的预期。真正将包容性落实在所有的贸易交流或其他方式的经济交流中，还有待于政府、企业、国际组织、社会组织以及个人的共同努力。

◎【拓展阅读】

联合国工商企业与人权指导原则

从20世纪90年代开始，私营企业大幅扩张，与跨国经济活动的增长交相辉映。这一情况的长期存在促使工商企业和人权问题被纳入全球政策议程。与之相关的当代问题包括自然资源、技术和人权、强制性尽职调查、性别与商业、劳工权利、人权维护、公民自由和气候正义等。

2008年，联合国秘书长特别代表提出了处理这一关系的概念和政策框架。2011年6月，联合国人权理事会通过了《工商企业与人权：实施联合国"保护、尊重和补救"框架指导原则》（通常称为《联合国工商企业与人权指导原则》，以下简称《指导原则》），其中为实施该框架提出了具体和可行的建议，自此该框架得以落实为行动。这份文件采用了广泛参与和深入研究的方法，在各大洲进行了47次国际磋商，了解了20多个国家的企业经营活动，并访问了其利益相关者，与世界各地受企业经营活动影响的个人和社区、民间组织以及法律和政策专家开展了讨论。

联合国人权理事会还将这些原则列入一系列条约和监管文书中，规定了侵犯人权行为的企业责任。除此之外，该框架和有关建议已得到各国政府、工商企业和协会、劳工组织、投资者和国家人权机构的认可。由联合国人权理事会牵头制定的规定，为涉及工商企业和人权的倡议明确了必须纳入且不可忽视的义务和责任。就国际法而言，这代表着一场运动的开始，即把工商企业和人权之间分离的部分联系起来，然后逐渐形成一个协调一致、相辅相成的体系。换言之，这为各利益相关者的行动和期望提供了一个交汇点。

《指导原则》以三个核心因素为基础：第一，各国有尊重、保护和实现人权与基本自由的义务；第二，工商企业作为社会机构，履行专门职能，具有遵守法律并尊重人权的责任；第三，权利与义务被违反时，各国应提供适当和有效的救济。

1. 国家义务

《指导原则》认为国家可以（也应该）采取各种类型的措施来尊重、保护和实现人权，这些义务既有司法体制内的，也有司法体制外的；既有国际人权法上的，也有公司法、投资法、政府信息公开法上的；既有国家作为公司拥有者所要承担的（对于国有企业而言），也有国家作为政府间组织成员所要承担的（如国家在商讨贸易、投资、发展的政府间协议时，应该将人权纳入考量）。因此，《指导原则》把国家作为监管人、经济参与者、国际组织的成员，认为其能够也应该尽全力推动工商企业对人权的尊重和维护。

《指导原则》第一部分第 6 条规定："国家应促进与其有商业往来的工商企业尊重人权。"该条提请各国注意其在与公共部门贸易谈判中推动尊重人权的作用，特别是通过合同条款来实现这一点。例如，欧洲议会研究服务中心（European Parliament Research Service，EPRS）考虑完善人权条款，加入有关企业社会责任（Corporate Social Responsibility，CSR）的表述，并考虑允许欧盟制定规则，为遵守企业社会责任的公司进口商品（由企业生产）提供便利。

通常，国际贸易协定条款支持的人权目标具体包括"保护劳工权利"、"透明度和反腐败措施"、"环境标准"、"保护土著语言和文化权利"、"保障公民政治参与"以及相关标准,规制一经商业化便会影响人权的特定商品之贸易。第6条所述原则强化了一种观点:各国在与企业谈判时,能够发挥独一无二的作用,加强企业对这些人权保障的认识和推进。各国必须利用贸易协定提前预防潜在威胁,最大限度地提高对人权的有利影响,减轻或消除不利影响。

《指导原则》第一部分第9条强调:"国家应保持适当的国内政策空间,在与其他国家或工商企业合作,追求商业相关政策目标的同时,也应当通过投资条约、合同等方式履行其在人权方面的义务。"该条规定反映出,各国之间或各国与工商企业之间的经济协议,无论是"双边投资协定"、"自由贸易协定"还是"投资项目合同",都可能产生积极的经济性结果,但同时也肩负保护人权的重任。经济协议缩小一国政策空间的能力与上述影响密切相关。

此外,《指导原则》第一部分第10条表明,在作为处理企业相关问题的多边机构成员时,国家应努力确保这些机构既不限制其成员国履行保护义务的能力,也不妨碍工商企业尊重人权;鼓励机构推动企业尊重人权;根据《指导原则》促进在管理企业与人权挑战方面的国际合作。

2. 企业责任

《指导原则》规定,工商企业在商业交易中,必须尊重国际人权标准,遵守如联合国大会第67/171号发展权决议等规定,该决议宣布人权是多边贸易谈判中需要考虑的一个原则性问题。该决议中所有推动发展权的原则都采用了经过深思熟虑的人权方法,以调控贸易和投资对各国履行人权义务能力的影响。

一些利益相关者认为,要求一些大型商业组织,例如跨国公司,尊重人权只是一个最低限度的要求。相反,跨国公司类的大型商业组织应该为人权事业的发展作出更多的贡献。《指导原则》对此观点并不赞成。《指导原则》认为应该对推进并实现人权负责的主体首要是国家而不是企业。

为推动企业在商业交易中承担责任,《指导原则》引进了一个比较新颖的概念和做法,即要求企业采取人权尽职调查措施。尽职调查本身是公司兼并中的一种惯用做法,为企业所熟悉。为此,《指导原则》特意借用了这一概念。具体而言,商业交易中的人权尽职调查包括但不限于:

第一,确认企业在人权上的影响,并且了解企业运作可能给人权带来的风险,这里同时涉及企业的运营模式和供应链。(如果企业不了解人权是如何因其运营而受到影响的,则企业无法采取任何改正当前形势的有效措施。)

第二,通过采取修正性措施来解决企业对人权的风险和影响。(企业对于其影响了解得越多,就越可以基于所了解的情况来消除其运营活动对人权产生的影响。)

第三,基于跟踪调查来确保企业的政策和修正性措施能有效地处理企业对于人权的影响。(如果企业在采取了相应措施之后,对人权的不利影响仍然在继续,说明企业对于其影响的了解和修正性措施存在错误。)

第四,公布企业的措施。(使利益相关者了解企业是如何尝试找出其对人权的影响并进行修正的,并公布企业努力的结果。)

上述"人权尽职调查四步法"建立在传统风险管理方法基础之上("检查—实施—计划—实行"),其假设人权尽职调查是一个持续的过程,是一个不断重复的循环,这样公司才能在透明公开的环境中,不断发现并修正它对人权造成的影响。

3. 救济措施

《指导原则》认为,如果没有受害者得到救济的机制,那么所有关于国家的责任和企业的义务(《指导原则》中核心原则一和二)都只不过是一纸空文,不会对人们的生活产生任何影响。因此,核心原则三关涉如何获得有效救济。《指导原则》明确声明,获得救济的过程中,起作用的不仅仅是法院。因为通过法院切实得到救济可能会花费非常漫长的时间,成本太过昂贵,同时,救济过程中还可能遇到很多阻碍。因此,从权利享有者的角度来看,重视所有种类的救济渠道异常重要,包括国家提供的救济渠道(比如法院以及国家人权机构)和企业提供的救济渠道(比如一些矿业公司自身有关部门可以处理当地团体对其的投诉)。

因此,《指导原则》很切合实际,其既鼓励每个人都关注人权领域的救济机制,也鼓励国家为受害者建立多元化的救济机制。需要注意的是,虽然非司法救济渠道的实用性很重要,但是也要确保受害者在任何情况下都享有通过法院获得救济的权利。《指导原则》明确指出,国家人权机构是一个重要的基于国家的、独立的非司法救济平台。《指导原则》鼓励国家人权机构与企业、政府协商解决工商企业与人权的相关事宜,并明确了国家人权机构在工商企业与人权领域的重要性。

第八章 贸易谈判中信息获取的技巧

所有的理论视角和知识结构最终都需要通过具体的谈判技术呈现在具体的沟通与谈判对话之中。人们对谈判常常会有种错误的认识，即认为优势谈判者是在谈判桌上声音最大、最具有攻击性、让别人付出最高代价的人。实际上，好的谈判者是好的合作者，是最善于获得信息的人。信息越丰富，越能够帮助人们建立同理心，理解其他人的利益诉求、意图和目标，并且愿意帮助谈判中各方将他们的利益、意图和目标最大化。所以，在谈判中最重要的是信息交换技巧，包括使用更为有效的提问方式或回复方式获得信息等。本章将就这些问题展开具体的说明与介绍。

第一节 如何获得有效信息

一、镜像法

谈判中，一个常见的错误就是谈判方必须捍卫己方的立场，例如必须精心准备自己的论点、准备完整的计划以说服对方接受本方的观点、呈现本方的价值观等。但事实并非如此，至少这不是谈判的前期内容。

在谈判的初期阶段，谈判者首先应该明确对方想要什么，什么是可行的，需要通过了解对方的想法与他们互动，使他们感觉受到重视，以及谈判者希望这场合作能够达成。理解对方谈判目标的方法之一，就是镜像法。

现在举一个例子来说明如何使用镜像法：

在一个讨价还价的过程中，对方说："你的价格太高了。"你说："我的价格太高了？"对方说："我们负担不起。"你说："你们负担不起？"对方继续说："我们的经费有限，还有很多其他要花钱的地方。"你说："还有其他要花钱的地方？"……

这样持续下去，对方会给出更多的背景信息，而且会觉得你在与他们一起就经费问题想办法，而不是与他们对抗。当我们把一场摔跤变成双人舞，合作即刻就开始了。

所以，镜像法很简单，就是重复两到三个对方说过的词，最典型的就是某个人所述内容的最后两到三个词。然后停顿和沉默，给对方时间思考如何回应，让对方知道我们在等待他们进一步说明。

熟练之后，谈判者就可以根据具体情况从对话中选择两到三个词。首先，这让对方感觉到他们被认真地聆听了——"我听到了你说的每一个词。"其次，这能够推动对方更好地解释其观点。很多时候，当我们使用简单的词汇描述一件事情或者一个问题时，对方接收到的信息可能与我们想表达的不完全一样。当一方重复对方的话，并表明自己认真听了对方说的每一句话，但还是没有完全明白的时候，对方会增加更多的词汇或者使用不同的词汇作进一步的解释。这时候对方会感激"重复者"认真听他们讲话，会感激"重复者"没有责备他们未能使用更充分的语言解释他们的观点，而且给他们机会进一步解释。

使用镜像法同时也是建立密切关系的过程。人们喜欢被鼓励继续谈论他们想说的内容。只有当一方对他人展示出充分兴趣的时候，他人才会反过来对"倾听者"有充分的兴趣。认真听他人讲话，简单重复他人所说的话，保持积极的态度，不去评判他人，对他人展现真诚的兴趣和好奇，这样人们就会持续地提供更多的信息。

这个方法既简单又充满力量，但同时也是一项非常不寻常的技能。很多人会在这个过程中感到尴尬，我们可以多做这样的练习，练习一段时间之后，大多数人会自然而然地从这种尴尬中超脱出来。

谈判过程中对心理学应用的一种极高境界，就是让对方以你的方式参与这场活动。在镜像法当中，虽然表面看起来是对方在主导，但是在这个过程中，对方持续地呈现他们的想法，你可以巧妙地获取大量原本没有掌握的信息。所以，镜像法对于信息收集非常关键。

用一句话总结镜像法，即"重复对方说过的两到三个词＋停顿和沉默"。

二、标签化

标签化方法是指，用一个看似"客观"的陈述刻意总结或"标签"对方的语言、行为或感受。在谈判中，标签化可能是最重要的获得有效信息的技能，因为它最不会招致反对意见。具体做法如下：第一步，谈判者应敏锐地捕捉对方的动态或情绪。第二步，把这个动态或情绪标签化，语言表达的句式可以是："看起来好像……""听起来好像……"

假设谈判中的一方有了某种不好的情绪，谈判陷入了尴尬，这个时候，其他谈判方可以说："听起来贵司似乎在这个问题上有些生气……"

当听到其他谈判方这样说时，被标签的一方在大脑中的反应会是：我生气了吗？这引发了一种反思，这种反思会产生三种效果：第一，它会消除或者减轻被标签方"生气"这一负面情绪，因为这一情绪同时被他自己以及其他谈判方看到了。第二，这个"标签化"的过程可以帮助其他谈判方获取更多的信息。被标签方可能会开始向其他谈判方阐述他到底是怎样的感受，是否真的生气了、为什么生气、是什么问题触碰了他的底线等。第三，谈判者之间会开始建立关系。在被标签方就该"标签"作进一步阐释的过程中，施加标签的其他谈判方就不动声色地增强了对这场谈判的影响力。这种影响力建立在被标签方向其他谈判方敞开心扉的基础之上，代表了谈判者之间相互信任的增强。

当对方呈现出的情绪是某种积极的情绪时，也可以使用"标签化"的方法。"标签化"能够更加强化这种正面情绪，拉近彼此的关系。比如，一方想要对方为自己付出更多时间，那么就可以告诉对方："我真的非常感激你在这件事情上花费了这么多时间。"

有的时候，使用标签可能并不会得到对方的回应。但这并不代表这些标签没有作用，正好相反，这说明标签正在发挥作用。此时，谈判者所要做的应该是找到更多的标签。而找到更多标签的方法之一就是镜像法，谈判者可以对镜像法进行无数次重复使用，直到找到一个很好的标签。所以，镜像法和标签化可以很好地结合起来，镜像法可以帮助谈判者逐渐掌握其他谈判方的情绪和动态，标签化可以很好地引出更多的信息。有的时候，谈判者还可以故意使用错误或夸张的标签引导对方不要朝某个方向走得太远。

使用一个标签之后，要适时地停止讲话，不要急于解释这个标签，也不要在这个标签上添加任何其他内容，让对方充分吸收这个标签，使这个标签的作用得到发挥。即使想到另外一个很好的标签，也要先让第一个标签沉淀并发生效应。

镜像法和标签化的共同作用在于，通过这两个谈判技能，谈判者可以让对方感觉到他们被尊重与被聆听了。值得一提的是，在这个过程中，谈判者不需要问任何问题，不需要双方有共同的谈话基础或共同话题，就可以获取大量信息。

需要注意的是，实践中会有一些错误的标签化做法，也就是用第一人称来表达，句式是："我听到的是……""我感觉你……"一旦使用第一人称，向对方发出的信号就是，谈判者对自身的看法更加感兴趣，那就不会让对方感到其被不带评判地聆听与尊重了。所以，避免使用第一人称来进行标签化的沟通是非常重要的。

三、控制权"交付"

人们常常以为，在谈判过程中只有更多地掌握控制权，才能为自己争取到更多的利益。但在实际谈判过程中，掌控权并不意味着更多的利益，有时候反而意味着更多的责任。更多的责任意味着需要提供更多的解决方案，提供解决方案必然意味着提供更多的信息。

在谈判中，谈判者可以通过恰当的提问方式，"交付"控制权，将解决问题的权力转移给对方。这样做的实际效果并不是真正将掌控权交给对方，而是引导对方理解己方的处境，从而为己方争取更有利的结果。

比如，在人质劫持谈判中，想要知道人质是否安全，这时如果仅仅问"她现在安全吗？"，人质挟持者就会非常简单地给出一个答案，而你无从判断该信息的真实性。但是，如果问"我怎么知道她是安全的?",在这个问题下,就存在着一种微妙的语境,即人质挟持者掌控着人质是否安全的局面,解救人员似乎一点办法都没有。

第二种问法可能使得人质挟持者自愿地让人质与解救人员进行一番简单的对话,以证明人质是安全的。而人质挟持者之所以愿意这样做,是因为这个问题使得挟持者觉得自己掌控着全局,但其实是把解决问题的义务转移到了他们身上,这样就暗中改变了整个局势。

控制权"交付"性质的问题,还有一个效果,就是迫使对方产生同理心。一个迫使对方对我们产生同理心的句式就是:"这让我怎么做啊?""面对这种情况,你觉得应该如何做?"

不妨还是举一个例子:小王运营着一家手工艺品店,并且一直从另外一家大公司获取订单生产手工笔记本。但是,这家公司一直没有向小王付款,同时也一直持续地给小王发来更多的订单。小王很需要对方付款,但是又担心一旦自己要求对方付款,对方就不会再给自己订单。

这时候,小王运用了控制权"交付"的提问方法,在与该公司的谈话中说道:"因为一直没有收到货款,所以我在采购原材料时也遇到了经费紧张的问题。这让我怎么做啊?"本来小王还有些紧张,但没想到对方的回应是:"很抱歉,我们确实是应该付款给你。我们内部出了些问题,负责付款的人刚刚换了新的,我会跟他取得联系,让他尽快结清前面的款,然后再做接下来的订单。"对方其实觉得很尴尬,因为小王的表述委婉地让他们意识到自身内部管理不善,并且忽略了自己的行为给对方带来的麻烦。所以,虽然只是一句简单的话,但能切实引导对方认真地考虑小王的处境,同时认真思考如何才能推动合作向前发展。这就是控制权"交付"可以产生的引导作用。

在给对方以其掌握了控制权的感受时,所用的句式是"如何"和"是什么",而非"为什么",因为人们喜欢被问到"做什么"和"怎么做",而非"为什么"。实际上,以"为什么"为开头的提问,有时候会让人感到被指责,进而可能会触发人们的心理防御机制。比如,一个小孩儿打翻了桌子上的东西,大人通常会跑过来质问:"你为什么要打翻东西?"这样的提问会给到小孩儿强烈的心理暗示:"我做错事了。"在这种心理压力下,他会急于构建防御机制,例如解释为什么打翻、马上道歉或保证下次一定会小心等。所以,针对"为什么"开头的提问,大多数人从很小的时候开始，就在大脑中留下了因为被指责而需要展开防御的定性思维。这样的提问对谈判中关系的维护是不利的。

在贸易谈判中，当我们想要明确对方为什么要采取某种行动、实施某种政策，或者对方想要从己方这里获得什么时，如果直接问对方"为什么"，可能会破坏彼此的关系。一种比较好的做法是，把"为什么"改为"是什么"。

例如，在某一笔交易中，对方要求小王必须在三个星期内发货，但是小王觉得这个截止时间非常紧张，希望能延长一些。这时候，如果小王问"为什么要在三个星期内发货？"，这就带有明显质疑对方的意思，给人的感觉是小王认为三个星期内发货是有问题的。如果小王将这个问题改为"是什么因素导致我们必须在三个星期内发货的呢？"，很显然，质疑和不满的情绪就被大大降低了，对方在回答时也就不会启用强烈的心理防御机制。当对方需要回应的问题是"是什么"而不是"为什么"的时候，他们会感到自己掌握了控制权。

"怎么做"是用来改变和塑造对方想法的，即围绕同理心进行塑造，使对方站在己方的角度想问题，引发深度思考。在很多情况下，我们可以把"如何做"和"是什么"的问题结合起来问三个问题。这三个问题其实是同一个问题，只是用了不同的语言。但是当我们问了这三句话，对方就会从三个不同的角度去思考。思考得越多，对方也就越有可能给出一个更好的答案，对方甚至会感激提问者帮助他们把这个问题厘清了。

通过控制权"交付"来沟通的句式有：

"这让我怎么做啊？"

"面对这种情况，你觉得应该如何做？"

"如果你是我，你会怎么做呢？"

"我该如何处理这些挑战和问题？"

"如果我按照你说的做了，会发生什么呢？"

"如果我们要达成这个协议，现在我们应该怎么做呢？"

"以前发生这种情况的时候，你们是如何做的呢？"

"我怎么知道你不是只在寻求免费的咨询服务呢？"

…………

在谈判中，这些问题都能促使对方认真思考如何回复，因而也会使得对方更好地参与到谈判中来，成为合作者。

第二节　如何回应

一、如何回应虚假信息

谈判的本质是信息交换，所以在谈判中，谈判者要寻求有效信息，而不是虚假信息。对于谈判人员来说，对方给予真实的信息，或者简单地说，对方是否讲真话非常重要。

一个人说真话时，其身体的各种表现是稳定且前后一致的，而说假话时，就会出现各种不同的身体反应。例如，说话者的眼神会变得飘忽不定，有时朝左看、有时朝右看，或者向下看，呼吸和心率常常也会加快，甚至可能出现血压升高，鼻尖出汗。测谎仪正是利用说谎者这一特点展开工作。

当然，谈判时通常不可能带着测谎仪，这时需要依靠谈判者个人的直觉。每个人都会有某种直觉，如果谈判者的直觉告诉自己对方存在问题，可能正是因为对方的某些迹象与其惯常说真话的方式有些不一致。凭着这些直觉，谈判者也可以对对方是否提供虚假信息作出判断。

除了直觉和长期的实践经验，判断对方是否说假话或者提供虚假信息还有一个方法，即匹诺曹效应。匹诺曹效应是指某个人用超过必要的语言向他人提供答案。当一个人在对他人说假话的时候，他知道自己在说假话，所以就会下意识地格外用力，以尽最大努力说服他人。一个人越努力地要说服他人，那么他就越有可能在说假话。

对谈判者而言，当其发现对方给出的可能是虚假信息时，这不一定是坏事。实际上，虚假信息也可以提供很多信息。那么这个时候该怎么做呢？

首先，当谈判一方说谎的时候，这给出的信号可能是他们不敢告诉谈判对方事实，换言之，这意味着他们对情况的判断使他们必须保持防御。当意识到这一点的时候，谈判对方应该做的是，使用能够给予说谎方抚慰和信任感的语调，使该方感到谈判对方是可靠的、谈判是可预期的。说谎方往往潜意识里认为谈判对方会攻击他们，或者把他们逼到墙角，这时候谈判对方应当向说谎方展示其了解他们的立场，并且对他们的立场不予刁难。当谈判对方持续地向说谎方展示其理解与友善时，说谎方就容易放下防范，进行真实信息的交流。

其次，如果谈判一方意识到对方在说假话，这时候可以通过一些问题或者标签设定，引导对方从提供虚假信息的状态中走出来。例如，谈判一方可以这样回应说谎方："我听到你说你可以接受这个方案，但是似乎有什么问题在困扰你？""似乎我错过了什么？"这些句式的设计是为了最大限度地让对方从谎言中抽身出来。这些问题并不带有指责意味，其语调重心是好奇、合作、兴趣。"你带有防御心态""你略有担心""你害怕""你焦虑""你不信任我"，这些都是可以引导对方走出谎言局面的标签设定。

所以，回应虚假信息的句式是："我听到你说……，但是似乎有什么事情在困扰你？""是不是我错过了什么重要信息？"……

二、如何回应谈判截止日期

在谈判中，当有人设定截止期限的时候，其真正目的是希望谈判取得进展。在实际的贸易谈判中，提议的截止日期绝对无法改变的情况其实非常少见，这是成千上万的案例所显示的。截止日期的真正目的只是确保事项得以进展，当人们已经进入实质性谈判阶段的时候，截止日期就不存在了。所以，当谈判各方在谈判初期设定截止日期的时候，我们要关注的是如何在此日期之前朝着本方的目标取得实质性进展。

如果对方提出必须在某个时间前结束谈判，这时候我们该如何回应呢？第一个方法是标签化。比如可以回答："看起来你在这个问题上承受着很大的压力""似乎你需要在某个时间之前完成这些工作""看起来如果我们不遵守这个最后期限，可能会有不可挽回的损失"等。不管这样的标签化是否准确，它都能引起对方对这个问题进行思考。这个时候谈判对方就有可能告诉我们，他们提出这个截止日期的真实原因是什么,在他们这一方正在发生什么。这样我们便有可能获得更多的信息。

第二个方法是提出控制权"交付"的校准性问题,就是"会怎样"和"是什么"的问题。例如:"如果我们没有及时完成这项工作,会发生什么?""如果我们的进展落后于计划,我们如何回到正轨?""如果我们没有在最后期限前完成,我们如何进行最大限度的补救和完善?"这些问题会使得对方认真思考如何才能进一步推动合作,而这正是谈判方进行谈判的目标。

所以,回应截止日期的句式是:"看起来你在这个项目的进展上承受着很大的压力。""如果我们没有及时完成这项工作,会发生什么呢?"……

第三节 如何获得对方的同意

一、引导对方通过否定的语句给予承诺

在谈判中,人们通常都不是处于一种放松的状态,而是高度警惕。因此,引导对方总是说"是的",是一种会让对方更加紧张和警惕的做法。在谈判中,当人们给予肯定回答的时候,通常存在三种情况:一是确认,即确认一个信息的真实性;二是承诺,即认同对方所说的,相当于给予了一定参与对话的承诺;三是敷衍,即希望尽快结束对话,尽快终止这场交谈。例如谈判一方问对方:"你觉得我们会顺利实现这个交易吗?"如果对方简单地回答"是",这存在的一种可能性是他希望尽快结束与一方的谈判,因此敷衍地给出一个令人满意的回答,但实际上他最终会拒绝合作。

因此,在谈判中,一味地引导对方给予肯定回答,是具有一定风险的。因为这会给对方带来压力,不利于长期关系的建立。相反,当我们尝试引导对方给予否定句式的回答时,气氛会变得非常不同,可能会更有助于推动谈判的顺利进行。

当一个人可以说"不",用否定的方式来回答对方的问题时,通

常他会感到安全和受保护，而不会感到自己被拉进一个承诺当中。例如，在谈判中，当一方问"你觉得这样可以吗？"，如果对方回答"是的"，而另一方又追问他要额外信息的话，被追问的这一方就会觉得每一项他要给出的额外信息都伴随着他还没有准备好的承诺，因此会在进一步分享信息或回应问题时有所保留。如果一方感到被追问方每说一句话都在减少自己的自主性，那么被追问方愿意合作的动力就会越来越少。但是，如果我们可以让对方说"不"，就不会给对方带来这些不安感，对方跟我们分享的额外信息也会非常准确，让我们对情况的了解越来越清晰。

例如，在一场交易中，小王作为卖方和采购方就商品价格进行谈判。小王准备了一个略高于市场价格的报价，此时，比起直接询问对方是否能够接受这一报价，更好的问法是："这个价格会非常不合理吗？"对方可能会说："没有不合理，只是我们觉得比我们其他进货商的价格要高一些。"这个时候小王就可以获得有关竞争者的一些信息，进而小王就可以展示自己与其他竞争者相比的优势，建立与该采购商的长期合作关系。

二、盘点负面因素或情形

无论是引导对方给予否定句式的回答，还是肯定句式的回答，谈判方真正想要的是一个具有真实意愿的承诺。不过，即便得到了积极的承诺，如果没有切实的行动去实现，那么这个承诺就不具有任何意义。所以，在得到对方的承诺之后，如果对方没有提及如何做，此时我们应当加以追问，表达的句式可以是："我们应该怎么开始开展有关事项呢？"

但是，怎么做的过程中不可避免会有"障碍"出现。这个时候，可以通过盘点负面因素或情形，将可能出现的障碍提前展示给对方。盘点负面因素或情形是指，详细清点、摸排整个谈判过程中已经出现或可能会出现的负面因素或情形。

对于负面因素或情形的盘点，应该越全面越好、越早越好。这样做的目的有三个：一是当指出这些负面因素或情形时，就表明了我们愿意解决问题的态度，这本身就给了对方谈判能够推进并获得成功的积极暗示。二是未经表达的负面因素或情形不会消失，它们反而会不断增长，长成毒瘤。所以要尽早把它们挖掘出来，以便各方可以商讨解决方案。三是降低对方的预期，这样，当对方听到我们的最终提议时更易接受，这就是先抑后扬的效果。

盘点负面因素或情形的方式因具体关系的不同而有所不同。如果谈判双方已经处在一种长期关系当中，此时可以通过直接标签化的方式进行。例如："似乎你没有从我们这里得到你想要的所有信息""可能会有一些不好的情形出现""感觉我们可能会浪费你的时间"等。如果谈判双方尚未建立合作关系，此时就应该带有一些推测，多些试探，更多着重于"或许发生了什么"。所以，在谈判的一开始，试图作负面因素或情形盘点的这一方可以说"你可能在想为什么我们会有这次会面"等。

如果谈判一方决定通过指控自己来作负面因素或情形盘点，同样需要彻底和全面。在作盘点的时候，可以一边说，一边观察对方的反应。比如，一方列了15项对自己的负面指控，当说完前3项的时候，对方可能就会说"别对自己太苛刻了""你也没有那么差"等。这时就已经使得对方站在了本方的角度，实现了让对方对本方产生同理心的目的。

谈判专家克里斯·沃斯（Chris Voss）给了一个例子：他住酒店经常要延迟退房，每次他给前台打电话要求延迟退房的时候，前台一般都会拒绝，并要求必须在12点之前退房。这个时候他会亲自去前台，找到刚刚跟他在电话里通话的工作人员说这么一句话："我准备好了要让你这一天非常难过。"然后停顿，什么也不说。这个时候该工作人员的大脑会迅速想象他可能会面临的各种糟糕情况，甚至回忆起他以前遇到的各种难缠的顾客提出的各种奇葩的要求或问题。该工作人员可能会惴惴不安地追问发生了什么事。这时，沃斯再提出他需要延迟退房。当对方听到他只是想延迟退房的时候，会立马松一口气，因为相比其脑海中盘点的那些情形，这真的不是什么大事，于是就会马上满足他延迟退房的要求。[1]

---

[1] Chris Voss, Teaches the Art of Negotiation, online video class, https：//www. masterclass. com/chris‒voss‒teaches‒the‒art‒of‒negotiation？campaignid.

这个过程中，沃斯实际上引导对方作了一次负面情形盘点。这样的负面情形盘点，为沃斯争取到了他想要的结果。

三、让对方感受到公平

公平公正是促成谈判最重要的基础之一。当谈判方感到自己没有被公平公正地对待时，谈判是无法进行下去的。下面的例子可以很好地说明，当谈判方感到自己没有处在公平公正的环境中时，会发生的情况：

两个人走在街上，一起捡到100元。他们本可以一人一半，但是假设在这个博弈中，只有一个人可以提议如何分这笔钱，另一个人只能接受或拒绝，而且提议方只有一次提议的机会，另一方也只有一次接受或拒绝的机会，中间没有讨价还价。这个时候，如果提议方表示要三七分，自己分得70元，对方分得30元，另一方会觉得十分不公平，甚至感到愤怒。在这种情绪的支配下，他可能选择不要这30元。

我们听到这个故事可能会觉得放弃这个机会的人很傻，原本他可以白白获得30元，但是因为觉得自己没有被公平地对待而放弃了这个机会。其实这种情况每天都在发生。很多人故意撕毁合作协议，宁可什么都得不到，因为他们觉得协议不公平公正。反过来的情况则是，如果谈判方觉得他们在一项合作中被公平公正地对待了，那么很有可能他们并不会拒绝接受一个较坏的协议。

聪明的谈判者都知道，应当让对方在谈判中感受到被公平公正地对待。因此，我们在谈判中可以主动地说这句话："我的意图是公平地对待彼此。如果在任何时候，我做了让你感到不公平的事情，请告诉我。我们一起来商量怎么解决。"这种明确的表达对于建立信任的谈判环境具有重要作用。

但是，如果谈判方已经采取了公平公正的方式对待其他谈判方，而其他谈判方想要用"每个人都希望公平公正"这一基本人性来操控或影响谈判的时候，我们应该怎么办呢？这时可以使用的一个句式是："或许我的哪些做法或提议是不公平的，请你不妨坦率直言，我很想知道我哪些地方思虑不周。"这个时候便适当地反击了对方的操控。

第四节　如何讨价还价

掌握讨价还价的基本技巧意味着让对方同意自己的心理价位，这是每个谈判者参与贸易谈判的核心目标之一。谈判者如果能够善用前面所介绍的获取信息的方法，可能在谈判中便不再需要讨价还价，而可以在与对方的沟通中自然获得一个令各方都满意的谈判结果。但是在许多情况下，例如时间有限、无法获得足够的信息，谈判者是无法获得一个令各方都满意的谈判结果的，因此谈判者需要掌握讨价还价的技巧，以使谈判符合自己预期的交易目标。讨价还价主要有以下几种方法和原则：

一、阿克曼议价法

阿克曼议价法是一个以其提出者麦克·阿克曼（Mike Ackerman）来命名的议价理论模型。该模型下的议价过程包括五个步骤：[1] 第一步，设定自己的心理价位（目标价位）。第二步，计算并给出该心理价位的65%。第三步，计算并准备好三个可能增加到的价格，分别是心理价位的85%、95%和100%。第四步，在每次提价之前，利用同理心和各种方法拒绝对方的出价以作抵抗。第五步，在给出最终报价的时候，使用精确的非整数，同时抛出一些非金钱形式的实物。当然这些实物大概率是对方不想要的，但是这会让对方感到他们真的已经触碰了你的底线。整个过程要让他们觉得自己一方费了很大劲才争取到目前的价位，这应该是最好的结果了。

下面我们通过一个例子来观察阿克曼议价法是如何被使用的：

---

[1] [美] 克里斯·沃斯、塔尔·拉兹：《掌控谈话》，赵坤译，北京联合出版公司2018年版，第196—197页。

假设小王要在店里买一把标价 250 元的椅子，小王的心理价位或者底线价格是 100 元。根据阿克曼讨价还价模式，小王的讨价还价过程是这样的：

第一回合 小王对店员说："我有一个心理价位，但是老板你肯定不会喜欢这个价格，因为真的非常低，我都有点不敢告诉你这个价格，怕你听了生气。"这种做法类似于负面情形盘点，通过这种方式，小王给老板提供了低报价的预警，这样老板可能会把预期降得比较低。

第二回合 小王继续释放烟幕弹，说："老板，我真的不敢告诉你我的心理价位。"这个时候老板可能已经非常想要知道小王的报价，于是会请求小王出价。

第三回合 小王此时报出"65 元"的首次出价，也就是他心理价位的 65%。老板可能不会很高兴，但是也不会太生气，因为是老板自己允许小王报价格的，而且小王已经通过将负面情形标签化的方式降低了老板的心理预期。但是，由于小王的出价距离 250 元的标价差距很大，所以老板大概率会说："这个价格太低了，你怎么会给出这么低的报价，这肯定不行！"

第四回合 这个时候，小王可以说："我也感到很不好意思，我出价有点低。但是，我最近确实手头没有多余的钱。"这样表述的目的在于持续地争取老板的同理心。在这个过程中，小王要仔细地观察老板的反应。在这一回合，老板可能会回馈一个比 250 元更低的价格，例如 220 元之类的。

第五回合 此时，小王首先需要对老板的降价表现出感激和积极的态度，然后可以给出第二次出价 85 元，也就是比第一次出价增加了心理价位的 20%。这个时候老板会觉得小有成就，因为小王提高了价格。在老板看到买卖有可能成功的情况下，他们通常也会继续降价，或者通过言辞表明 220 元不能更低的原因，例如成本、运输、库存、质量等。

第六回合 小王可以继续诚恳地表态愿意提高出价，但确实需要看一下自己手头的现金情况。这些进展会让老板感受到他的坚持迫使小王提高出价，这增强了老板的成就感，并加大了老板推动买卖成功的意愿。

第七回合 小王给出第三次报价 95 元，也就是他心理价位的 95%。在给出这个报价的时候，小王要继续使用前面的表达方式，例如抱歉、感激等。这次的报价一定要是奇数，如果能有小数则更好。例如，在心理价位是 100 元的情况下，报价可以是 95 元、97 元或者 97.3 元等。这会让老板觉得小王可能已经给出了他能给的最高价格。但是为了确认，老板可能还会尝试再一次要求提价。

第八回合 这时候，小王说："我真的拿不出更多的现金了，实在不行我把这件外套送给你，或者把这个背包送给你。"这样做其实有点过于"戏精"，但是这会让老板觉得他已经从小王这里得到了他能得到的全部。

阿克曼议价法是在缺乏足够信息的情况下，针对简单的交易活动采取的模式。这一模式的应用场景是有限的，但谈判者如果在某些交易情形中，感到议价有些尴尬或不知如何进行，可以尝试使用这个模式，按步骤有条不紊地进行讨价还价。

在从经济学视角理解贸易谈判时，我们提到过了解对方底线的重要性。在讨价还价过程中，如果我们将自己的心理价位之锚抛得离目标商品或服务的实际价格太远、太离谱，那么谈判对方很可能会直接走开，这样我们就可能不会获得任何沟通与贸易的机会。所以，在提出报价的时候，成熟的谈判者一定会考虑和注意对方的情绪反应。如果一方在没有给予对方任何预示的情况下给出一个偏差很大的出价，对方的反应会非常负面。这个负面情绪会成为"有毒残留物"，对长期关系非常不利。所以在报价的时候，报价方首先应作负面情形盘点，比如"我的价格很高，比你预期的高很多""我的出价可能会有点低，你不要生气"等，这样的表达可以缓解报价可能给对方带来的负面情绪，使得议价过程可以继续开展下去。

二、专注于非价格性价值条款

有人主张在贸易谈判中，应当首先报价，并且提出较高的报价，以掌握定价权和主动权。但是，这样做并不一定好。因为率先报价，便意味着放弃了先一轮获取信息的机会。而且，当一方给出价格时，关于该价格的很多相关信息就会向其他方展示出来。在谈判中，掌握更多信息的一方实际上掌握着谈判的主动权。

但是，在谈判中总有一方需要首先给出价格。如果谈判对方想尽办法让己方首先报价，这时，己方可以巧妙地转化"报价"主题，掌握主动权去界定该贸易或交易中的其他重要环节与内容。例如，被要求报价的一方可以说："咱们先不提价格的事儿，先说说如果能成，咱们该怎么交货吧。现在海运集装箱不好订，或者可以通过铁路运输？"类似这样的沟通可以给予双方机会讨论什么样的交易才可能让彼此都觉得是一个很好的交易。这样做，一方面可以转移"报价"的责任，另一方面可以让对方清楚满足你所预期的哪些条件才能达成一个很好的交易。

这个技巧在买车的时候能够得到较好的利用。通常汽车销售人员总会尝试在交易过程中增加一些其他的付费服务，以获得更高的销售价位。但是，他们一般会在客人买车的时候先询问客人的心理价位。这时候，客人可以把车的价格放在一边，与销售人员沟通那些额外的服务和条款，从而为自己争取一个"好"的交易。例如：客人可以询问销售人员，如果在这里买车，是否能享受到一些较好的服务；销售人员可能会说，客人如果能长期在销售商这里做汽车保养的话，可以获得一个很高的买车折扣等。这是一个很好的技巧，因为大部分时候，谈判者可能会把所有的注意力都放在价格上，而忽略了其他条款也可能是这次交易可以谈判的关键。

三、提供价格范围

还有一个方法可以避免不得不首先报价所带来的信息不对称，即向对方提供一个价格范围。这个范围应该由两个因素决定：一是市场价格，二是报价方可以为之付出的价格。也就是说，报价方可以根据市场价格和己方愿意为之付款的价格提供一个价格范围。需要注意的是，当报价方给出一个价格范围的时候，对方一定会想要以这个价格范围内对他们最有利的那个价格来完成交易。所以，一旦报价方给出价格范围，就必须做好准备接受那个对对方最有利的价格。与此同时，还存在一种可能性，即其他条款可能会补偿报价方的心理价位。这也是为什么谈判者之间展开头脑风暴是非常重要的，因为也许真的存在一些可以为彼此创造更大价值或者更多双赢的内容，这些并不反映在一般价格条款上。

四、结　论

谈判的本质是信息交换和价值共享。在本章，我们把国际贸易谈判中的综合性学科视角转化到具体的谈判技巧中，分析了如何进行信息交换和价值共享，包括如何通过提问和非提问的方式获得有效信息、如何辨别和利用虚假信息、如何回应其他谈判者、如何获得对方的同意，以及如何讨价还价等。对于谈判者来说，从学科理论与原则到实践技巧与方法还需要一个有效的桥梁，即谈判的沟通与表达，下一章我们将着重对此加以论述。

第九章 国际贸易谈判的沟通与表达

如前文所述,国际贸易谈判中的沟通与表达是谈判理论与原则和谈判技巧与方法能够落地的根本载体。要实现有说服力的信息表达,谈判者往往需要有技巧地运用口头语言、肢体语言和书面语言等不同表达方式。本章将侧重探讨有关有效沟通与表达应遵循的基本原则和方法,同时就各种形态的沟通与表达展开具体讨论。

第一节 国际沟通与表达概述

一、沟通不畅的"代价"

美国人力资源管理协会(SHRM)对400家员工人数在10万及以上的公司进行了一项研究,该研究发现,由于沟通不畅,这些公司平均每年收入损失达6240万美元,总计超过240亿美元。[1]

一项基于从事跨境交易的中国企业的相关研究,将谈判失败,包括未能达成交易和未能有效整合与实施的情形,归因于以下几方面,并说明了其占比[2]:

- 未能明确投资战略及目标:60%
- 尽职调查中未发现财务、运营和管理中的问题:56%
- 未能及早预测或计划交易后的整合方案:46%

---

[1] 参见 https://www.shrm.org/resourcesandtools/hr-topics/behavioral-competencies/communication/pages/the-cost-of-poor-communications.aspx。

[2] The Economist-China Going Global Investment Index, 2013, https://china.ucsd.edu/_files/odi-2013/09232013_Paper_Liu_ChinaGoingGlobal.pdf.

- 交易后整合工作失败：44%
- 未能选择正确的目标：37%
- 超额投资：27%
- 依赖不合适的第三方服务提供商：27%
- 缺乏语言技能：2%
- 其他：2%

上述许多问题都与沟通不畅有关，沟通不畅甚至经常是导致这些问题的直接原因。

二、不可忽视的传统

在大多数文化中，人们倾向于认为，较为正式的活动一般都具有特定的仪式感。例如，在对外文化交流活动中穿着传统服饰，在重要的节日举办特定活动、烹饪特定菜肴，等等。这些传统大多有着悠久的历史，有些有明确的来源，有些则没有；有些正在消失，有些还在被积极地延续；有些正与时俱进，有些可能已脱离时代。不管怎样，大多数传统根深蒂固、源远流长。它为该文化圈中的人们所熟悉，带给他们舒适感和自信心。因此，在特定沟通或交流中，尊重并保持这些传统做法会在精神上把个体带到一种更简单、压力更小的状态中。此外，尊重传统还会带来一种虽无法验证却真实而强大的心理暗示：如果遵守特定的规则和仪式，就会诸事顺遂，得偿所愿；而不遵守这些规则和仪式，很可能事与愿违，心愿落空。

在跨文化的谈判与沟通环境中，采用尊重传统的做法很务实。如果我们了解谈判对方的文化、习惯、特定礼仪，甚至是他们的风俗人情，就具备了成功交流的先决条件。

当然，在许多方面，由于多种原因，情况并非如此简单。例如，当存在紧急事项或重大利益事件时，或者当涉及的权力和紧迫性程度不同时，或者当其他行为体各有企图且能够以非传统方式施加影响时，谈判与信息交流可能会在一定程度上出现不可预测或者无法完全控制的情形。这就是为什么尊重传统文化和特定仪式的方法不一定有效，谈判者应进一步在需要预测、管理和控制的内容与事项上进行优化，以便能更好地处理交流时可能发生的"变量"和新情况。

三、现实与挑战

科技的进步使得国际沟通正变得比以往任何时候都更为简单，例如通信和网络技术的发展使得很多国际沟通可以通过电话和网络的方式进行，人工智能甚至能在可预见的未来一定程度地取代谈判者。新冠疫情的影响进一步催化了通过"非现场"方式进行国际交流和谈判。在这种情况下，许多传统的隆重仪式和例行礼节都消失了。

然而，以往的研究表明，电话谈判通常不太成功，因为除了语言，其他的沟通和表达方式无法展现，而且谈判者更有可能分心或受到干扰。通过 Zoom 或腾讯会议等平台进行远程谈判，相对得到更好的评价。但与面对面的谈判相比，网络谈判同样也在沟通和表达的有效性上大打折扣。

除了"非现场"谈判对沟通与表达带来的挑战，全球化水平的提高进一步加剧了当下国际贸易谈判的复杂性。一方面，全球化促使公司的国际化加强。全球化使得国外市场变得更加可以触碰，各种规模的企业得以在其间施展身手。在这些企业中，很多都面临着首次与来自其他文化背景的合作伙伴和客户打交道的情形，在复杂的国际商业规范系统中摸索前行。在中国"一带一路"倡议的背景下，有很多这样的商业例子。在巨大的中国国内市场的吸引下，许多此前没有涉足过国际业务的"一带一路"沿线国家企业都试图与中国的企业开展合作。但对于那些准备不足的企业来说，如何有效沟通是面临的挑战之一。

另一方面，全球化也促使跨国和跨文化团队在相关公司和其他组织中变得越来越普遍，知识库日益多样化，新的有洞察力的解决商业问题的办法不断出现，虚假界限和盲点被消除，企业以及跨国交流因此受益。

以上所有因素都相互作用，会对未来的沟通与交流产生什么影响尚不清楚。近几年的线上谈判、线上会议和线上商务活动等表明，礼仪、肢体语言和其他类似的沟通方式在一定程度上被弱化了，但是线上交流并非可以完全随心所欲、举止失仪，传统的与沟通和表达有关的基本原则和方法依然应得到遵守。

第二节　国际沟通与表达的基本原则

在开展国际贸易谈判交流中，谈判者常常会思考的问题是：如何为一场国际贸易谈判做最好的准备？一般来说，准备一场国际贸易谈判存在一些明确的方法，比如理解对方的立场、了解对方过去的做法以及了解对方本次谈判的目标等。但是最为重要的是，谈判者在谈判中要确保与对方开展有效的国际交流，这是谈判进行的前提。而要实现这一点，应该遵守如下国际交流的基本原则：

一、不犯基本错误

在国际交流中，谈判者首先要做的是确保不在基本的政治立场以及经济、文化背景知识方面犯错。在国际贸易谈判中，各方尽管围绕的谈判主题是经济与贸易，但是不可避免会涉及其他话题，一场优质的谈判甚至必然会有这样一些主题之外的沟通，因为这有助于增进谈判方之间的情感交流，然而这样做又隐含着巨大的"犯错"风险。

因此，在和来自陌生文化背景的谈判者开展交流前，应尽量提前做一些准确的调查，了解对方主要的背景知识，掌握一些躲避交流陷阱的方法。实践中发生过许多令人大跌眼镜的、不恰当的文化交流，这些失败的交流是没有做好前期调查、没有交流风险意识或缺少常识造成的。一般来说，在多数谈判情况下，尤其当双方有紧密利害关系且又能互惠互利时，一些不恰当的交流虽然可能会被忽略，但还是可能产生一定影响。例如，一家公司在商务谈判活动中的某些言论触及了另一方的政治底线，那么这一信息一旦公开，会极大地影响公众对这家公司的意见和看法，进而可能会给该公司造成无法挽回的后果。

在跨文化交流中，文化显然很重要。如果谈判者能在国际交流中表现出对对方文化的熟悉和喜爱，那这一定是促使谈判成功的加分项。然而，作为普通的谈判者，我们不可能，也没必要成为文化的百科全书，但底线是不要犯一些最基本的忌讳。

二、相互尊重

许多商业交易和国际交流都是从旅游开始的。2017年，联合国世界旅游组织推出了以"旅游、享受、尊重"为主题的旅游礼仪指南手册，对国际谈判交流中的相互尊重原则给予了很好的解释。该旅游礼仪指南这样描述道：

> 向你的东道主和我们共同的遗产致敬：研究你的目的地，了解当地的习俗、传统和社会条件，这是一个对当地社区建立了解的好方法，还会让你对未来的冒险感到兴奋；学会说几句当地语言，可以帮助你以一种更有意义的方式与当地社区和人们建立联系；体验和尊重国际目的地所有与众不同和独特的东西，从它的历史、建筑、宗教、服装和通信规则，到它的音乐、艺术和美食；拍照前一定要问清楚，因为他们的隐私和你的一样重要。[1]

与人交往时要尊重他人，有耐心、有见地，这是常识，与来自不同背景和文化的人交往时更应如此。关注共同的历史和价值观，强调其中积极的一面，是最大限度地实现沟通的先决条件；意识到当地的区域问题，以及与当前交流相关的全球"大局"，也是成功交流不可或缺的一部分。

优秀的谈判者非常善于主动了解和尊重东道国或对方的历史文化，从而为自己的谈判加码且减少误判。例如，美国著名外交家亨利·基辛格（Henry Kissinger）在1972年的中美谈判中扮演了核心角色。他曾说："当我们试图告诉中国如何组织其内部事务时，很容易忘记中国曾拥有14个朝代，其中10个朝代的历史比整个美国的历史还要长。"基辛格非常清楚，在美国作为一个国家出现之前，中国已拥有了4800余年的历史。这显示了他对中国历史与治理的尊重，以及对谈判本身的尊重，这也为他赢得了谈判中更多的发言权。

---

[1] 参见联合国世界旅游组织官网的介绍，Tourism for Development-Good Practices, 2017, https://www.unwto.org/tourism4development。

三、诚信为本

良好的国际交流要求谈判者在交流过程中表现出足够的诚信。诚信是谈判的基础与命脉，是谈判不可或缺的基本准则。在国际交流中，语言、文化等问题往往会导致沟通上的误解，此时，诚信就显得格外重要。利用对方一次误解而占到一些"便宜"，其实从构建双方长远关系来看是十分不"划算"的。因此，好的交流应该是在看到、听到对方存在某种对本方有利的误解时，不应装聋作哑、将错就错，而应诚实地纠正、准确地表达。在彼此陌生的跨国交流中，诚信地交流比所有技巧都重要，因为它获得的是最重要的"信任"。

四、态度至上

良好的国际交流还要求谈判者展现出良好的谈判态度。优秀的谈判者非常清楚这一点的重要性。谈判者的工作是管理谈判，理解对方背后的原因和顾虑，并充分利用谈判桌上各方态度的动态变化和相互作用。那么如何构建并展现良好的谈判态度呢？有很多策略可以应用和学习。每个谈判者都有与生俱来的气质，因此，那些自然的、适合个人的"风格"和"优势"是更可取的。但是总体上，热情大方、不卑不亢、真诚友善是适合所有谈判者的良好态度。所有的谈判者都会远离那些滥用职权和地位、以不合理或不当方式向对方施加压力的合作伙伴，任何极端展示权力的做法都是不合适的，也不会受欢迎。

通常，我们认为没有达成协议的谈判是失败的，但成败更好的衡量基准在于该谈判是否进行了有效的沟通，因为这决定了双方之间的未来发展。在国际贸易谈判中，只要能全面阐述理由，经过善意沟通和合理让步后未能达成协议也是可以接受的。一项国际贸易谈判，即使当下未能签署协议，但只要双方进行了有效的交流，某种意义上它就是成功的。在国际环境中，有很多这种"失败"或"停滞"（数十年）的谈判案例，随着局势的变化，或许在未来的某一天，各方又能在原来沟通的基础上达成共赢的结果。中国有句古话："买卖不成仁义在。"说的就是类似的道理。任何时候，国际贸易谈判者都应有大格局和大视野，不过分计较当下的得失，"风物长宜放眼量"。

第三节　各种形态的沟通与表达

恰当的口头表达、肢体语言，良好的时间管理能力等，都与成功的谈判密切相关，每个谈判者都应该在这些方面努力提升。

一、口头表达

专业的国际贸易谈判一定会涉及一些特定的表达。对此，既要做到简明扼要又要有说服力。如果涉及法律领域，可能要求会更高，因为法律领域表达的原则是每个词都很重要，都有特定的含义，并且应该在该特定含义上使用。例如，在法庭上通常当事方应该说"我们主张"，而不是"我们觉得"或"我们相信"。法律上的这种要求和习惯在谈判场景中并不常被采用，但仍然提供了一个很好的参考点，提示谈判者如何专业、沉着冷静以及正式地表达。例如，当讨论的问题尚不清楚时，不应该使用"清楚地"和"显然地"等字眼，最好也避免"事实上""实际上""自然"这些表达。因为这些词汇并无必要，特定情形下还可能构成错误的陈述。

在某些文化中，在"评判"别人的提问、陈述或展示时，不管内心的真实想法是什么，都会习惯于客套地说"这是个好问题"或"谢谢你精彩的报告"等。但在谈判中，这种行为实际上并不合适。这些略显"不走心"的客套并不必要，有时反而会显得屈尊俯就、过于讨好或不专业，因此几乎不会为双方间的交流增加价值。

在句式和用词的选择上，一个良好表达的标准是"简单而不简化"。所谓"简单"是指，口头表达中避免陈词滥调（clichés）或使用过分专业的术语。虽然外语中个别单词的口音和发音不准不太影响理解，但如果多次尝试使用"高级词汇"而又无法准确发音，效果往往适得其反。简短而清晰的表达，往往胜过华丽的辞藻或装腔作势的措辞。事实上，法律界和法学院一直强调在谈判中应避免使用"法律术语"。此外，请注意，除非谈判双方彼此熟悉或处于舒适的状态，任何俚语、戏谑调侃等非正式语言一般来说都应该避免。当然，没有什么是一成不变的，一个讲得好的笑话也有可能会打破僵局，或成为前进的工具。

所谓"不简化"是指句子不需要繁复冗长，但鼓励使用一些幽默有趣又让人记忆犹新的创意式表达。总之，通过得当的句式和用词，最终目的是增强表达的有效性，能够最大限度地使谈判对方接收到更多的信息。

在语言的节奏和力度上，一个优秀的谈判者应该做到张弛有度，既不"咄咄逼人"，也不太过温顺。一个有意思的例子是，有评委总结了历届杰塞普国际法模拟法庭辩论赛（Philip C. Jessup International Law Moot Court Competition）中最终获胜队伍的特质，发现他们的共同点是可以温柔而坚定地表达自己的意见，在进攻性和防守性上都拿捏得当。当然，每个谈判者都可以有自己的风格，并且最好能有自己的风格，但任何风格都应注意随和与自信之间的平衡，使沟通既不过分紧张，也不过于随意。

语气和语调也很重要，它们也能够传达意思，但很多人没有充分意识到语气和语调的作用。对于一个进行谈判交流的人而言，如果其在讨论一些老生常谈的问题时表现得过于严肃或戏剧化，或者在讨论一些严肃的问题时表现得过于"轻松"，或者在任何情况下表现得过于孤僻、冷淡和被动，都会降低这个人的说服力。改变节奏和语气，适当强调问题，可以很好地吸引并维持倾听者的注意力。

此外，沉默有时也会起到意想不到的效果。兰斯·默罗（Lance Morrow）有句名言："永远不要忘记沉默的力量，大量持续不断的令人不安的停顿，最终可能会导致对手胡言乱语和败退。"[1]

在很多正式谈判场合，通常都会有开场陈述或总结发言。有些人洋洋洒洒准备了一大堆，但事实上，太多的信息或太长的报告往往会让"受众"感到无聊，或者导致他们忽略一些问题。针对开场陈述或

---

[1] Lance Morrow Quotes, BrainyQuote.com, BrainyMedia Inc, 27 May 2023, http://www.brainyquote.com/quotes/lance_morrow_393421.

总结发言，应该侧重对要点的强调，以及向利益相关者发出行动的呼吁。在谈判环境中，一般来说，在每开始一个具体问题的讨论之前和结束之际，也应该进行相应总结。如果时间紧迫，并且有正在讨论和调整的书面文件，那么直接邀请或提示各方参考书面文件中的相关章节即可，不一定需要再进行口头重复。

二、肢体语言

在国际谈判交流过程中，除了口头表达，肢体语言也是十分重要的一部分。一个人的肢体语言既可以为其表现、陈述和说服力增值，也可以分散对方的注意力，而在糟糕的情况下也会冒犯对方或让对方感到不舒服。当然，并没有一套完整的肢体语言标准，但最基本的层面上，如果站着，那么应该昂首挺胸；如果坐着，那么应该腰背挺直，不要左右摇晃；不管站着或坐着，都应避免用拳头或笔敲打桌子，或制造其他一些不适当的噪声。作为一个谈判者，应始终牢记，肢体语言任何时候都可以用来展现自身的自信，即使在紧张的时候，使用自信的肢体表达也会有所帮助。

肢体语言不会在所有情况下都发挥作用，但是肢体语言太少或太多都不行。并不是说完全静止就能表现出自信和平静，实践中，许多富有魅力的公众演讲者都会走动，或者用手势和面部表情来引出观点、强调或表示不同意。当然这一点也可能因文化而异。

一些专家建议在发表演说的时候，"尽可能多地占据空间"，意思是站在高处，或者多一些走动。他们认为，四处走动时可以"强迫"其他人的目光跟随，从而起到让其他人"参与"讲话的效果。我们可以看到，美国总统候选人在竞选辩论时大多采用这种风格。这样的方式可能并不总是合适谈判场景，但当谈判环节中涉及开场演讲，且相关物理环境设定允许这样的做法时，也可以予以考虑，以此增强肢体语言对信息交换的影响力。

谈判的时候可以使用手势，但要适当，不要过度，并且只在其帮助传达论点的意义时使用。目标是要表现出很酷的专业精神。例如，如果需要表示赞同或反对这样比较明确的信号时，可以用手势，但不建议用脸、身体、感叹词等来进行。

面部表情、身体姿势和手势应该是一致的。适当的微笑可能是一种资本，舒适的音量和音高也同样如此。谈判者应该避免任何显示其紧张的"表露"，如皱眉、摸脸、交叉腿或交叉手臂等，这可以通过日常的练习找到自己的"习惯性动作"，并尝试消除它们。练习肢体语言需要有耐心，以及诚实和勇敢的心态。可以在镜子前进行练习，记录并观察自己，以便更清楚地了解自己的表现及失误。至于音量和音高也可以通过录制自己的声音来培养交流意识，并查漏补缺。

在一场谈判中，即使某个时刻谈判者不是众人关注的焦点，肢体语言仍然很重要。一方面，专业的谈判者没有必要摆着一张"扑克脸"，想法和情绪也不应该"写"在脸上；另一方面，谈判者可能随时需要进入谈判或发言情境中，让肢体语言随时处于参与的状态是帮助其在发言时进入状态的一个良好的准备。

学习倾听也很重要，这对谈判者而言也是非常重要的一项能力。积极倾听可以使谈判者更好地把控人与人之间的关系，注意人们说了什么、遗漏了什么。通过掌握这些信息，谈判者可以调整其后续的行为，并使谈判结果最佳化。然而，积极倾听会受到各种干扰以及偏见的阻碍，比如在作出心理判断或反应之前不能保持开放的心态。因此，如果一个人没有积极倾听的能力，那么他应该加强这方面的训练。

倾听的时候需要认真观察，要注意他人表情或动作的变化。例如，当谈判方讲话的时候把目光移开，这很可能暗含某种意义，但也要注意当时的具体语境，以及对方故意误导的可能性。参与行为，例如眼神交流、点头、微笑、身体前倾等，表明感兴趣、接受或同意；脱离行为，例如看向别处、往后靠、眯起眼睛、皱眉等，表明感到厌烦、生气或有戒心；压力信号，例如高音调、摸脸、紧紧交叉双脚等，通常伴随着谈判过程中的虚张声势或紧张不适。

适当的眼神交流具有不言而喻的重要性，保持合理的眼神交流可以吸引其他各方的关注，让他们专注于发言者的陈述或论点。即使发言者有一定程度的紧张，也可以借此显得自信和有控制力。一般来说，过于频繁地看笔记，或者没有眼神交流，可能会影响别人对发言者的感知，进而影响对发言者的整体印象。因此，当有多方在场时，谈判发言者应该给予所有人适当的关注。当然如果谈判方来自不同的文化背景，那么相同的眼神接触和交流可能会有不同的效果。在现实情况下，谈判者应该在此事上做尽职调查。首要法则是不能忽视任何一个谈判成员。不要只关注其中的一个，但也不要在他们身上耗费同等的时间，可以根据他们对最终决定的影响程度，给予相应程度的关注。

基本上，所有的感官信息都很重要，甚至连气味也很重要。在一些文化中，很多谈判都包括用餐环节，许多交易实际在餐桌上就已经敲定了。注意到这些对交流者来说是一个很好的提醒，当进行高风险谈判时，谈判者最好能把谈判的每一个环节都细细演示一遍。

最终，我们想强调的是，行为恰当、举止有仪，会自然而无形地发挥作用。也就是说，当我们没有失态之举时，可能并不会因此得到别人的称赞，而一旦行为超出恰当的尺度，那么我们的立场和论点可能会受到负面影响。

三、时间管理

时间管理非常重要。判断谈判者优劣的标准之一体现在，在有限的时间内，其谈话重心在于重点问题还是次要问题。

接下来我们将讨论时间的概念在不同文化中是如何体现的。在现实生活中，这是一个重要的文化差异，关于时间及其相关预期需要谨慎对待。

面对时间压力，放慢语速是一个反常但很好的方法。因为压力实际上会使我们大多数人加快讲话速度，有些人甚至会快到让他人难以跟上的程度，这对谈判来说是非常不利的。在谈判开始之前，要做好足够充分的准备，熟悉既定的要点，并按照重要性递减排序（除非有预先确定的其他顺序）。另外，也不要苛求计划完美无缺，因为谈判期间有可能出现干扰、疑问和突发事件。谈判者只有在开展谈判前准备充分，才能自信而灵活地应对各种突发状况。

一个有效的时间管理计划有五个重要元素：（1）明确的目标；（2）详细的任务清单；（3）任务的优先级；（4）正在运行的重要职能清单；（5）内在的灵活性。围绕这五个重要元素，实践中大体存在以下时间管理方法：

1. SMART 法

SMART 法中的五个字母分别代表明确性（Specific）、可衡量

(Measurable)、可实现（Attainable）、相关性（Relevant）和时限性（Time-bound）这五个英文单词的首字母，SMART法是指设定目标时要明确自己想要完成的内容。可以按照下面的格式列出目标：

- 明确性——准确地陈述目标
- 可衡量——使用具体的数字或比率将目标量化
- 可实现——将目标设定在执行者通过努力可以实现的范围内
- 相关性——确保目标与业务需求紧密相关
- 时限性——确定目标的完成日期或完成过程的时间框架

2. 帕累托分析法

帕累托法则[1]是帕累托分析法的基础，经常被称为"80/20规则或二八定律"，它表明一个人20%的努力将产生80%的结果。例如：如果一个人的业务目标是10万美元的销售额，那么他为实现这个目标付出20%的努力就会带来8万美元的销售额；所做的剩下80%的努力只会带来剩下2万美元的销售额。

帕累托法则带来的启示是，"大巧在所不为，大智在所不虑"。工作中应避免将时间用在琐碎的多数问题上，因为就算用了80%的时间，也只能取得20%的成效，出色地完成无关紧要的工作是最浪费时间的。作为一项任务的执行者，每个人都应该思考如何将时间用在重要的少数问题上，这样就可以在相同的时间内取得最大化的效益。作为公司的管理者，他们更应该使用帕累托分析法对事项进行优先排序，因为他们通常需要兼顾许多事项，帕累托法则可以帮助他们获得最好的整体结果。

3. ABC分类法

ABC分类法最初是指，根据事务在技术、经济方面的主要特征进行分类排列，从而实现区别对待、区别管理的一种方法。ABC分类法早期应用于库存管理，之后被推广适用，成为企业为提高效益而普遍应用的管理方法。本质上，ABC分类法是从帕累托分析法衍生而来

---

[1] 帕累托法则（Pareto Principle），是美国管理学家约瑟夫·朱兰（Joseph M. Juran）提出的一项管理学法则，以最初发现该法则的意大利经济学家弗雷多·帕累托（Vifredo Pareto）的名字命名。

的，所不同的是，帕累托分析法强调的是抓住关键问题，而 ABC 分类法则强调抓住主次，并将管理对象划分为 A、B、C 三类。实践中，这两种时间管理方法可以结合使用。

ABC 分类法的具体使用方法是，用字母 A、B、C 将任务按重要性排序。最重要的任务在时间管理计划上归于字母 A 项下，不太重要的任务归于字母 B 项下，最不重要的任务归于字母 C 项下。每组字母项下的任务再区分重要等级不同的子任务，分别用 1、2、3 来排序。标识为 A-1 的任务在任务 A-2 之前完成，任务 A-2 在任务 B-1 之前完成，以此类推。

4. 艾森豪威尔法

艾森豪威尔法是以德怀特·D. 艾森豪威尔（Dwight D. Eisenhower）总统的名字命名的方法。艾森豪威尔的名言是："重要的事情很少紧急，紧急的事情很少重要。"所谓艾森豪威尔法，是指根据目标及正在进行的业务运作需要创建任务，并将它们依次分为以下四类：

- 紧急且重要的——立即做这些任务
- 重要但不紧急的——把这些任务置于日程表上，以后再做
- 紧急但不重要的——把这些任务分配给其他人
- 不重要也不紧急的——考虑删除，委派他人或推迟做这些任务

5. POSEC 法

POSEC 法中的五个字母分别代表优先（Prioritize）、安排（Organize）、精简（Streamline）、节约（Economize）和奉献（Contribute）对应英文单词的首字母，该方法旨在提供一个框架或模板以划分任务的优先级，进而提高时间管理能力。

POSEC 法假定，要实现一个目标，注意力必须集中在日常职责上，从"划分优先级"开始，执行 POSEC 法中每一个字母所代表的时间管理要求。POSEC 时间管理法的细节如下：

- 划分优先级——根据目标和可用时间将任务按照重要性排序
- 安排——为最基本的任务制定一个框架，特别是每天都要执行的任务
- 精简——简化"讨厌的"任务，比如不想做但不得不做的任务
- 节约——完成想做但优先次序靠后的任务

● 奉献——在完成工作之余，且有能力时，做一些"回馈"社会或帮助他人的事务

四、其他需要考虑的因素

笔译员和口译员也在谈判中扮演着重要角色。很多谈判人员虽然会说国际谈判的通用语言英文，但要想准确地交流专业领域的问题，还是会力不从心。一名熟练、训练有素的译员可以帮助谈判人员避免误解，让每个参与谈判的人都在谈话中感觉到舒适，并可以降低因文化差异造成谈判破裂的可能性。这也许是国际交流领域为数不多的捷径之一。

注意高语境文化和低语境文化对谈判的影响。正如本书第六章所介绍的，当与高语境文化背景的谈判者谈判时，关键是捕捉他们的想法，而不只是他们说了什么。这意味着需要更多的思考，提出更明确的问题，并理解肢体语言、暗示和沉默等的含义。比如：中国是一个典型的高语境文化国家，中国人不擅长在谈判桌前直来直去。传统的中式用餐，也即众人合坐一桌、共享用餐的方式往往是打破沉默的有效做法，很多时候甚至是谈判过程真正的开端。在中国，和新认识的人吃饭很有讲究，包括座位安排、菜的数量和品种、祝酒、上菜、夹菜和满杯等，这些都可能传递一些信息。因此，一个来自低语境文化的谈判者在与中国人谈判时，务必要充分了解这一点，重视用餐环节对于谈判的意义。

每个谈判者所处的社会文化中都有一些根深蒂固的习惯和信念，谈判者往往会默认它们是正确的，并且对其变化比较敏感。对于每个谈判者而言，都会存在一个潜在的认知范围，超出这个范围的观念和行为几乎是不可被接受的。因此，一旦在一场国际交流中，谈判一方的潜在认知范围遭遇挑战、传统观念受到冲击时，谈判对方需要投入更多的耐心来说服。谈判对方可以通过举例的方式循循善诱，所举例子旨在说明破除旧有观念、大胆革新所能带来的成功。在此种情况下，过分的正面压迫式说理可能适得其反，"功夫在诗外"的智慧反而更能奏效。

另外，出席社交媒体场合往往是公司商业策略的一部分，很多情况下能对商业谈判有所帮助。但需要注意的是，在这些场合应有所保

留，避免被商业伙伴摸底。就外在的形式而言，建议出镜电视节目不要穿条纹或有繁杂图案的衣服，在演讲或采访中表达要清晰。大多数因为工作而出席社交媒体场合的人，往往并未受过专业训练，因此不是每个人都拥有良好的"感染力"。但是，每个人都可以有自己的风格和优势，对此，可以通过观看和学习各种演讲、采访、辩论等视频和录音材料来寻找灵感。无论如何，每个人在面对镜头时，应保持真诚、自信，从而达到积极有效的沟通效果。

跨文化交流以及对文化的真正理解一直是复杂的，而文化的内涵也在不断变化。在这种情况下，谈判者想要争取更好的谈判结果，一个"捷径"就是组建文化多元的谈判团队。通过这一方式，多样化的背景、观点和优势经由团队成员而被带到一个共同的目标中。这样做可以弥补单一文化背景谈判者所无法避免的固定思维和知识盲区，可以灵活应对目标贸易谈判中的各种情况，既避免一些文化差异导致的举止失礼等细节问题，也可以将文化差异导致的沟通僵局或危机的发生概率降到最低。

五、结 论

在国际贸易谈判的沟通与表达中，尊重各方文化差异、科学管理谈判进程、注重语言表达技巧等都是非常重要的因素。一个杰出的谈判者往往集所有这些能力于一身，他们学识渊博，熟知各方历史文化，拥有强烈的个人魅力，能让谈判对方放松并敞开心扉。他们精明强干，能将复杂而庞大的谈判议程安排得井井有条、主次分明。他们还拥有超乎寻常的说服能力，能妥善解决谈判中遇到的各种难题。

然而，不是每一个国际贸易谈判的参与者都能成为如此杰出的谈判家。但只要拥有开放包容的心态，对谈判的整体进程和各项细节准备充分，谈判中展示真诚和自信，大多数人都能在国际贸易谈判中呈现出良好的表现力。

◎【拓展阅读】

语言使用的艺术

跨国沟通障碍的存在有很多原因，其中常常被忽略的是，不同国家和地区的人运用语言的方式是不同的。语言是交流的工具，用以传递信息，但其作用远不止于此，不同的语言表达有各自的特点，能够展现民族性格甚至民族哲学。

法国人在使用法语时，就像挥舞一把轻盈的宝剑。法语词汇含义准确、句型结构富于逻辑，因此是辩论和证明观点的好工具。法国人沉迷于操纵法语大杀四方的"游戏"，他们以极快的语速迷惑对方，并最终将对手逼入绝境，后者往往被压迫到喘不过气，毫无还"嘴"之力。

英国人使用英语的方法截然不同。一般来说，英国人不习惯快速攻击，他们依赖于轻描淡写和留有余地。他们会在沟通的一开始就向对方让步，以消除争论的压力。但他们的语气始终暗示真理站在他们这一方。英国人擅长如何含糊其词以保持礼貌或避免冲突，在希望拖延或掩盖问题时，顾左右而言他更是其强项。（法语则很难做到这一点，因为法语的每一个单词几乎都有明确的含义。）英国人的语调总体比较平静。苏格兰人和英国北部的人可能会通过强调口音来表现真诚或热情，而英国南部的人可能会使用某些口音来暗示雄厚的背景、来自特定的学校或受到特定良好的教育等。

西班牙人和意大利人把他们的语言视为雄辩的工具。他们言辞锋利、舌灿莲花。为了充分表达他们的想法，他们会穷尽一切可用的词汇，大量使用肢体语言和面部表情，并最大限度地利用语音和语调。西班牙人和意大利人强烈地希望谈判对方明白他们的感受，如果他们想要从对方那里得到什么，他们也会直接并强烈地表达，而对方常常"被迫"需要当场决定同意或反对。

德国人和法国人一样，很大程度上依赖于逻辑，但往往比法国人或英国人更偏向通过收集证据来论证他们的观点。如果说法国人在谈判中轻盈灵动，那么德国人则是穿着厚重的盔甲上阵厮杀。他们习惯于重拳出击，同时对对方的反驳做好周密的防守。德语的语法结构带点笨重，逻辑性强，复杂严谨，这使其在和任何其他语言的正面碰撞中都充满优势，此时谈判对手可以通过四两拨千斤的方式化解这种优势，最终获得双赢的结果。

北欧人的语言及其使用又是另一种完全不同的风貌。一方面，北欧人出言谨慎，讲究言辞的说服力。在给出结论前，北欧人会充分列举所有的利弊并加以证明。他们不会轻易放弃自己的决定，因为他们相信自己已经完成了充分的论证。另一方面，北欧人言辞平和，甚少给对方压迫感。瑞典人以民主、平和的方式使用瑞典语，通常较为随意，但也会在平等的基础上追求个人尊重。他们常常删去细节，直奔主题。芬兰人在语言表达上更为友好，也更为沉默寡言。相比其他北欧语言，芬兰语更为雄辩、华丽，但其底色仍然是实事求是、简洁明了和深思熟虑。

美国人讲话速度快、机动性强、敏捷性高。俏皮话是美国人谈话的基础，美国人擅长诙谐、尖刻的反驳和机智的回答。美国人表达的另一个特点是夸张，与英国人低调的性格形成鲜明的对比。在美国早期，当说着各色结结巴巴英语的移民们混居一起时，朴素和纯朴的语言是非常重要的，简明、直接的用语比优雅、独创的措辞更适应现实所需。最终，美国人的语言表达保持了这样一种风格，即强硬而直接。

日本人使用语言的方式更为与众不同。日本人常常会有一些似乎没有什么实际含义的表达。他们的所思所想、所欲所求，大多是通过语言之外的其他途径传递给谈判对方的。微笑、停顿、叹息、咕哝、点头和眼睛转动等都在表达某种含义。日本人可以在几乎没有说什么的情况下，轻而易举地让他们的同胞明白协议已经达成或不可能达成，但同在谈判桌前的外国人则完全不知道发生了什么。日本人通常不会直接说出任何负面或令人不愉快的表达，这常常令与日本人交谈的外国人产生误解，例如他们可能觉得谈判一切顺利，而事实上日本人已经决定不和他们签协议了。

总而言之，不同国家和地区的人会以不同的方式运用语言，这容易在谈判中带来一定的误解。了解谈判对手所在国家和地区的总体语言风格，对准备一场国际贸易谈判而言是非常重要的。

第十章 国际贸易谈判的文书写作

国际贸易谈判中经常需要进行各类文书写作，尤其是英文或其他外文的文书写作。本章将专注于解释英文书面表达中所要考虑的问题，在此基础上分析不同国际贸易谈判类型所涉及的各类文书体例，并提供英文范例。

第一节 国际贸易谈判文书写作的基本要求

如之前的章节所提到的，国际沟通问题更多的是文化差异造成的，而非缺乏技术性的语言技巧。

不论何种沟通，成功的信息交换都是一项最基本的目标。语言本身不是需要沟通的内容，它只是一个工具，所以沟通时不应裹挟与沟通内容无关的繁杂信息，包括死记硬背的一些语言表达方式，以及由于特定文化语境难以翻译的词汇。

不论使用何种语言进行写作，一个基本的要求是用词准确、行文通达，而要实现这一目标几乎没有捷径可循，唯有不断地练习。遗憾的是，许多人在国际语境中常常由于习惯或惰性而犯一些尴尬的错误，但这些错误本可轻易避免。避免这些尴尬的错误通常只需记住三点：第一，词汇需牢记；第二，拼写要检查；第三，时态应保持一致并使用恰当。

在此基础上，下一个需要克服的问题是避免那些显而易见的陈词滥调和拗口的措辞，而这些问题往往受到文化和教育背景的影响。事实上，在国际贸易谈判领域，谈判者自身的文化和教育背景应融汇于其谈判措辞和立场中，而不应构成其使用外语交流的障碍。

当然，如果交流用语是（至少）一方的语言，那么各方都应对此有一定的容错率，但这不是非母语谈判方不努力提高语言水平的借口。有时，谈判方为确保文本"语言"的正确性，往往选择保险路线，即挑选简单的词汇，避免各种复杂的长句。然而，这样一份所谓正确的文本往往也就趋于平淡无奇，丧失了风采和说服力。为了克服这个问题，一位有效的书面沟通者应在正确性之外追求另外两个目标：一是行文流畅，拥有强感染力；二是措辞精妙，能给人以深刻印象。这些都需要写作者勤加练习，拥有更出色的语言驾驭能力。

除了词汇、语法和表达，关于谈判文书的写作还需满足其特定的格式和体例要求。较之普通的文书写作，国际贸易谈判中的文书写作，尤其是公主体之间的谈判文书写作，具有更强的正式性。当然，由于谈判文书存在多种模式与目的，因此其内容的编排具有多样性，既可进行理性的分析，也可用于有力的动员；既可以完全的政治中立，也可以与政策或政治目标紧密相连。

虽然谈判文书写作有着悠久的历史，但它也在不断地发展演进。一篇好的谈判文书，在尊重既定格式的前提下，应避免公式化或陈腐的行文，避免沉溺于专业术语，尽量做到使用通俗、直白的语言，其核心要求可以概括为：(1) 格式简明；(2) 表述清晰；(3) 重点突出；(4) 细节明确。

实际上，最有助于全面提升写作水平的"方法论"是将不同类型的写作方法结合起来，而非将其严格地分割开。不论是学生还是专业人员都可以从这类方法中受益，即大量阅读，研习有关写作的文章，然后开始练习，取得别人的评价，最终将所有经验融入之后的写作过程当中。

对此，每一位练习者首先应了解自己所处的阶段性水平。作为第一步，可以从一篇一般性的个人陈述开始。个人陈述这一文体可以快速地暴露语法问题、惯用的"陈词滥调"以及不合时宜的措辞。接下来，为了进一步提升文章的结构和内容的一致性，可以逐一练习不同类型的文书写作，例如案例摘要（case briefing，有助于识别关键问题）、备忘录（office memo，概述事实与提炼主要问题相结合，练习如何规范写作、行文通畅）、咨询意见信（advice letter，需要练习者分析法律和事实之间的关联，同时尽量说服对方作出预期的反应）和商业法律环境比较报告（comparative business law environment report，比如分析中国和美国的法律领域有何不同）等。这些写作训练可以帮助个人对自身的写作习惯有一个较为全面的"诊断"，从而获得进一步的提升。

第二节　国际贸易谈判文书中的语言表达

在文书写作中，有效地表达想法是一项重要的技能，而要提高语言表达技能，首先应找到自己存在的问题。下文概述了作为非英语母语者在写作中常会遇见的一些问题，在此基础上，针对如何克服这些问题给出了指导意见和实用方法。

一、常见问题

许多中国学生的英文文书写作都存在两个基本问题：倾向于依赖过去牢记的一些短语；在语言学习过程中采取"化整为零"的方法。这是因为中国人学习英文往往是按照语法、词汇、阅读和写作步骤分开进行的。对这两个问题的清晰认识是摆脱其消极影响的第一步。

初涉国际贸易谈判的人，往往通过记忆、复刻、格式化套用写作指导来完成文书写作。但事实上，除一些基本的格式之外，个人完全可以自主地进行文字的组织和创作。这一点特别需要在一开始就明确强调。

当然，文字的组织和创作能力需要通过不断练习来提升。以下罗列了一些常见的英文书面表达中的问题，这些问题可以帮助人们做自我内省，进一步提升个人写作水平：

- 结论性的文字没有"证据基础"，且缺乏深度；
- 过短或非必要的长句导致文字"节奏失衡"；
- 过多对主旨或写作目的没有帮助的无用信息；
- 老生常谈或者陈词滥调；
- 使用"花哨"或不恰当的词汇；
- 过度的自我审查，但没有正确理解哪些内容涉及敏感信息；

- 多余的评价和赞美；
- 缺乏"特殊效果"，没有影响力或原创性。

二、提高文书写作能力的指导意见和实用方法

实际上，提高英文文书的写作能力，鲜有捷径可走。但有时一些技巧有助于提升文书的"软"实力，如韵律感、流畅度、影响力和原创性。一般而言，这些方面的提高有赖于大量的阅读，从范例中获取灵感，与他人讨论写作技巧及工具，并寻求他人的评价和反馈，等等。下面介绍几种有助于提高书面写作"软"实力的指导意见和实用方法。

（一）联合国关于工作文书表达的指导意见

联合国在两个重要文件中提供了使用外交语言的指导原则：一个是《联合国通信手册》（United Nations Correspondence Manual）[1]，另一个是《联合国编辑手册》（United Nations Editorial Manual）[2]。这两个文件均可在线查阅。《联合国通信手册》旨在明确如何正确称呼国家与国际组织中不同级别的官员。《联合国编辑手册》旨在为起草、编辑和翻印联合国文件、出版物或其他书面材料时应遵循的格式提供权威性的依据。

《联合国通信手册》囊括了起草不同类型公文的详细信息，以及发送和处理这些公文时的适用规则。任何情况下，都建议读者参考最新的指导原则与说明。以下摘选《联合国通信手册》部分内容：

A. 起草的一般准则：

1. 为有效促进联合国事务的开展，本组织的信函必须简明扼要、内容清晰准确、行文直白且庄严、格式正确、外观适宜。以下的一些建议旨在帮助公文撰写人达到这些标准。

起草之前需要思考的问题

2. 无论时间多么紧迫，都要花时间回答"我为什么要写？

---

[1] 详细内容可查阅 https://digitallibrary.un.org/record/416594。
[2] 详细内容可查阅 https://www.un.org/dgacm/zh/node/4343。

我写给谁？我期望我所写的东西能带来什么效果？"梳理这些问题有助于更清楚、简明地起草文件。

(a) 我为什么要起草这份文件？

（ⅰ）是为了给别人提供信息吗？

(如果是，什么信息？目的是什么？)

（ⅱ）我需要信息吗？

(如果需要，什么信息？目的是什么？)

（ⅲ）是否需要一些行动？

(如果是，什么行动？目的是什么？)

(b) 写给谁？

（ⅰ）读者是谁？

（ⅱ）读者对该情况了解多少？

（ⅲ）读者需要知道什么？

（ⅳ）读者在阅读这份文件时心里会想什么问题？

（ⅴ）读者可能会有什么反应？

（ⅵ）我与读者是什么关系？

行文需简单、清晰、简洁

3. 一旦知道了想要沟通的内容、对象和目的，人们就可以清晰、正确、简洁地起草信函，并采用不过于浅显、单一的写作风格。一方面，这样的行文没有过分的修饰，避免了晦涩难懂的措辞和生僻词，因而十分便于理解。另一方面，简洁的行文也可以精妙、文雅地表达复杂的内容而不产生歧义。

4. 以下的一些规则有助于实现写作简单、清晰的目标：

- 应做到的事项：

    (a) 具体、明确而非含糊其词、拐弯抹角。

    (b) 直截了当地陈述事实或个人的想法（主语-动词-宾语）。

    (c) 使用主动语态而非被动语态的动词。

    (d) 使用具体而非抽象的词语。

    (e) 使用短词、短句、短段落，避免长词、长句、长段落。

- 应避免的事项

  （a）不要使用非必需的词汇来表达意思。

  （b）如果一个词或一个短语足以表达意思，无须赘言。

  （c）在书信中不要使用强调符号（黑体、斜体、下划线）。

  （d）不要使用不必要的形容词和副词（不要过分强调）。

  （e）避免任何可能冒犯读者的表述。

结构严谨的文章；结构合理的段落

5. 结构严谨的文章应提出理由充足的论点，以介绍性段落开始，过渡到中间段落来逐点展开论述，并在结论段落提出建议、要求，或请求其他形式的回应。

6. 介绍性段落通常以陈述文章的中心论点开始。这些段落应该十分简短，尽量不要超过六行，并点明文章涉及的要点。文章的中间段落应按重要程度逐条分析介绍段中罗列的要点。结论性段落应当非常简短，只需重述论点、得出结论并提出建议、邀请评论或请求其他期望回应的方式。

（二）罗伊·彼得·克拉克的写作工具

罗伊·彼得·克拉克（Roy Peter Clark）是美国新闻媒体界最有影响力的写作指导教师之一，并培养出了包括两位普利策奖获奖作家在内的众多杰出作者。在他的专著《写作工具：写作者必备的50个技巧》中，罗伊列出了一些非常具有实践价值的"写作方法/工具"，可以有效帮助提高文字质量。以下我们摘选部分[1]：

A. **"不讲废话"**（Make Every Word Count），**具体建议是：**

1. 删除那些旨在强化而非修饰动词的副词（比如"She

---

[1] Roy Peter Clark, *Writing Tools: 55 Essential Strategies for Every Writer*, Little, Brown and Company, 2016.

smiled happily."中的副词是多余的,因为人们预期微笑代表快乐。但可以说"She smiled sadly.",因为这与预期不同)。

2. 删除多余的动词扩展(如 seems to、tends to、Should have to)。

3. 不要重复显而易见的事实。

4. 使用"主动"的动词而非抽象的名词(如 consideration 改为 considers,judgment 改为 judges,observation 改为 observes)。

5. 避免不必要的重复。

6. 删除削弱重点的段落,删去效果最弱的引文、逸事和场景描述,以便突出其他有力的材料。

B. "使用长句"(Fear Not the Long Sentence),以下是一些对如何掌握长句写作秘诀的建议:

1. 如果主句的主语和动词出现在句子靠前的地方,使用长句会有助益。

2. 用长句来描述复杂的内容,让形式服从于功能。

3. 长句可按时间顺序撰写。

4. 在行文中穿插使用长句与中、短句。

5. 用长句罗列一系列的产品、名称、图像描述。

6. 与短句相比,长句需要更多的编辑。让每个字都有价值,即便它们出现在很长的一句话中。

C. "别急着用动名词"(Not always -ing),罗伊对此的解释是,动名词常常会削弱动词本身。他给了两种情形:

1. 当加上"-ing"时,就给这个词增加了一个音节,听起来好像是另外一个词。

2. 以"-ing"结尾的词看起来彼此相似,会削弱对动词本身的关注。例如:当列举某人喜欢某些运动时,直接说"他喜欢走路(walk)、跑步(run)、骑自行车(cycle)和游泳(swim)",就会更让人关注这些运动本身。而如果表达为"他喜欢走路(walking)、跑步(running)、骑自行车(cyc-

ling）和游泳（swimming）"，会冲淡对具体例子的印象。

D. 选取描述因素的数量时要有目的性（只列出一项描述因素代表对这项因素的强调，列出两项描述因素暗含比较，列出三项描述因素通常传递了一种完整性和整体性，列出四项描述因素一般旨在通过列举表明还有更多）。

E. 句子尽量用主语和动词开头。

F. 尽量加入有趣的、有新意的和容易给人留下印象的词汇。

G. 改变句子及段落的长度来增加阅读的节奏感。

H. 写作时要有一个结尾。

（三）美国律师协会总结的一般写作技巧

美国律师协会定期对法律写作的形式和格式提出建议，因为这些都是需要长期不断磨炼的技能。2019年，美国律师协会引用了戴维·斯普拉特（David Spratt）教授的十大基本写作建议[1]，这些建议非常具体，具有极好的可操作性，具体包括：

1. 仔细检查动词时态一致性和主/谓语单复数一致性。

2. 注意单词所在的位置，即动词应该在主语之后，并尽可能地靠近主语。

3. 使用主动语态。主动语态可以使写作更清晰、简洁，也更容易让读者理解。用被动语态写作会让读者"费力地弄清楚你到底在说什么"。

4. 位置很重要，应把修饰词尽量放在需要修饰词汇的附近。

5. 使用牛津逗号（Oxford comma）/系列逗号。

6. 正确地使用逗号拼接（comma splices）。

7. 避免含混不清。避免使用诸如"它""这个""那个""这样""哪个"等词来泛指前句中的某个概念。这样的泛指可能会引起混淆。

---

[1] ABA. 10 Tips for Better Legal Writing, https：//www.americanbar.org/news/abanews/publications/youraba/2019/april‒2019/10‒tips‒from‒legal‒writing‒experts/.

8. 避免不必要的扩展、双重否定等，以保证语意明确。

9. 使用其他工具帮助捕捉错误。斯普拉特教授的建议中推荐了网站"naturalreaders.com"，它将大声朗读个人复制和粘贴的内容。"听"自己的文章可以提供一个更清晰的视角，有效地帮助筛除错误。

10. 模仿沃伦·巴菲特（Warren Buffett）。巴菲特致投资者的信函经常被援引作为高质量写作范本。在这些信函中，可以看到巴菲特的平均句子长度为13.5个单词，而每个单词平均包括4.9个字母。戴维·斯普拉特的建议是"用获得有利结果的能力来打动客户，而不是用长篇大论"。

◎ 【拓展阅读】

常见的陈词滥调或中式英文

1. Chinese culture is broad and profound.
2. The Chinese nation possesses a noble character and infinite wisdom.
3. Dictatorship is an insurmountable fortress of ideology.
4. The prestigious faculty, distinguished students and distinctive university make the law school exceptional. (multiple examples)
5. I am a timid and shy girl. (multiple examples)
6. I want to gain professional knowledge and broad understanding of some core areas of business.
7. To prepare for the ferocious job market in China, I self studied…
8. Studying…will add wings to the realization of my career goal.
9. Although I suffered from exhaustion, I could ultimately taste the joy of overcoming what you have been afraid of.
10. Take a deep breath, summon every ounce of courage and look straight ahead.
11. I want to expand my vision, enrich my life and realize my desire to achieve the values of life.
12. My undergrad study was fruitful and colorful. (multiple examples)
13. A wise professor told us a golden saying.
14. I am nervous and worried because the future is unpredictable.
15. Mature educational technologies and advanced information will help me achieve remarkable academic success.

16. The important phenomena of political, economic and social life.

17. The cutthroat competition, we were acquisitive, aggressive and very ambitious.

18. My intense passion for the law developed in my childhood when I became extremely fascinated by its charm.

19. I unconsciously cultivated my sympathy for the vulnerable and a sense of impartiality and justice.

20. I got to know some basic cardiac surgery for the first time.

21. I boast intellectual maturity that helps in whatever I do.

22. In high school I realized my prospects were dim while the road was full of twists and turns.

23. I am a person with great patience, ample creativity and persistence…I firmly believe in "no pain, no gain".

24. Literature is a rigorous subject I am intensely attracted to.

25. Everyone is subconsciously a part of the media world.

26. A Steve Jobs dots metaphor (based on a quote of his that in hindsight some life events will connect like dots).

第三节 私主体间谈判文书的主要类型及写作体例

私主体间的国际贸易谈判涉及很多种类型，包括货物买卖、跨国投资、国际运输、金融保险、咨询服务等。就谈判进程的推进来看，不同类型的谈判进程尽管有所差别，但大体来说，通常包含如下几个环节：首先，会由谈判一方向对方发出一份意向书，并等待对方确认。收到意向书的一方，通常会对对方的基本情况进行背景调查，同时开展此次合作是否有利可图的业务调查。[1] 基于对以上信息的判断，如果收到意向书的一方有意合作，那么双方就可以为开启谈判做准备，包括撰写谈判方案等。

---

[1] 发出合作意向书的一方通常也会在此之前做相关的背景调查，例如收购活动中，收购方会对潜在的被收购方做尽职调查，即便是普通的货物买卖活动，买方也往往需要对市场行情做调查。

其次，谈判开启后，伴随着谈判进程的推进，谈判各方内部可能会展开多次讨论。此时，包括律师、财务人员、业务人员等，往往会出具备忘录或意见书，就合作中可能遇到的各类问题发表专业意见，供公司决策层参考。

最后，正式的谈判通常都会有谈判会议纪要，这也是非常重要的文书，是谈判进程的书面记录。在合作框架基本达成的基础上，通常一方会负责起草合同或协议的草案。在之后的谈判中，各方会来回对合同或协议的具体内容或细节提出修改建议，在力求各自利益最大化的情况下争取达成合作，实现共赢。

根据上述谈判的基本过程，以下介绍其中涉及的重要相关文书，包括：（1）谈判意向书；（2）谈判方案；（3）谈判意见书（备忘录）；（4）谈判会议纪要；（5）合同或协议。

一、谈判意向书

顾名思义，谈判意向书是指发出方表达己方期待合作意愿的文书，有时会直接列出合作的主要条件，并征求对方意见。如果对方有合作的想法，那么双方即可开展进一步的谈判准备工作。谈判意向书有助于找到有基本合作意愿的谈判方，从而可以节约谈判的时间和资源。

在一些较为简单的货物买卖中，谈判意向书可以是比较简洁的询价函、报价函等。如果涉及较为复杂的采购，或者投资合作、商业服务、工程建设等内容，意向书相对复杂。当然，具体的繁简程度并无固定的限制，每个发出谈判意向书的主体可以根据实际需要自由决定。例如，如果是第一次合作，则发出谈判意向书的一方通常需要对本方进行介绍，也可以对合作的领域和前景进行描述。很多公司拥有自己一贯的行文风格和传统。

就体例而言，谈判意向书一般采取信函的格式。在恰当的称呼、问候语之后，正文部分需写明期待合作的具体事项，结尾部分通常还应表明期待对方回复。

以下是一份 Y 公司拟跨国收购 X 公司的谈判意向书：

Name   Address

Strictly Confidential

Non-binding Indicative Offer

Dear Mr./Mrs XX,   Subject to Contract-Confidential

We are pleased to present to you our non-binding indication of interest in acquiring the shares of the XXX ("the Company") from the shareholders ("Shareholders") of the Company. This letter sets out the key terms of a potential transaction between YYY ("we" and "us"), either directly or through an affiliate. This letter is not exhaustive and is not intended to be legally binding except as set out in section 5. However, the parties herein agree that any matters already agreed upon in this letter will be the basis (subject to due diligence) of the share purchase agreement for the acquisition of the Business which will be entered into by the parties herein.

1. Consideration and Transaction Structure

...

2. Indicative Offer Assumptions

...

3. Financing

The acquisition will be funded through our existing cash funds.

4. Authorisation Process

This non-binding indicative offer is supported by YYY's Investment Committee. Final approval will be sought before executing binding agreements for the Proposed Transaction.

5. Binding Provisions of this Letter

(1) Neither party shall have any liability to the other under this letter, except in respect of this Section.

(2) The parties agree that the contents of this letter are confidential and may not be disclosed to any other party except to each party's advisers on a need to know basis or to comply with law.

(3) Our offer is made on the basis that we will be granted a period of 90-day exclusivity during which no other offers or expressions of interest will be so-

licited or discussed whilst we complete due diligence and purchase negotiations.

(4) Each party will meet its own costs for advisors, lawyers and accountants supporting this transaction.

6. Termination

If not formally accepted prior [insert the date], the offer described in this letter will lapse.

7. Contact Person

In case of any queries, please contact Mr./Mrs XX, (email: _____; mobile: _____).

Please feel free to get in touch with us if you have any queries. We will look forward to hearing from you.

SIGNATURE PAGE FOLLOWS

SIGNATURE PAGE

Please acknowledge receipt and acceptance of this letter by signing, dating and returning a copy of this letter.

Yours sincerely,

_____

I hereby acknowledge receipt and accept the contents of this letter on behalf of all the shareholders in the Company.

_____

Name:
Title:
Date:
The full name of the Company

二、谈判方案

谈判方案，是指谈判者在谈判之前，对谈判的目标、策略、方法及运用进行部署与安排的谈判文书。它同时涉及谈判的时间、程序、人员、联络方式等多项要素。谈判方案是谈判者自行制作，指导本方如何推进谈判的书面文件，保密性极强，但不具有法律效力。谈判方案主要解决的是"怎么谈"的问题。尽管它所解决的仅是一些原则和程序上的问题，但却是实际谈判活动的指南。

与谈判意向书一样，谈判方案同样拥有比较自由的行文方法，内容因事而定，无论字数多寡。举例而言：如果谈判涉及简单的采购事项，双方知晓对方的基本情况，此时谈判方案通常只需围绕价格、交付条件、支付方式进行设计。如果谈判双方属于第一次合作，且谈判议题涉及较为复杂的跨国投资，此时谈判方案最好包含谈判背景分析、行业前景调研、利益需求排序等内容。

总体来看，谈判方案的内容层次较多，因此，应特别注意前后协调，环环相扣，有机统一。有时，谈判方案的设计不是一套，而是多套，这就要明确先后顺序、选择的要求和实施的前提条件。通常这会以 BANTA（Best Alternative to a Negotiatied Agreement）的方式来进行说明。

不论哪种情况，一般而言，谈判方案拟采用纲目式的写法，着重表述各种原则性的意见。这样更便于在实施过程中，根据情势变化随时调整、变通。

以下是一份卖方就拟进行的货物买卖所撰写的谈判方案：

1. Negotiation Objectives

The expected profit margin of our Company (the seller) is 35% of sales, including 15% of commercial risk expenditure, 12.5% of profit, 5% of unexpected risk, and a floating range of 2.5%. Within the validity period of the offer, if there are no unexpected risk factors, it is proposed to close the deal at a profit margin of 32.5%.

2. Preferred Results

(1) The prepayment amount increases from 5% to 10%；

(2) Refuse the buyer's request for pay in full after the expiration of the warranty period, and may provide a bank guarantee as an alternative；

(3) Make the deal within the effective time of the offer；

(4) Reduce the warranty period to one year.

3. Bottom Lines

(1) Price：As long as the transaction is concluded within the validity of our offer, the profit margin can be reduced up to 5%；

（2）Payment：Any payment method is acceptable if our business expenses are not increased；

（3）Delivery：If there is no additional penalty, the buyer's request for early delivery is acceptable；

（4）Warranty：Ask the buyer to explain what kinds of risks and conditions to be covered by the warranty, the warranty period can be extended if the risks and conditions are under control.

4. Period

The period of validity of our offer is one month. If the buyer hopes to extend the period of validity, we should increase the price accordingly—0.5% in the first month and 1% every month thereafter. No matter how, the offer should be quated again if extended more than 6 months.

The maximum authorized duration of this negotiation is 2 months.

5. Arrangement of Negotiators

Mr. A：Sales Manager

Mr. B：Engineer of Technology Department

Mr. C：Legal Counsel

Mr. A is responsible for the negotiation of production and transaction, and has the right to access the relevant information and data archived by the production manager. Mr. B is responsible for the negotiation of engineering technology, and can put forward technical opinions and documents at any time. Mr. C is responsible for providing legal opinions and reviewing relevant agreements.

三、谈判意见书

在谈判过程中，专业人士，包括技术人员、财务人员，特别是公司聘请的法律顾问或律师，常常需要对谈判涉及的某些关键问题给予专业的分析和讨论，给出谈判意见书。谈判意见书虽以"意见书"为名，但实践中多数会采用备忘录的形式来撰写。不管采用何种形式，谈判意见书通常是客观的，旨在对问题本身给出专业分析，但一般会根据不同立场和问题的相对优势给出有关下一步行动的建议。

一份谈判意见书通常会在起始部分明确收件人、作者、日期、客户和主要问题。正文部分的安排通常遵循如下结构：

第一，提出问题。一般以相对正式的语言对问题进行定义。

第二，简要答复。除了针对提出的问题给出实际的简要回答，这一部分还需概述作者的判断依据和关键事实，而且这一部分通常不包含引用性的文字。

第三，事实部分。该部分应描述谈判方面临的具体事实，一般应提供充分的情境分析，并以具体、客观的方式加以呈现。

第四，讨论部分。讨论部分应为阅读此份意见书的人提供足够的细节和信息，使其全面了解问题所涉的相关概念、理论、争议点和发展趋势等。在讨论部分可以使用引文，包括引用法条。

第五，结论部分。因为作者已经对所讨论的问题进行了详细的说明，所以在结论中不要有过多的重复，作者只需复述备忘录或意见书的概要，必要的情况下可以给出下一步如何行动的倾向性建议。

虽然谈判意见书的具体内容及各部分名称可能会有所不同，但总体来看，其核心功能在于针对具体问题展开专业分析并给出下一步行动的建议，因此其基本结构不会有太大差异。不过，有些谈判意见书处理的问题比较简单，所以在事实部分，其通常按时间顺序来呈现，这有助于增加描述的客观性。有些谈判意见书处理的问题比较复杂，此时按争议点来罗列相关事实可能更为恰当。特别需要指出的是，所有已知的事实和相关法律规定，无论是否对客户有利，都应被包括在内。

以下是一份由律师就某公司是否可以从国外进口废塑料而出具的法律意见书：

Ms. S
Address：
Date：
Re：Import waste plastics from US.
Dear Ms. S：

As you requested, I have analyzed whether your Company can import waste plastics from UB, a company registered in Carifornia State, US. Although it seems to be a win-win project, I would advise against involving such a business.

My opinion is based on the following facts which you reviewed with me during our meeting last Friday. If any of these facts is incorrect or if there are additional facts you think I should know, please let me know as soon as possible. Any change in the facts as they are stated here could change my legal advice.

As a leading enterprise in the comprehensive utilization of waste plastics, your Company is actively engaged in purchasing waste plastics at a low price for recycling, so as to make profits and contribute to environmental protection. UB is a chemical company producing a large amount of waste plastics each year. UB is willing to sell its waste plastics to your Company for a long time.

However, as China has strengthened its control over the import of solid waste, the considered transaction is likely to be illegal. The following are the strengthened new rules and laws.

First, as jointly issued by the Ministry of Ecological Environment, the Ministry of Commerce, the Development and Reform Commission and the General Administration of Customs, The Announcement on Matters related to the Total Ban on the Import of Solid Waste clearly stipulates that from January 1, 2021, it is forbidden to import solid waste in any way.

Second, as revised on April 29, 2020, The Law on the Prevention and Control of Environmental Pollution by Solid Waste (the Law) clarifies the legal liability of import solid waste. Article 25 of the Law stipulates that "if the customs finds that the imported goods are suspected of solid waste, it may entrust a professional institution to carry out attribute identification and manage them according to the identification conclusion". In terms of criminal responsibility, the person responsible for the illegal import of solid waste may constitute the crime of waste smuggling due to the violation of the second paragraph of Article 152 of the Criminal Law. The article stipulates: "Whoever evades customs supervision and transports overseas solid waste, liquid waste and gaseous waste into China, if the circumstances are serious, shall be sentenced to fixed-term imprisonment of not more than five years and shall also, or shall only, be fined; if the circumstances are especially serious, he shall be sentenced to fixed-term imprisonment of not less than five years and shall also be fined."

It is clear that the import ban of China on waste plastics is very strict and without exception. Therefore, no situation will exempt the illegality of the importation of waste plastics.

Based on the above analysis, I would suggest your Company not involving any importation of waste plastics, or any other solid waste. Please call if you have questions about this letter or if I can be of assistance in evaluating other aspects of importing waste plastics.

Sincerely yours,

Name：_____

四、谈判会议纪要

谈判会议纪要是谈判者在谈判过程中，对谈判内容与情况进行记录的文书，用以反映、确认谈判的基本情况、主要内容和精神，有时也被称为谈判备忘录。

谈判会议纪要是谈判中的原始性文件，可以反映、体现谈判情况和内容，为谈判正式文件的起草和修改奠定基础。此外，它是根据谈判进度进行的记录，可以为谈判回顾、总结、监督检查提供资料，是保全谈判原始情况，建立谈判档案的重要手段。正因如此，谈判会议纪要的撰写应力求真实、准确和全面。所谓真实，是指必须真实地反映谈判的情况和各方的愿望、意见等，不能随意夸大或缩小，也不能掺入个人认识和主张，避免主观性、片面性和情绪化的内容。所谓准确，是指行文要切合实际，用语要确定，不产生歧义。所谓全面，是指谈判会议纪要应当尽量完整，虽不必每谈必记、事事入微，但要项目齐全、要点完整。

有些谈判会议纪要仅为谈判一方使用，因此无须对方签字确认。但是有经验的谈判方，为了掌握主动权也会让对方确认谈判会议纪要的内容。经过确认的谈判会议纪要，虽不能成为正式的谈判文件，但可以成为谈判双方起草合同或协议等正式谈判文件的重要依据。而有些谈判会议纪要，如果已就部分问题达成了阶段性或局部性的共识，则经过双方签字确认，也可以成为具有法律拘束力的文件，这种情况下可称其为谈判备忘录。

以下是一份关于买卖合同双方初期谈判的会议纪要：

CONFIDENTIAL

MINUTES

For the [1st/2nd/etc] Meeting held at [time] on [date] in [venue]

Present:

Party A (buyer): Mr. A (General Manager); Mr. B (Legal Counsel); Mr. C (CFO); Miss D (assistant)

Party B (seller): Mr. X (General Manager); Mrs. Y (Technical Director); Miss Z (Legal Counsel)

In Attendance: XXX

Absent: XXX

Subject: Party A Import Certain types of Electronic Equipments from Party B

Recorder: XXX

1. Mr. A introduced Party A's general situation and specific requirements for the goods to be purchased, including [details];

2. Mrs. Y introduced the specifications and supposed functions of the certain types of electronic equipments to be purchased by Party A;

3. Parties discussed technically whether the specifications and functions of each type of the electronic equipment matched the requirements of Party A:

Type 0001: match;

Type 0002: some modifications are needed (depending on further discussion);

Type 0003: match

4. Mr. B asked the issues of the patents, Miss Z gave detailed explaination of the 3 patents included in the equipments and show the relevant certifications;

5. Parties discussed the price and the method of payment, Mr. X proposed 3 schemes:

Scheme 1: for a long-term supply contract (5 – 10 years), the price could be 70% of Party B's market price, L/C, installment payment is allowed;

Scheme 2: for a short-term supply contract (2 – 4 years), the price could be 85% of Party B's market price, L/C, installment payment is negotiable;

Scheme 3: for a one-time supply contract, the price will be Party B's market price, L/C, installment payment is not allowed.

6. Parties agree to continue the negotiation based on today's above consensus, and the next negotiation will start no later than the end of this month.

五、合同或协议

国际贸易谈判的最终目标，是签署正式的合同或协议。至于合同或协议的书写，并无统一的格式，加之主题不同，各类合同或协议的形式差异很大。但总体来说，国际贸易谈判下的合同或协议，一般应特别注意如下要求：

第一，遵循国家法律法规。在国际贸易谈判中，虽然多数谈判内容都可以由谈判各方按照意思自治的原则平等协商，但是这些约定不能违反相关国家的法律法规。例如，在中国，土地归属国家或集体所有，因此合同的中方当事方就无权擅自许诺对方出售、出租、开发国有土地。再如征税权，任何谈判者在订立合同时，也无权就税收的减免、优惠作出承诺。由于主权范围极广，不同国家的具体规定又不尽相同，因此国际经济贸易合同中，通常需要对此作出免责性或限定性的说明，例如"在××国法律法规许可范围内"，或者是"本协定的任何条款若有违反当事国的法律法规，则以法律法规的要求为准"，等等。

第二，尽量遵循国际贸易惯例。国际贸易惯例是在国际经济贸易活动中形成的某些获得普遍认可的习惯性做法，很多国际商业组织将这些贸易习惯制定为成文的规则。按照国际贸易惯例书写合同，带来的好处是，各方无须再就惯例涉及的具体权利义务展开协商，这不仅能加快谈判进程，而且惯例已经获得普遍认可和适用，也给合同未来的解释和执行带来便利，因为惯例对各方的权利义务规定得非常明确，不易产生分歧。

第三，条款应尽量详细、具体。国际贸易谈判涉及不同国家的政治、经济、法律、文化等，因此，条款不宜过于原则、抽象，因为来自不同国家和地区的人，对过于原则和抽象的条款可能会有不同的解读，容易引发不必要的争端。加之国际贸易谈判往往涉及较为复杂的对象和较高的谈判金额，为明确各自的权利义务、保护各方利益，条款应尽量作更为具体的约定。

第四，应特别就法律适用、争议解决等问题作出明确规定。国际贸易谈判涉及不同的法律体系，而不同的法律体系对相同的问题可能会有不同的规定。争议解决到底是通过诉讼、仲裁还是调解等其他方式，以及如果选择仲裁或调解，具体选择哪一个机构，这些对当事方的权益都有着切身影响。因此，关于法律适用、争议解决等问题，均宜事先在合同中作出明确约定。

以下是一份涉外股权转让的合同范本：

Equity Transfer Agreement

This agreement ("Agreement") is entered into on this _____ day of _____, _____ in _____ by and between:

[ ], a company duly incorporated and validly existing under the laws of [ ], with its head office at [ ], as one party (Hereinafter referred to as the "Seller"), and [ ], a company duly incorporated and validly existing under the laws of [ ], with its head office at [ ], as the other party (Hereinafter referred to as the "Buyer").

(The above parties are referred to as "parties" collectively and "party" separately.)

Whereas:

(1) [ ] (Hereinafter referred as "[ ] Company") is a sino-foreign [equity] [contractual] joint venture duly established under the laws of China with business license registration number: [ ], and a registered capital of: [ ];

(2) Seller is a limited liability company duly incorporated under the laws of [ ] with registration number: [ ]. The Seller holds a [ ]% equity interest in [ ] Company;

(3) Buyer is a limited liability company duly incorporated under the laws of [ ] with registration number: [ ];

(4) Seller intends to transfer the [ ]% equity interest which it holds in [ ] Company to Buyer according to the terms and conditions set out herein;

(5) Buyer is willing to purchase the [   ] % equity interests in [   ] Company transferred by the Seller according to the terms and conditions set out herein.

Now, THEREFORE, the parties hereto have agreed as follows:

1. Definitions

Unless otherwise specified, the following terms shall have the following meanings when used herein:

[Insert key terms and the explaination]

2. Transfer and Acceptance of Transfer

2.1 After all the Conditions have been satisfied, the Seller shall transfer the [   ] % Equity Interest [   ] Company to the Buyer with no encumbrance, pledge, guarantee or the interests of any third party;

2.2 The Seller hereby represents, warrants and undertakes to the Buyer that no third party has any pre-emptive right in respect of the Transfer of the Equity Interest or, if any such right shall exist, such third party has waived the same;

2.3 After Completion, the parties shall procure that, the name of [   ] Company shall be changed to [   ]; such change shall be reflected in the JV Contract and the JV Bylaws; all relevant Approval Authorities and other governmental departments shall be requested to register such change;

2.4 After Completion, the profits or losses of [   ] Company from the base day to the day upon which it receives the approval certificate from the Approval Authorities shall be shared or borne by the Seller and the other shareholders in [   ] Company according to the proportion of the [shares] [equity] they hold. The profits (included undistributed profits) or losses of [   ] Company accruing after receipt of such approval certificate shall be shared or borne by the Buyer and the other shareholders in [   ] Company according to the proportion of the [shares] [equity] they hold.

3. Transfer Price and Payment

3.1 The Seller and the Buyer agree a Transfer Price of RMB [   ] Yuan, which is based on the value of net assets of [   ] Company on the Base Day shown in the [   ] appraisal report issued by [   ] Appraisal

Company (referred to hereinafter as the "Appraisal Body") on [   ] (date).

3.2 The Buyer shall make a prepayment of CNY [   ] to the Seller within ten working days after the Agreement is concluded and comes into effect.

4. Transaction Conditions

Buyer's full payment of the Transfer Price is conditional upon satisfaction by the Seller of the following transaction conditions, unless the Buyer agrees to waive all or any of such conditions in writing:

...

5. The Seller's Responsibility To Compensate

5.1 At any time (whether the transfer of the equity is completed or not), if any or more than one circumstances listed below is/are discovered or occur, incurring liability on the part of [   ] Company, the Seller promises to compensate [   ] Company fully. The amount of compensation is to be calculated according to the value of the money/assets actually paid by or the highest amount of the debt incurred by [   ] Company. The Seller is to pay the full amount of the compensation in one installment within 10 working days after the discovery or occurrence of the circumstance.

6. Arrangements for Transition Period

6.1 During the Transitional Period, the Seller shall procure that:

...

6.2 The Seller shall procure that the [   ] Company does not affect any of the following actions without the prior written approval of the Buyer:

...

6.3 For the purposes of Article 6.1 and 6.2, the Seller shall ensure that, at any time on any working day, the Buyer and its professional advisers can make inquiries of the staff of [   ] Company and inspect information and records on the assets and business situation of [   ] Company and take copies thereof so as to enable the Buyer to understand the business and operations of [   ] Company.

7. Completion of Settlement and Transaction

7.1 On the Settlement Day, the Seller shall provide the Buyer with the JV Contract and the JV Bylaws of [   ] Company approved by the Approval Authorities, the approval certificate given by the Approval Authorities, the resolutions of the board of directors and other signed internal approval documents necessary for effecting registration of the Transfer, including but not limited to the resolutions of the board of directors/general meeting on the change of directors, supervisors, general manager/deputy general manager of the Company;

7.2 The Buyer shall pay the Transfer Price on the Settlement Day and the Seller shall assist [   ] Company to complete registration procedures with the State Administration of Industry and Commerce relating to the Transfer within ten working days after the Buyer has paid the Transfer Price;

7.3 Completion of the Transfer does not prejudice the right of the Buyer to make any claim against the Buyer for breach of this Agreement.

8. Commitment to Non-competition

8.1 For [   ] years after Completion of the Transfer, the Seller shall not deal in any business that constitutes competition against the business of [   ] Company in [   ] region or invest in any entity that competes with [   ] Company.

9. Representations and Warranties

9.1 The Seller represents, warrants and undertakes to the Buyer as follows:

…

9.2 The Buyer represents, warrants and undertakes to the Seller as follows:

…

10. Termination of Agreement

10.1 If the conditions set forth in Articles 4 of this Agreement remain unsatisfied or are not waived within [   ] months after this Agreement is signed, either party may terminate this Agreement by giving written notice, unless the parties agree in writing to an extension;

10. 2 If the Seller fails to discharge any of its obligations under this Agreement or any of its representations and warranties are untrue or inaccurate, the Buyer may terminate this Agreement by written notice to the Seller;

10. 3 The Buyer has the right to dissolve this Agreement unilaterally if the Seller commits a significant breach as to any other duty specified in this Agreement and does not adopt any measure to rectify the breach within 7 days after receiving notice of the breach.

10. 4 After this Agreement is terminated, the Seller shall refund the advance paid by the Buyer (if any) to the Buyer within two working days;

10. 5 If the conditions set forth in Articles 4 and 5 fail to be satisfied due to the fault of either party without exemption being granted by the other party, the delinquent party shall bear liability for the losses resulting in accordance with Article 11 of this Agreement;

10. 6 Where the Agreement-abiding party exercises its right to dissolve the Agreement, such an exercise of this right shall not affect its right to assert any other claim over the contravening party;

10. 7 Where fully negotiated, parties may dissolve this Agreement;

10. 8 The termination of this Agreement shall be without prejudice to the provisions contained in this Agreement concerning confidentiality, liability for breach of contract and settlement of disputes which shall remain in full force and effect.

11. Liability for Breach of Contract

11. 1 If the Seller breaches this Agreement by failing to complete the formalities of the Transfer including failing to transfer the Equity Interest within the time limit prescribed herein, the Seller shall pay the Buyer a penalty equal to [   ] % of the Transfer Price set forth in Article 3 . If such penalty is insufficient to compensate the losses or potential losses incurred by the Buyer, the Buyer shall have the right to seek additional compensation from the Seller;

11. 2 If the Buyer fails to pay the Transfer Price provided under this Agreement, it shall compensate the Seller for the actual losses which the Seller incurs as a result.

12. Confidentiality

12.1 The Seller shall keep strictly confidential all the trade secrets and other undisclosed information that it knows about the Buyer and its related parties and prevent any form of disclosure until such information enters the public domain;

12.2 The Buyer shall keep strictly confidential all the trade secrets and other undisclosed information that it has obtained from the Seller and [   ] Company during the negotiations leading up to the Transfer and prevent any form of disclosure until the information enters the public domain;

12.3 "Undisclosed information" mentioned herein refers to documents, materials or information that has not yet been published through any media, e.g. newspaper, journal, radio, TV and the Internet, or openly disclosed to the public by related government departments.

13. Force Majeure

13.1 If and when this Agreement cannot be implemented or fully implemented due to the impact of a force majeure event (including but not limited to earthquake, typhoon, flood and war), the affected party shall immediately notify the other party of the situation by telegram or otherwise in writing and, within 10 working days, submit valid proof showing the details of the force majeure event, the reasons for its failure to implement this Agreement in whole or in part, or the need to extend the period of implementation of the Agreement. Based on how seriously the implementation of this Agreement has been affected by the force majeure event, the parties shall decide through consultations whether to terminate this Agreement, relieve the affected party from responsibility for its implementation, or extend the implementation thereof;

13.2 The party affected by any such force majeure event shall take all the necessary remedial measures to reduce the losses caused by the force majeure event. Otherwise, it shall not be exempted from liability for losses resulting from its failure to implement this Agreement.

14. Governing Law and Settlement of Disputes

14.1 The conclusion, implementation, validity and interpretation of this Agreement are governed by the laws of China;

14.2 Disputes arising from the interpretation or implementation of this Agreement shall be settled through friendly consultation. If consultation fails to result in a settlement, either party shall be entitled to refer the dispute to [   ] for arbitration according to its rules of arbitration then in force. The arbitration award shall be final and binding upon both parties and either party may apply to the court of jurisdiction for enforcement of the award. Unless otherwise stipulated in the arbitration award, the arbitration expenses and fees (including reasonable attorney fees) shall be paid by the losing party. The language used during the arbitration process shall be Chinese and/or English;

14.3 During consultation or arbitration of a dispute, the parties to this Agreement shall continue their bona fide implementation of their respective obligations under this Agreement in all aspects other than the matter under dispute.

15. Notice

15.1 All communications and contacts between the parties during the implementation of this Agreement shall be made in written form, which includes fax and email;

15.2 Any notice or written communications sent by either party, including but not limited to any and all offers, documents or notices ("Notice"), shall be in Chinese/English and sent or posted to the other party via fax, email or express delivery;

15.3 Any Notice shall be deemed effectively delivered:

15.3.1 On the day of delivery, if sent by hand;

15.3.2 On the seventh day after the day when a registered prepaid letter sent by airmail is posted (as shown by the postmark), if sent via mail; or on the fifth day after the Notice is given to an internationally known express-delivery organization;

15.3.3 On the first working day immediately after the transmission day marked on the Notice, if sent via fax or email.

15.3.4 All Notices shall be sent to the following addresses of the parties or such other addresses as may be notified in writing to the parties in accordance with the provisions of this Agreement:

(a) Seller:

Address:
Postcode:
Fax:
Attn:
Email:
(b) Buyer:
Address:
Postcode:
Fax:
Attn:
Email:

16. Miscellaneous

16.1 Entire Understanding

This Agreement shall be the entire and sole agreement of the parties on the various matters provided under this Agreement and shall supersede all the previous agreements, contracts, understanding and communications, whether oral or in writing, between the parties with respect to these matters.

16.2 Severability

This Agreement and its Appendixes form an unseverable and entire agreement and allow no revision, supplementation and cancellation except when the revision, supplementation or cancellation is made through a written legal instrument signed by the parties to this Agreement.

16.3 Severability

Any provisions in this Agreement found to be illegal or invalid shall not prejudice the validity of any other provisions.

16.4 Waiver

The failure of one party to exercise or exercise on time any right, power or privilege provided under this Agreement shall not be deemed a waiver thereof. Any single or partial exercise of any right, power or privilege shall not exclude the exercise of any other rights, powers or privileges.

16.5 Assignment

Neither party may assign any of its rights or obligations under this Agreement and the Appendixes without the prior written approval of the other party.

16.6 Disclosure

Without the prior written approval of the other party, neither party may disclose information about the transfer of the Equity Interest under this Agreement unless the disclosure is required by law, in which case the disclosing party shall notify the other party at least five working days before the disclosure.

16.7 Expenses

Unless otherwise stipulated by this Agreement, the parties shall bear their own expenses incurred in the negotiation, signing and implementation of this Agreement, including but not limited to the expenses of hiring legal counsel and/or an accountant, and any other expenditure.

16.8 Headings

The headings and sub-headings used in this Agreement are for reference only and shall not affect the interpretation of this Agreement.

16.9 Revision

Any revision, supplementation or change to this Agreement shall become effective and binding only if made in written form and signed by the authorized representatives of the parties following approval by the Approval Authorities.

16.10 Effectiveness

This Agreement shall take effect after it has been signed and sealed by the legal representatives of both parties or their authorized agents and approved by the Approval Authorities.

16.11 Language

This Agreement is prepared in duplicate in Chinese and English, with each party holding one original copy. If there is any discrepancy between two versions, the Chinese version shall prevail.

In witness thereof, the parties have caused this Agreement to be signed by their officially authorized representatives on the date provided above.

Seller:

Legal Representative/Authorized Agent

Buyer:

Legal Representative/Authorized Agent

◎【拓展阅读】

法律写作的"公式"和"技巧"

法律写作是复杂的技术性写作。对于律师而言，他们可能需要在一个极短的时间内对全新的案件事实或法律领域进行分析。因此，律师常常会套用公式化的模板来组织其行文，以便将写作的重心放在客户所关心的核心问题上。以下介绍两类国外常见的法律备忘录或意见书的写作模式，这些模式常常用缩略词来表示：

第一类模式是IRAC。作为一个摘要写作方法，IRAC的基本结构是列出问题（Issue）、规则（Rule）、规则的应用（Application）和结论（Conclusion）。这种写作模式其实在教学和考试中比在实践中更为常见。在这个模式基础之上，也有人提出FIRAC结构，即在最前面加列基本的事实（Fact）部分，以及FIRACS结构，即在最后再增加建议（Suggestion）部分。

第二类模式是CRAC。这个模式代表的是结论（Conclusion）、规则（Rule）、应用（Application）和结论（Conclusion），是法律备忘录或意见书中常见的写作模式。这个模式还存在另一个形态CREAC，也即增加解释（Explanation）部分。

这两大类模式虽然在具体的结构安排上有些不同，但其核心内容的内在逻辑是一致的，即先确定法律问题，进而指出适用的法律规则，再通过研究该规则在以前案件中的运用来理解其适用，继而将规则逐步应用到当前案件中详细分析事实，最终对案件进行预判。这样的逻辑安排对于其他正式文件的写作也颇有助益。

以下对法律备忘录或意见书写作的具体行文给出一些一般性的建议，这些建议也可适用于其他文书写作：

1. 提出问题

提出问题，也即列出"issue(s)"。按照布莱恩·加纳（Bryan Garner）的建议[1]，每个问题的陈述都不应超过75个单词，该问题

---

[1] Bryan A. Garner, "The Deep Issue: A New Approach to Framing Legal Questions", *Scribes J. Legal Writing*, Vol. 5, 1994–1995.

应以问号结尾，并且能够用"是"或"不是"来回答。

另外，还可以采用"Under-Does-When"模式。这个方法是许多法律专业学生的首选，因为这种结构本身就要求作者在写作过程中囊括所有的重要信息。首先，在"under"（依据）之后加入有关适用法律的信息。其次，在动词（如"does"、"is"或"may"）之后写明法律问题。最后，在"when"之后紧跟引发法律争议的事实。同样地，"Under-Does-When"也必须以问号结尾。具体如下所示：

Under ［the Foreign Investment Law of the People's Republic of China］, does ［an foreign investor has the right to demand compensation］ when ［his investment being expropriated under extraordinary circumstances in accordance with the law and for the needs of the public interest］?

此外，在提出问题的环节，一个更简单的方法是采用"whether"模式。以"whether"一词开头，然后一并列出法律问题和最重要的法律事实。法学专业的学生应当留意，使用"whether"开头，句子可能会不完整，但可以通过在"whether"一词之前加上"The issue is"来解决这个问题。但是，无论使用哪种方法，这一部分都不应援引任何案例，同时，作者必须完全自主表达。

2. 简要答复

针对提出的问题，用"yes""no""probably yes""probably no""likely yes""likely no"等简要答复。紧接着，作者应当以清晰的逻辑论证其回答，并援引相关事实支撑其预判的结果。与提出问题环节相似，这一部分也不需要包含任何引证或案例。在写答复时，一定要提醒自己备忘录或意见书的受众是谁，以及这份备忘录或意见书的目的是什么。

3. 事实陈述

这个部分的标题应当概括读者需要知道的内容。作者必须通过对事实的简要陈述，向读者描述事件背景。对此，作者通常要按照时间顺序写明涉及各方当事人的重要法律事实，并且提供足够的背景信息，以便读者了解事件的过程，继而为理解后文做好准备。

4. 讨论

讨论部分通常应围绕列出的问题依次展开，可以加列序号，分几个小标题进行。在围绕每个小标题展开讨论之前，可依据"总括规则"（umbrella rules）概述法律问题。总括规则一般会指明本案所涉及的法律领域，例如合同法中买卖双方权利义务纠纷、婚姻法中离婚财产分割问题等。总括规则不聚焦细节，而是使读者了解本案大概涉及什么法律问题，并了解相关的基本法律概念和原则。

在围绕每个小标题展开讨论之时，可以依次分析成文法的规定和既有判例，并注意引文的准确性。在概述既有立法和司法实践对于相关问题的一般原则之后，可以用"Conversely""In contrast"等连接词，介绍可以援引的例外情形；之后用"here""In this case"等连接词，转入对当前案件情形的对应分析；段落之间如果存在递进关系，可以用"Furthermore""Moreover""Additionally""lastly"等词推进。

第四节　公主体间谈判文书的主要类型及写作体例

公主体间的谈判文书在性质上偏向于外交文书，有些则直接属于外交文书。我们不妨先来了解一下外交写作的一些基本规则：第一，所有外交文书的共同点都是注重对收件人的礼节与尊重，侧重于呈现观察和分析的客观性，且通常使用第三人称来关注具体问题而非个人。第二，除了考虑礼节性因素，每种类型的外交文件都有其特定的写作风格和方式方法，具有非常规范的格式，不可随意调整或更改。第三，外交文书的准备需经过仔细考量，有时即便是一字之差，也可能影响一国的利益。因此，外交文书的写作务必极其审慎，做到字斟句酌。

基于以上特点，外交文书在行文上多用正式词汇（难词、旧体词和复合短语介词）以及拉丁语、法语词源的词汇，大量使用情态动词以及缩略语，在句法上则多用长而复杂的句子以及被动语态。当然，并不是所有的公主体间的谈判文书都能称得上外交文书，但是在总体的写作要求上，可类比适用。

下面以 WTO 项下特定议题的双边/多边谈判为例，介绍公主体间谈判文书主要涉及的类型和写作体例。作为一个国际组织，WTO 本质上是成员方驱动的，但同时拥有强大的行政团队。因此，当成员方将某一议题推上谈判议程后，通常会同时确定负责该议题谈判的行政意义上的领导小组，包括 WTO 的规则谈判委员会，或者专门成立的某某议题谈判小组，一般也会设主席、协调人等。

从成员的角度来看，在谈判的不同阶段，他们会向谈判领导小组提交各种不同类型的文件，包括发表观点和看法的沟通函（Communication）、表明立场的声明（Statement）、提出具体建议的提案（Proposal）以及彼此之间的提问（Questions）和对问题的回复（Replies）。不过，按照 WTO 官方网站的表述，所有这些文件都可以概称为广义上的"谈判沟通函"。

从谈判领导小组的角度来看，他们会在整个谈判过程中作出如下不同类型的谈判文件，包括会议纪要（Minutes/Notes）、工作文件（Working Document/Paper）以及合并文本（Consolidated Text）等。最终，如果谈判顺利取得成功，则会有正式的谈判文本（Agreement）。

由于最终的谈判文本，也即正式生效后的协定我们往往可以比较方便地查看到，因此以下着重介绍：（1）谈判沟通函；（2）谈判声明；（3）谈判提案；（4）谈判会议纪要；（5）谈判工作文件（合并文本）。为便于对比研究，下文以 WTO 渔业补贴谈判为例，选取其在不同阶段分别涉及的上述谈判文书作为学习范例。这些文件均可在 WTO 官网上公开查阅。

一、谈判沟通函

WTO 通常会指定具体的机构[1]负责某议题的谈判，从形式上来说，谈判是由该机构负责推进的。因此，参与谈判的成员方有关该议

---

[1] 在实践中，因为议题的不同，被指定的机构也不同。例如，综合性的货物贸易谈判通常交由货物贸易理事会负责，而其下具体的谈判议题则可能会交给对应的委员会负责，如原产地规则委员会、技术性贸易壁垒委员会等。与上文相呼应，以下将所有这些负责具体议题谈判的机构统一称为"谈判领导小组"。

题的任何书面文件，不能直接相互交换，而应统一提交给谈判领导小组，并请求谈判领导小组散发给全体谈判成员方。在此意义上，所有这些文件都可称为"沟通函"。WTO本身对沟通函没有作出明确界定，在这其中，很多沟通函有专门的名称，因此可以另行归属。此处我们采用狭义的理解，所谓谈判沟通函，是指参与谈判的成员方就谈判议题发表愿景、期许、倡议以及就具体问题发表观点和看法的书面文件。

就格式而言，谈判沟通函首先要列有标题，明确文件的主题。接着写明发出沟通函的成员方，如果有若干个成员方联合发出沟通函，则列明所有的成员方。在此之下，还有一句标准用语，即"The following communication, dated _____ (date), is being circulated at the request of _____ (the name of the member(s))."。

正文的撰写没有固定的陈规，可以依据内容而有所不同。在行文上，文件主要起沟通意见、表达看法的作用，因此表述要准确、明晰；在描述谈判背景和进程等相关事实时，要做到客观、公正；在表达观点和意见时，要做到温和、理性，避免夸张。

以下的范例来自渔业补贴谈判初期，澳大利亚、新西兰和美国作为谈判的"进攻方"，联合发出的希望推动谈判加速前进的沟通函。在这份文件中，它们首先描述了渔业补贴谈判的背景和重要性，接着概述了截至当时谈判取得的进展。在此基础上，它们提出了推动谈判继续开展应遵循的原则，以及接下来应采取的具体行动。在结论部分，它们发出了积极的倡议，希望所有成员方可以投入更多的资源推动谈判进行。再次强调，范例只是模板之一，不是所有沟通函的正文部分都必须如此安排。

FISHERIES SUBSIDIES

Communication from Australia, New Zealand
and the United States

The following communication, dated 18 July 2008, is being circulated at the request of the Delegations of Australia, New Zealand and the United

States.

Introduction

1. The fisheries subsidies negotiations in the Negotiating Group on Rules offer an unprecedented opportunity for the global community to take an important step towards reducing government support for overcapacity and overfishing in world fisheries. In these negotiations, the WTO is addressing a problem that has not only commercial significance but also enormous implications for the world's marine environment and sustainable development. A strong agreement on fisheries subsidies is a major potential "win-win-win" for the Doha Development Agenda, and one area where the WTO can deliver a strong environmental outcome. While significant differences on many issues remain, an agreement is within reach that can make a real difference for the world's fisheries resources and the hundreds of millions of people who depend on them for their food and livelihood. It is therefore useful to review progress in the negotiations since the Hong Kong Ministerial Declaration in December 2005 and identify the next steps needed to bring the negotiations to a successful conclusion.

2. A strong fisheries subsidies agreement is more important than ever. The underlying trends remain bleak. According to the UN Food and Agriculture Organization (FAO), three quarters of the world's fisheries have been fished at or beyond sustainable levels and cannot sustain further expansion of the harvest. This is particularly true for high value commercial stocks such as tunas and related species. At the same time, subsidy levels remain high, and it is now widely accepted that they undermine sustainable management and contribute to the poor state of many fisheries. Recent developments such as the June 2008 closure of the Mediterranean bluefin tuna purse seine fishery underscore that even developed countries with sophisticated management systems can find themselves caught in a spiral of subsidization, overcapacity, overfishing and stock collapse. Meanwhile, significant strains caused by rising fuel costs in the past year are triggering demands for even more subsidies. A strong system of multilateral rules on fisheries subsidies is now imperative to prevent a race to subsidize and ensure that short-term political responses do not undermine the long-term goal of putting fisheries on a sustainable path.

3. While the issues in the negotiations are novel and challenging, we

have one great advantage: substantial common ground regarding our ultimate objective. Virtually all Members agree that the current situation cannot continue and that we must develop fisheries in ways that are economically sustainable and conserve the resource for future generations. The importance of fisheries as a source of both food and livelihoods has never been higher, particularly in developing countries, and these concerns have a new urgency given the current surge in food prices. Six of the ten largest fish producers in the world are now developing countries, and developing countries account for nearly 50 percent of fish exports. Developing countries have seen first hand how uncontrolled fishing in their coastal waters can lead to stock depletion and threats to livelihoods, and how subsidies have distorted production and trade patterns. Thus, there is general consensus that there should be no "blank check" to develop fisheries in a way that undermines their long-term sustainability.

4. The expertise of other specialized bodies is directly relevant to the fisheries subsidies negotiations, particularly work regarding fisheries management. Almost all Members agree that the WTO's actions to improve subsidy disciplines are no substitute for work in the FAO, regional fisheries management organizations and other bodies with expertise in marine fisheries. Since the Hong Kong Declaration, Members' understanding of the complementary relationship between our work and work in these other organizations has grown substantially. FAO observers have attended many of our meetings; the United Nations Environmental Programme (UNEP), the World Wildlife Fund and the International Centre for Trade and Sustainable Development (ICTSD) have sponsored numerous useful workshops and significant papers. Environmental organizations such as Oceana have also worked tirelessly to raise the international visibility of the negotiations. We will need to build on these efforts as the negotiations move forward. We welcome further FAO involvement in the WTO negotiations and would encourage further WTO awareness of and interaction with the work of the FAO.

Progress to Date

5. Following the Hong Kong Ministerial, the negotiations moved into a text-based phase, including comprehensive proposals and other contributions from many Members—some based on a "top down" approach (broad prohibition with appropriate exceptions) and others based on a "bottom up"

approach (specific list of prohibited subsidies). These contributions helped identify key issues and convergences/divergences of approaches.

6. The Chair's draft text of a new fisheries subsidies agreement represents a substantial advance in the negotiations and a landmark in the efforts of the world community to get global fisheries back on a sustainable path. The text addresses all the key issues in innovative and thoughtful ways, drawing on virtually all contributions made by Members. It sets out a broad range of prohibited subsidies that contribute to overcapacity and overfishing as well as a prohibition of subsidies that affect fishing on "unequivocally overfished" stocks. Specific types of subsidies are excluded from the prohibition if they meet appropriate conditions (e. g., for programs to reduce fishing capacity, adoption of selective fishing gear, vessel and crew safety). Developing countries may use otherwise prohibited subsidies under certain conditions (with additional flexibilities for developing country subsistence and small scale fishing). Most non-prohibited subsidies are subject to requirements that a fisheries management system based on internationally-recognized best practices be in place, and that subsidies must not create overcapacity or cause harm to stocks for which another Member has an identifiable interest. The text also provides for improved transparency and a role for the FAO and other fisheries experts in reviewing measures taken to comply with the management criteria and other sustainability conditions.

General Principles for Moving Forward

7. As negotiations resume, Members should have in mind certain core principles that need to be reflected in a new agreement in order to realize the commitment of the WTO to address some of the problems facing world fisheries. These core elements are:

- a strong prohibition as the backbone of new disciplines—an agreement must secure new rules disciplining harmful subsidies;
- complementary disciplines such as provided for in the Chair's current text (Articles I. 2 and IV), which are needed to guard against circumvention and take account of the future evolution of fisheries subsidies policy and practice;
- appropriate special and differential treatment (SDT) that gives developing countries flexibility to meet their development needs but that does not undermine the objectives of the agreement;

- inclusion of measures for sustainability such as fisheries management for both developed and developing countries;
- clarification that all specific fisheries subsidies remain actionable under the current Agreement on Subsidies and Countervailing Measures;
- a significantly greater level of transparency concerning fisheries subsidies than in the current rules, and effective measures for surveillance and enforcement; and
- appropriate technical assistance for developing countries as envisioned by the Chair's text, including possible roles for the FAO and other organizations.

8. The co-sponsors believe that the Chair's text reflects the above elements appropriately and establishes a reasonable balance among them. Work toward further clarifications and improvements should be on the basis of the Chair's text.

Next Steps

9. As we move forward, Members should intensify technical work in areas where there appears to be emerging consensus. These include areas such as: a general discipline not to cause overcapacity or harm to the interests of other Members; provisions on fisheries management; improved transparency provisions, including enhanced notification and meaningful surveillance; and treatment of arrangements related to access to fisheries of developing countries.

10. We must also work to narrow differences on core issues, particularly with respect to the scope of the prohibition and related general exceptions. In this regard, there needs to be a more candid dialogue on Members' concrete problems with the current text and their specific needs. Such a dialogue has started through the bilateral process, but it should be intensified. There also needs to be more work on the conditions for providing SDT to developing countries. Discussion focused on specifics would lessen misunderstandings and facilitate carefully crafted solutions, thereby ensuring an agreement that secures real disciplines on harmful subsidies and ensures that subsidies do not threaten sustainability in the future.

11. Finally, we should retain the focus of the negotiations on disciplines on subsidies—not have it devolve into a discussion focused on fisheries management in which subsidies are incidental. To have an agreement that imposes

only some fisheries management requirements but does little or nothing to address subsidies would not address the focus of our negotiations. While management is a necessary element for sustainability, the record is painfully clear: even sophisticated management systems in developed countries have failed in many cases to preserve stock sustainability, and management does not address the market and trade-distorting effects of subsidies. A WTO agreement must be premised on what the WTO does best: impose meaningful disciplines on subsidies.

Conclusion

12. We are committed to achieving an ambitious and effective result on fisheries subsidies disciplines in this Round. Expectations are high given that the WTO has a one-time opportunity to make a real, effective contribution to resolving an environmental problem of global significance and putting the world's fisheries back on the track toward sustainability for present and future generations. We are at a crossroads where the sustainability of many fisheries is in the balance. We must act now; we cannot afford to wait until the race for the last fish is over. Given the importance of this sector for developing countries, both as an export earner and as a significant domestic industry, effective and strong disciplines on fisheries subsidies will make a major contribution to ensuring that this truly is a "development" Round.

二、谈判声明

谈判声明，是指参与谈判的成员方就谈判议题相关问题公开表明态度或立场的书面文件。与沟通函不同，声明的基调相对严肃，发出谈判声明的成员方往往在相关问题上的立场更为坚定，态度更为坚决。此外，与下文提到的谈判提案不同，声明通常不针对谈判议题提出具体的建议，如体例如何安排、条款如何撰写、特殊利益是否保护等，而只就某一问题表明应该如何或不该如何的基本原则。实践中，声明更多地用于表达消极或否定的态度，以此引起其他成员方对本方立场的重视。

正因如此，谈判声明通常更为简洁、明了，尤其基本观点或结论部分，应清晰、确定，避免含糊其词、模棱两可，或仅仅表明一种愿望。为更好地说服其他成员方，同时避免给其他成员方留下蛮横、强势的印象，谈判声明一般应对本方为何持有这一立场给出分析和说明，做到以理服人。

以下范例涉及的情形是，在渔业补贴谈判初期，由于谈判主席准备的有关反倾销协定的首份合并谈判文本中列入了反规避条款，中国、中国香港、巴基斯坦联合发布声明对此表示反对。

PROPOSED PROVISION OF ANTI-CIRCUMVENTION

Statement of China; Hong Kong, China; Pakistan

The Delegations of China; Hong Kong, China; Pakistan jointly present this Statement on 22 January 2008 concerning the issue of Anti-circumvention in the Chair's first consolidated text in Anti-dumping Agreement. This is without prejudice to the views the Delegations may have regarding other parts of the text.

Discussion

1. The issue of anti-circumvention has always been one of the most contentious issues in the Uruguay Round and was not incorporated in the final result of the Agreement on Implementation of Article VI of the General Agreement on Tariffs and Trade 1994 (the Anti-dumping Agreement). It remains contentious and controversial until the Doha Round.

2. Since the kick-off of the Rules Negotiation under this Round, quite a few discussions and negotiations on circumvention and anti-circumvention have been held. So far big discrepancies still exist and convergence has not be reached among Members participating in these discussions and negotiations. Given the complexity of the issue and, in particular, integration into the existing Anti-dumping Agreement, the issue of anti-circumvention is currently still in great need of further discussion and clarification among Members.

3. The Chair's text fails in a number of accounts. First of all, it does not give a precise and clear definition of circumvention. Secondly, it only enumerates some circumstances that may cause circumvention to anti-dumping measures. Thirdly, it lays down some conditions which may or may not constitute circumvention. Given the gaps in the basic text, the proposed Article 9bis is unable to even constitute a precise and clear definition of circumvention. And because of this lack of a definition, further discussion on the

issue becomes groundless and of little use.

4. Furthermore, the lack of a precise and clear definition of circumvention leaves a large amount of discretion for the investigating authorities to make anti-circumvention investigations and anti-dumping measures. They can easily be extended to the products which are not within the scope of the product under consideration, and to the countries (regions) that are not the origin of the product under consideration. In respect of the latter, the rights of the third parties (and Members) not involving in the original investigations may be seriously undermined. That will inevitably result in the abuse of the Anti-dumping Agreement, and is completely opposite to the aims of the DDA, whose aim is "clarifying rules and improving disciplines" of rules negotiations (especially, the Anti-dumping Agreement), not further weakening and obscuring.

5. The proposed provision of anti-circumvention in the text is contrary to the spirit and idea of the current anti-dumping rules, that is, measures should only be imposed if positive determinations on dumping, injury and causation are made. The provision may also cause conflicts with other relevant Agreements under the framework of WTO, such as the Agreement on Rules of Origin. The parallel application of such rules under different regimes within the exiting WTO framework will be contradictory to each other, thus undermining the credibility and uniformity of the multilateral trade system.

6. The proposed anti-circumvention provision will result in more uncertainty and unpredictability to the environment of business community. It will pose a negative impact on the international investment, particularly to the Developing Members, who are in advantage of labour-intensive industries. Finally, the newly incorporated anti-circumvention provision will negatively influence the normal trade flow and its legitimate adjustments in response to changes in market conditions.

Conclusion

7. Based upon the above discussions, we think it is inappropriate and premature for the anti-circumvention provision to be incorporated in the current Chair's Text. Therefore, we call upon the Chair to take serious account of concerns expressed by many Members on this issue during the meeting on 12–14 December 2007, and strongly recommend that the anti-circumvention provision be removed from the Chair's Text to reflect the spirit of DDA.

三、谈判提案

谈判提案，是指提请谈判各方讨论决定或处理的具体方案或建议。与沟通函或声明都不同，谈判提案的核心特点是，围绕谈判议题给出具体的方案或建议。实践中，这些方案或建议大都围绕最终的协定条款应该如何撰写来进行。早期的提案，大多先要给出协定的框架雏形或条款的草案文本。当然，能够作出这类谈判提案的，主要是谈判强能力者或强意愿者。随着谈判的推进，协定文本不断成形，后期的提案更多地会围绕重点争议条款给出修订文本，有时是对原有条款作补充规定或删减，有时甚至只是对若干个关键字词进行替换，等等。大多数谈判参与方，即便只是谈判资源稀缺的弱小国家或地区，也有能力作出这一类的提案。

概言之，谈判提案的行文需要清楚地列出拟提议的条款，而不能仅仅概括地描述一种原则、理念或看法。如果是新提出的条款，宜单独成段，标明条款的序号，并对上下文进行相应的修订。如果是修改原先的草案条款，既可以采用在原条款上修改的形式，也可以采用新旧条款并列对比的形式。只要能方便读者快速了解修改的部分即可，具体采用何种形式并无太大限制。

以下给出的范例涉及的情形是，在渔业补贴谈判中后期，各方基本谈成了《渔业补贴协定》（Agreement on Fisheries Subsidies），而菲律宾希望在该草案文本的第3条禁止性补贴的现有内容之下增加一个款项。因此，菲律宾提交了一份非常简明的提案，核心内容列明了其希望增加的第3条第2款，即成员方不得在争议水域提供渔业补贴。

PROHIBITION OF SUBSIDIES IN DISPUTED WATERS

PROPOSAL BY THE PHILIPPINES

The following communication, dated 15 November 2017, is being circulated at the request of the Delegation of the Philippines.

FISHERIES SUBSIDIES DISCIPLINES
DRAFT MINISTERIAL DECISION
13 DECEMBER 2017

The Ministerial Conference,

Having regard to Article IX of the Marrakech Agreement Establishing the World Trade Organisation ('WTO');

Decides as follows:

…

…

…

(*The following is to be inserted as the second paragraph of Article* 3: *Prohibited Subsidies under the draft vertical text contained in RD/TN/RL/29/Rev.* 1 *dated* 10 *November* 2017 *as follows*:).

"**A Member shall not provide subsidies to fishing and related activities in waters and areas that are claimed by more than one Member at the time of this Decision, unless the Members involved have agreed inter se to do so through a joint notification to the WTO. For purposes of this provision, the Members shall cease from providing subsidies not later than [2020].**"

四、谈判会议纪要

谈判会议纪要是指用于记载谈判会议主要情况和议定事项的文书，是对谈判会议的重要内容和决定事项进行整理、综合、提炼而形成的一种纪实性文书。与私主体间的谈判不同，在公主体之间开展的国际贸易谈判中，一般均会设有独立于谈判成员方的谈判领导小组。因此，公主体间的谈判会议纪要通常由负有组织、协调职能并且相对中立的谈判领导小组来完成。当然，每一个参与谈判的成员方代表团也可以自行做相关的会议纪要，但这只能供记录方自身参考，正式的谈判会议纪要以谈判领导小组制作的为准。在WTO体制下，由于秘书处功能强大，其对应部门的人员往往也会参与协助某一议题的谈判，因此，有些谈判会议纪要也会由秘书处的工作人员来完成。

虽然是公主体间的谈判会议纪要,但其基本的体例和行文特点与私主体间的谈判会议纪要没有太大差别,同样应包含时间、地点、出席人员和会议主要内容等。记录无须事无巨细,但不应遗漏要点,这样才能切实起到记录谈判进程的作用。

以下范例是由WTO秘书处制作的一份会议纪要,记录的是2011年4月11日由规则谈判小组就渔业补贴召开的一次正式会议。在该次会议上,谈判各方依次完成了三项议程:一是通过本次会议的议程;二是由规则谈判小组的主席汇报谈判的现状和之后应如何进展;三是其他事项,主要是小组磋商改期进行的问题。

SUMMARY REPORT OF THE MEETING HELD ON 14 APRIL 2011

Note by the Secretariat

1. The Negotiating Group on Rules ("the Group") held a formal meeting on 14 April 2011.

A. ADOPTION OF THE AGENDA

2. The Group adopted the following agenda:

A. ADOPTION OF THE AGENDA

B. REPORT BY THE CHAIRMAN ON THE STATUS AND FOLLOW-UP OF THE NEGOTIATIONS

3. The Chairman informed that he had held a series of informal consultations on the day before the meeting, on a bilateral basis with a selected number of delegations and later collectively with the group of Participants that attended these informal consultations. He then reported on the results of these consultations. Bilaterally, he had touched upon the more contentious issues the Group was facing both with respect to the Transparency Mechanism as well as the proposal by the Plurinational State of Bolivia. Once more, positions on these issues remain entrenched. On the collective meeting, he had focused discussion on the TM's more procedural, less contentious is-

sues. Progress on some elements had been achieved, and a new, revised text was available in the room. Some additional precisions in particular had been proposed as regards timelines. New language concerning Section H, "Application of the Transparency Mechanism", had been further explored; given that this first debate had raised a number of new questions and further considerations in capitals might be required, he had decided for the time being to leave the text of this Section as it stood in the previous version. Some new language had also been in particular suggested regarding section I on "Reappraisal of the Mechanism". Collectively, he had also invited comments regarding the proposal by the Plurinational State of Bolivia. Some questions have been posed by Members, to which the sponsor has responded. However, here also, no progress had been achieved.

4. He had also noted at the meeting, and he would repeat the same comment in the Group, that given the current stage of negotiations, he would invite Members to take note of the announcement by the Chair of the TNC on 8 April, that on 21 April, Negotiating Group Chairs would be circulating documents representing the product of the work in the Negotiating Groups. He did not intend to discuss what was meant by "document" as this was the "intellectual property" of the Chair of the TNC. Members were well aware of, and he would hope concerned, about the current situation in these negotiations. With respect to systemic issues, these issues were not moving and therefore, considering that negotiations were in bottom-up mode, no basis existed for the Chair to circulate anything other than a report. On the review of the Transparency Mechanism, the Group had achieved some degree of progress and of course, that would be reflected as part of the product of the Group. This was not a happy situation but was the situation Members had created. All shared in the responsibility for this current state of affairs. That situation was however not ideal and, in his view, not sustainable. The Chairman wished to make clear that he did not wish to launch a negotiation on any aspect of the Chair's report, which would, in accordance with standing practice, be prepared under his own responsibility and was therefore strictly a matter of his sole prerogative.

5. The Chairman invited delegations to scan the updated revision of the

draft Transparency Mechanism text to ensure that it adequately and accurately reflected Member's proposals, suggestions and concerns, bearing in mind that this should reflect the full contribution as a product of the Membership. Noting that it might be the desire of some delegations to consult capitals, he proposed that Members reverted to the Secretariat no later than 12 noon of the following day with any further suggestions and/or concerns they might have concerning the updated draft.

6. One Participant requested that the new draft text be also circulated electronically to facilitate its dissemination; the Chairman confirmed that that would be done. Another delegation requested that additional time be provided for reviewing the draft text. The Chairman noted that the timing could be stretched a little bit, but that Chairmen were under the requirement to submit texts by the 15, and thus the time-frame could not go over to next week. He suggested that consultations with capitals take place with all due dispatch so that some feedback could be provided by noon of the following day. The Chairman thanked delegations for their understanding.

C. OTHER BUSINESS

7. The Chairman stated that with regard to the schedule of meetings, he had previously announced small group consultations on 20 April. However, given recent developments, most notably the distribution of documents on 21 April to be followed by an informal TNC on 29 April, he believed it would be prudent to reschedule those consultations for a later date. He was currently exploring possible dates for other meetings, both formal and informal and would revert to the Group as soon as possible.

五、谈判工作文件

按照中文的表述，谈判工作文件的含义是极为广泛的。但是，在公主体间的国际贸易谈判中，谈判工作文件一般特指谈判领导小组在谈判过程中，总结阶段性成果、凝练问题和分歧形成的后续谈判赖以进行的基础文本。

以 WTO 渔业补贴谈判为例，按照 WTO 官网的记录，从 2008 年直至 2022 年 6 月最终协定达成，其间共有 9 份谈判工作文件，基本上直接以协定草案文本的形式出现。换言之，谈判工作文件并不是一般的记叙文体，而是直接将谈判成果转化为协定条款。

谈判工作文件有两种极具特色的行文方式：第一，在不同成员方就某个问题的提案条款表述差异较大时，采用替代方法 1、替代方法 2……并行列举的方式，以供成员方后期进行选择。第二，在条款内容大体确定的情况下，使用方括号来标注其中尚未确定的细节。方括号内的文字表示目前仍有争议，有待确定。

在谈判的中前期，谈判工作文件可能围绕不同的核心分歧点逐一进行。伴随着谈判的推进，中后期的谈判工作文件就逐渐形成了完整的合并文本。谈判合并文本在体例上已经接近最终的正式协定，但是仍然留有一些方括号内的待定文字和一些待决的备选方案。最终，当所有不确定之处都达成共识后，正式的协定文本就诞生了。

以下范例是规则谈判小组主席在 2017 年围绕"非法、无管制、不报告"的捕捞和过度捕捞两个核心问题，综合各方意见形成的一份工作文件。该文件给出了主要条款的雏形，但使用了大量方括号标明待定文字，同时列出替代方案，记录了这一阶段各方相持不下的主要争议点。

FISHERIES SUBSIDIES

WORKING DOCUMENTS ON PROHIBITED SUBSIDIES RELATING TO IUU FISHING AND OVERFISHED STOCKS

COMMUNICATION FROM THE CHAIR

The attached working documents have emerged from the intensive work in the Negotiating Group on Rules at its cluster in the week of 13–17 November. These two working documents relate to two of the proposed prohibitions on fisheries subsidies being considered in the Group, relating to overfished stocks and to illegal, unreported and unregulated fishing.

These working documents are the result of a collective effort by delegations, and represent an effort to develop working texts that could present with some degree of clarity the numerous issues, approaches, and views before the Group in these areas. Their purpose is to facilitate further work of the Group, and they can be expected to continue to evolve. They are of course entirely without prejudice to the position of any delegation.

These documents cover only two of the many issues before the Group. The Group will need to continue its efforts in all remaining areas, with a view to developing similar working texts and otherwise advancing its work on additional prohibitions such as overcapacity and capacity-enhancing subsidies; special and differential treatment; transparency and notifications; standstill; preamble; scope; transitional provisions; and institutional arrangements.

ARTICLE 3: PROHIBITED SUBSIDIES

[No Member shall grant or maintain, [in law or in fact,] any of the following subsidies within the meaning of Article 1.1 of the SCM Agreement [that are specific within the meaning of Article 2 of that Agreement] [to vessels, operators], [fishing or fishing activities]:

Illegal, Unreported and Unregulated (IUU) fishing

3.1 Subsidies [provided to] [granted to] a fishing [vessel, [regardless of the flag of the vessel involved,] or operator] engaged in IUU fishing,

  [**ALT1**: including those]

  [**ALT2**: [as] [while]]

[identified by,] determined by, or listed in an IUU fishing list of:

a) a Member in respect of vessels flying its flag [in accordance with its law] [in accordance with its domestic laws, regulations and administrative procedures]. [When the flag Member and the subsidizing Member are not the same, the fishing vessel concerned shall be notified to the subsidizing Member, and [the determination shall be] verified by the subsidizing Member [in accordance with its law]. [in accordance with its domestic laws, regulations and administrative procedures.]

b) a subsidizing Member [in accordance with its domestic laws, regulations and administrative procedures].

c) a Member in respect of foreign-flagged vessels found fishing in waters under its jurisdiction. In this case, a subsidizing Member shall, upon request by that Member [or on its own initiative], [recognize] [take into account, as appropriate] this determination provided that the subsidizing Member promptly [verifies] [the determination] [determines], [in accordance with its law] [in accordance with its domestic laws, regulations and administrative procedures], [and] that the [relevant] international law and principles of non-discrimination, due process, [including a procedure for appeal or review], and transparency were respected in making that determination.

ALT: a Member in respect of foreign-flagged vessels fishing in its waters, provided that the subsidizing Member promptly [verifies] [determines], [in accordance with its law] [in accordance with its domestic laws, regulations and administrative procedures], that the Member followed fair, transparent, and non-discriminatory procedures and acted in conformity with [international law] in making its determination [based on positive evidence].

d) a Regional Fisheries Management Organization [or Arrangement] [including those organizations [or arrangements] of which Members are not Party], provided that the subsidizing Member promptly [investigates and] [verifies] [determines], [in accordance with its law] [in accordance with its domestic laws, regulations and administrative procedures], that the [vessel/operator] concerned has been listed [based on positive evidence] in accordance with the rules and procedures of that organization [or arrangement] [including a procedure for appeal or review] and in conformity with international law applicable to the subsidizing Member and those organizations [or arrangements] are in conformity with [FAO IPOA-IUU], principles of non-discrimination, openness to all WTO Members, due process and transparency. [Provided, however, that in the case of fishing in waters under the national jurisdiction of a subsidizing Member, such determinations shall be made by the national authority of the subsidizing Member.]

[ALT: a Regional Fisheries Management Organization [or Arrangement] in accordance with the rules and procedures of that organization

[or arrangement] and in conformity with international law.] [including verification mechanisms to enable Members that are not a party to those organizations [or arrangements] to engage in the listing process under the rules of procedure] [; and, if the subsidizing Member is not a party to a Regional Fisheries Management Organization [or Arrangement] , provided that [it promptly verifies that] that organization [or arrangement] is in conformity with [FAO IPOA-IUU] , principles of non-discrimination, openness to all WTO Members, due process and transparency.]

e) [the FAO [subject to its recognition by the SCM committee].]

OVERFISHED DISCIPLINE (TO REPLACE 3.6–3.9)

3.6 Subsidies for fishing [and fishing related activities] [outside the territorial sea] [of] / [that negatively affect] [targeted] fish stocks that are in an overfished condition.

[The negative effect of such subsidies shall be determined] [by the subsidizing Member] based on the [best] scientific evidence [available to] [recognized by] [that Member].

[A fish stock is overfished if

> [**A** it has not been assessed or has been assessed to be in an overfished condition.]

> [**B ALT**1: it is recognized as such by the Member in whose [national jurisdiction] [EEZ] the fishing is taking place or by a Regional Fisheries Management Organization [or Arrangement] based on [best] scientific evidence available to [and recognized by] them.]

> [**B ALT**2: the stock is at such a low level that mortality from fishing needs to be [restricted] to allow the stock to rebuild to a level that produces maximum sustainable yield or [alternative] reference points based on the [best] scientific evidence [available]. Fish stocks that are recognized as overfished by the national jurisdiction where the fishing is taking place or by a relevant fisheries management organization [or arrangement] shall also be considered overfished.]

[**B ALT2*bis*：**the stock is at such a low level that mortality from fishing needs to be [restricted] to allow the stock to rebuild to a level that produces maximum sustainable yield or [alternative] reference points based on the [best] scientific evidence [available] and with no effective management plan in place. Fish stocks that are recognized as overfished by the national jurisdiction where the fishing is taking place or by a relevant fisheries management organization [or arrangement] shall be considered overfished.]

[**B ALT3：**the stock is at such a low level that mortality from fishing needs to be [restricted] to allow the stock to rebuild to a level that produces maximum sustainable yield or [alternative] reference points based on the [best] scientific evidence available [to the Member within its jurisdiction or to the relevant RFMO [or Arrangement]], [as recognized by the national jurisdiction where the fishing is taking place or by the relevant fisheries management organization [or arrangement]].]

[The determination by an RFMO [or Arrangement], shall be made after examination of the objections, if any, of the Member concerned.]

In the cases of straddling and highly migratory fish stocks, shared among Members, the evaluation related to the fish stocks in the fishery for which the subsidy is provided shall be made pursuant cooperation of the Members involved.]

C ALT 1 [In the absence of sufficient data to make such a determination, the stock shall be presumed to be in an overfished condition.]

C ALT 2 [In the absence of scientific evidence to make such a determination due to a lack of capacity, this paragraph does not apply until the Member acquires the capacity to conduct stock assessments.]

3.7 [Subsidies [to vessels or operators fishing] [in connection with fishing and fishing related activities] in areas beyond national jurisdictions which are not aimed to fulfill a quota or a right established by a RFMO [or Arrangement].]

3.7 ALT [Subsidies [to vessels or operators fishing] [in connection with fishing and fishing related activities] in areas beyond national jurisdictions which are not aimed to fulfill a quota or a right established by a RFMO [or Arrangement] and which negatively affect targeted fish stocks that are in an overfished condition].

3.8 [Illustrative list of subsidies that do not negatively affect targeted fish stocks that are in an overfished condition:

(a) subsidies that improve fishery management systems and [thus] promote sustainable fisheries including subsidies for research and development activities;

(b) subsidies that improve hygiene, health, safety and working conditions for fishers;

(c) subsidies aiming at improving the concerned Member's capacity to fight against IUU fishing;

(d) subsidies for [permanent] cessation of fishing activities provided that the fishers concerned effectively cease all fishing activities within a reasonable timeframe after receiving the subsidy concerned.]

(e) [subsidy programmes of Members aimed to fulfill a quota or a right established by a RFMO.]

◎ 【拓展阅读】

外交文书的类型

外交文书用于"一国与另一国之间,且通常行文正式"。外交文书是国际交往必不可少的工具,其在国与国的往来中承担着诸多功能,如传达决定、提出建议、申诉立场和观点、表达批准或不批准、祝贺、确认安排、建立外交渠道、记载协定等。

在作为通信的外交文书中,最常见的形式是照会(Note)和备忘录(Memorandum)。照会又分为正式照会(Formal Note)和普通照会(Verbal Note),其中正式照会也可以称为外交照会(Demarche),普通照会也称为口头照会。备忘录除了普通意义上的备忘录,还包括谅解备忘录(Memorandum of Understanding)这一特别形式。另外,外交文书还包括各类信函（letters）。信函一般用于国家领导、外交部长、使馆馆长和相应高级官员之间，比正式照会带有更强的个人性质，相对更具亲切感。因此，一封关切信（Letters of Concern）既可以传递一国对某一事件的关切，又不至于使两国关系陷入紧张的局面。

更为正式的外交文书则是双边和多边的各类国际契约，具体形式包括决议（Resolution）、协定（Agreement）、条约（Treaty）、公约（Convention）、宪章（Charter）、公报（Communique）、宣言（Declaration）等。

此外，声明（Statement）、报告（Report）、新闻采访（Interview）、演讲（Speech）、颂词、答词、访问日程等也可被用于外交场合，可统称为"外交杂类文书"。

与法律文书写作相似，外交文书写作在"结构、内容和表述"上大都需要遵循既有格式。以下我们选择外交通信类文书中常见的文书类型择要介绍：

1. 正式照会

正式照会也称外交照会，由一国外交部长（副部长）、外交代表等使用第一人称书写并签名，内容上需包含"一国政府向另一国政府或国际组织的官员就某一主题正式表达的官方立场、观点或愿望"。这种形式的外交文书旨在通知、抗议或促使另一国政府披露信息。正式照会在由外交部递交给大使馆之前，通常具备以下要素：（1）目标；（2）论据；（3）背景资料；（4）提示性的谈话要点；（5）必要情形下的附件。正式照会的结尾是很正规的致敬语，一般是"I avail myself of this opportunity to express to Your Excellency the assurances of my highest consideration."。

2. 普通照会

普通照会用途广泛，既可以用于处理外交日常事务，也可以用于处理重大政治问题。与正式照会不同，普通照会是用第三人称起草的外交文书。因此，它不是个人与个人之间的通信，而是机构与机构之间的通信，一般是外交部与外交部、使馆与使馆之间的通信。其行文不称"你""我"，也不称"你部""我部"，而只称某某外交部或大使馆，最后也只盖发文机构的公章。普通照会的开头和结尾都有较为固定的致敬语，例如开头一般都会写致函"Their Excellencies Messieurs/the Ambassador（or Chiefs of Mission）in（name of country）"。所有普通照会也都会提及"has the honor"这一短语。

3. 外交备忘录

外交备忘录同普通照会一样，可用来处理极为广泛的事务。其常用来作为一次口头会晤的正式书面记录，以防止误解、遗忘或作为客气的提醒。外交备忘录通常采用第三人称，格式更为灵活，开头和结尾没有特定格式，也不需要签名，但一般需要包含封面页以及有关政策考量的内容。备忘录的篇幅一般没有限制，可长可短。

4. 谅解备忘录

谅解备忘录通常与特定条约有关，一般用于跟进条约的进度以及详细说明执行程序等，有时也可以单独构成处理较小事项方面的条约。谅解备忘录在形式上更类似于国际条约，其内容一般包括约定的具体事项、保密要求、期限、变更、终止、法律适用、语言以及其他细节。相比条约，谅解备忘录一般是不公开的，仅限谈判双方知晓。

5. 关切信

关切信是外交信函中较为常见的一种，一般用于对某一特定事件或主题表达关切。关切信没有固定的写作格式，但很重要的一点是，要使用正式的措辞，例如"These allegations raise serious questions.""We extend our deepest sympathies.""We commend the actions taken by your government.""We seek a clarification on these statements.""This unusual act represents a violations of…"等。

参考文献

一、中文文献

1. ［美］罗杰·费希尔、威廉·尤里、布鲁斯·巴顿：《谈判力》（第2版），王燕、罗昕译，中信出版社2012年版。

2. ［美］唐尼·艾本斯坦：《哈佛谈判思维》，赖丽薇译，中信出版集团2020年版。

3. 张祥：《国际商务谈判：原则、方法、艺术》（修订版），社会科学文献出版社2014年版。

4. 张守刚主编：《商务沟通与谈判》（第3版），人民邮电出版社2020年版。

5. 龚荒主编：《商务谈判与沟通——理论、技巧、案例》（第3版），人民邮电出版社2022年版。

6. 崔慧灵编著：《涉外文书写作》，电子工业出版社2020年版。

7. 陈星野、陈建中编著：《商务文书写作指要》（第2版），中国经济出版社2020年版。

8. 刘园主编：《谈判学概论》（第3版），首都经济贸易大学出版社2018年版。

9. 徐昕：《非政府组织制度性参与WTO事务研究》，同济大学出版社2011年版。

10. ［美］罗伯特·阿克塞尔罗德：《合作的进化》（修订版），吴坚忠译，上海人民出版社2017年版。

11. ［美］塞缪尔·鲍尔斯、赫伯特·金迪斯：《合作的物种——人类的互惠性及其演化》，张弘译，浙江大学出版社2015年版。

12. 陈常燊：《互惠的美德：博弈、演化与实践理性》，上海人民出版社 2017 年版。

13. ［美］彭慕兰、史蒂文·托皮克：《贸易打造的世界：1400 年至今的社会、文化与世界经济》，黄中宪、吴莉苇译，上海人民出版社 2018 年版。

14. ［英］理查德·道金斯：《自私的基因》（40 周年增订版），卢允中、张岱云、陈复加等译，中信出版社 2018 年版。

15. 陈毅：《博弈规则与合作秩序：理解集体行动中合作的难题》，上海人民出版社 2010 年版。

16. ［比］彼得·范德博思、单文华：《世界贸易组织法原理》（上、下），尚宽、贺艳译，法律出版社 2020 年版。

17. 傅星国：《WTO 决策机制的法律与实践》，上海人民出版社 2009 年版。

18. 张国良主编：《国际商务谈判》，清华大学出版社 2017 年版。

19. 王相国：《鏖战英文合同：英文合同的翻译与起草》（最新增订版），中国法制出版社 2014 年版。

20. 崔叶竹、杨尧主编：《商务谈判与礼仪》，清华大学出版社 2020 年版。

二、英文文献

1. Sanoussi Bilal, Philippe De Lombaerde & Diana Tussie (eds), *Asymmetric Trade Negotiations*, Ashgate Publishing, 2011.

2. Muthoo, Abhinay, *Bargaining Theory and Application*, Cambridge University Press, 1999.

3. Nash, John, "The Bargaining Problem", *Econometrica*, Vol. 18, 1950, p. 155–162.

4. Victor A. Kremenyuk, *International Negotiation: Analysis, Approaches, Issues*, Jossey-Bass Business & Management, 2nd Edition, 2002.

5. Jeanne M. Brett, *Negotiating Globally: How to Negotiate Deals, Resolve Disputes, and Make Decisions Across Cultural Boundaries*, Jossey-Bass Business & Management, 3rd Edition, 2014.

6. Roger W. Fisher, William Ury & Bruce Patton, *Getting to YES*:

Negotiating Agreement without Giving in, Penguin, 3rd Edition, 2011.

7. Carrie Menkel-Meadow, "Toward Another View of Legal Negotiation: The Structure of Problem-Solving", *UCLA Law Review*, Vol. 31, 1984, p. 754.

8. Robert H. Mnookin, "Why Negotiations Fail: An Exploration of Barriers to the Resolution of Conflict", *Ohio St. J. Disp. Res.*, Vol. 8, 1993, p. 235–249.

9. Michael Watkins & Susan Rosegrant, *Breakthrough International Negotiation: How Great Negotiators Transformed The World's Toughest Post-Cold War Conflicts*, Jossey-Bass Business & Management, 2001.

10. Russell Korobkin, *Negotiation Theory and Strategy*, Aspen Law & Business, 2002.

11. Miller, G. J. & Whitford, A. B., "Trust and Incentives in Principal-agency Negotiations: The Insurance-incentive Trade-off", *Journal of Theoretical Politics*, Vol. 14, 2002, p. 231–267.

12. De Dreu, C. K. W. & Carnevale, P. J., "Motivational Bases of Information Processing and Strategy in Negotiation and Social Conflict", *Advances in Experimental Social Psychology*, Vol. 35, 2003, p. 235–291.

13. Richard D. Lewis, *When Cultures Collide: Leading Across Cultures*, Nicholas Brealey International, 1996.

14. Avruch, K., *Culture & Conflict Resolution*, United States Institute of Peace Press, 1998.

15. Mohammad Ayub Khan & Noam Ebner (ed.), *The Palgrave Handbook of Cross-Cultural Business Negotiation*, Palgrave Macmillan, 2019.

16. Bonnitcha, J. & McCorquodale, R., "The Concept of 'Due Diligence' in the UN Guiding Principles on Business and Human Rights", *European Journal of International Law*, Vol. 28, 2017, p. 899–919.

17. Burtless, G., "Workers' Rights: Labor Standards and Global Trade", *The Brookings Review*, Vol. 19, 2001, p. 10–13.

18. Delany, L., Signal, L. & Thomson, G., "International Trade and Investment Law: A New Framework for Public Health and the Common Good", *BMC public health*, Vol. 18, 2018, p. 1–12.

19. Powell, Stephen Joseph & Low, Trisha, "Beyond Labor Rights: Which Core Human Rights must Regional Trade Agreements Protect", *Rich. J. Global L. & Bus.*, Vol. 12, 2012, p. 91.

20. Christopher Voss & Tahl Raz, *Never Split the Difference: Negotiating as if your Life Depended on it*, Cornerstone Digital, 2016.

21. Russell Korobkin, *Negotiation Theory and Strategy*, Aspen Law & Business, 2002.